高速铁路智慧梁场
标准化建设实践研究

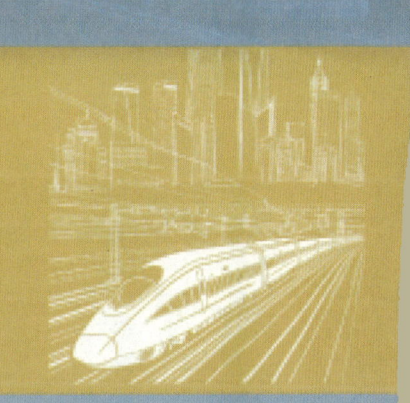

郑庆寿　陶明鉴　陈　铎　李彦伟 ◎ 主编

西南交通大学出版社
·成　都·

图书在版编目（CIP）数据

高速铁路智慧梁场标准化建设实践研究 / 郑庆寿等主编. -- 成都：西南交通大学出版社，2024.6.
ISBN 978-7-5643-9877-4

Ⅰ．U238-39

中国国家版本馆 CIP 数据核字第 2024P9Z113 号

Gaosu Tielu Zhihui Liangchang Biaozhunhua Jianshe ShiJian Yanjiu
高速铁路智慧梁场标准化建设实践研究

郑庆寿　陶明鉴　陈　铎　李彦伟 / 主编　　　责任编辑 / 王同晓
　　　　　　　　　　　　　　　　　　　　　　封面设计 / 吴　兵

西南交通大学出版社出版发行
（四川省成都市金牛区二环路北一段 111 号西南交通大学创新大厦 21 楼　610031）
营销部电话：028-87600564　　028-87600533
网址：http://www.xnjdcbs.com
印刷：成都勤德印务有限公司

成品尺寸　170 mm×230 mm
印张　20.5　字数　309 千
版次　2024 年 6 月第 1 版　印次　2024 年 6 月第 1 次

书号　ISBN 978-7-5643-9877-4
定价　113.00 元

图书如有印装质量问题　本社负责退换
版权所有　盗版必究　举报电话：028-87600562

金建铁路
项目风采 | 001

■ 春天的金建

■ 金建铁路穿山越水

金建高铁在列车上方延伸

金建铁路首榀梁板架设

金建铁路
项目风采

■ 箱梁架梁现场

■ 架桥机顺利通过上徐隧道

金建铁路上跨沪昆铁路箱梁架设

金建建设者在跨沪昆铁路特大桥架设箱梁

金建铁路
项目风采 | 005

■ 金建铁路兰江特大桥首个水中承台浇筑

■ 金建铁路兰江特大桥混凝土浇筑

金建铁路兰江特大桥

兰江特大桥合龙

金建铁路新安江特大桥

金建铁路
项目风采 007

■ 金建铁路新安江特大桥

■ 金建铁路跨杭金衢高速公路特大桥

■ 金建铁路跨沪昆铁路特大桥

■ 金建铁路茶叶坪隧道口

金建铁路
项目风采 009

■ 金建铁路里埂坞隧道出口

■ 金建铁路屏峰山隧道

■ 金建铁路兰溪东站

■ 金建铁路兰溪东站

《高速铁路智慧梁场标准化建设实践研究》
编写委员会

主　　任：郑庆寿　刘锦东　贾广林　赵喜科
副 主 任：陶明鉴　陈　铎　李彦伟　方剑峰
　　　　　刘小平　尹紫红　童荣军　李建辉
　　　　　朱建坤　梁家启　杨柏枫　王　猛
　　　　　薛文静　孙学军　李景龙　刘传宏
　　　　　康　超　姚尚虎　徐邦明　胡陈建
主　　编：郑庆寿　陶明鉴　陈　铎　李彦伟
副 主 编：李建辉　徐国营　陈　星　邵唐红
　　　　　贾　磊　王　健　郭文凯　薛怀玉
　　　　　肖海清　罗光宗　董文兵　陈友文
编写人员：赵超超　青　亮　于德靖　王鑫禹
　　　　　胡文为　刘春辉　洪根田　聂柯夫
　　　　　谢林涵　田琳路　刘雨虹　江易洋
　　　　　程金龙　王保红　陈　磊　铁　鑫
　　　　　张　钏　杨　云　徐　可　周　慧
　　　　　徐金洪　陈启明　蔡正儒　钟雪晶
　　　　　叶建锋　吕忠华　庄春华　朱仕青
　　　　　徐学羽　申硕洋　朱艺童
编写单位：浙江省铁路发展控股集团有限责任公司金建指挥部
　　　　　杭州铁路枢纽工程建设指挥部（金华指挥部）
　　　　　中铁三局集团有限公司
　　　　　中铁二十四局集团有限公司

浙江省铁路发展控股集团有限责任公司金建指挥部
2024 年 7 月 1 日

前 言 PREFACE

随着铁路建设速度的加快和社会经济的发展，我国土地日益紧张，为尽可能少占土地，高速铁路建设提倡以桥代路，桥梁占线路总长度比例有时高达 80%。简支梁在铁路建设中得到了广泛的应用。目前，我国高速铁路桥梁主要以 250 km/h 和 350 km/h 两种速度分等级，常用标准跨度简支梁由 24 m、32 m 向 40 m 发展。施工模式主要采用现场预制、架桥机架设、现场铺设。虽然该方法生产效率高，质量容易控制，造价更为合理，但由于桥梁比例的不断增大，考虑到高速铁路线路平顺性的要求，简支梁的预制成为高速铁路建设的关键点，决定着全线工程建设的工期和质量。

如何确保大规模、高标准铁路简支梁施工的有序推进，使工地预制梁场达到"规范化、标准化、集约化、信息化、智慧化"的要求；如何形成以技术标准、管理标准、作业标准为基本依据；如何以机械化、专业化为支撑手段；如何通过建立标准化的管理，并在施工中贯彻执行，有效提升工地制梁场建设水平；如何使得梁场的规划、设计、施工合理，经济节约、满足使用，进而达到成功复制；如何有效保证优质、高效地实现目标，提升高速铁路桥梁整体技术水平：解决这些问题对于高铁的长期发展和实现"走出去"战略具有积极推动作用。

作为高速铁路建设的关键环节，智慧化梁场的建设不仅是技术进步的体现，更是对高效、安全、环保建设理念的践行。近年来，中国高铁实现了突飞猛进的"跨越式"发展，实现了由引进向引领的定位转变，已迈入世界高铁先进行列。虽然装配式施工模式和智能建造行业快速发展，但是目前的预制梁场仍存在耗能高、安全质量不易得到保证、可视化和智能化程度低等问题。为解决这些问题，采用先进的计算机与信息化技术，实现传统预制梁场向"协同、互联、智慧"的现代化梁场模式转变。智慧梁场是智慧交通理念在桥梁建设领域内的具体应用，指采用建筑信息模型（BIM）、数据管理与服务、移动应用与物联网技术、云技术以及大数据等帮助决策和加快工程进度，实现梁场的数字化管理。智慧梁场以信息化、标准化建设和智能工装为手段，以"智能建造、绿色建造"为目标，打造"精品、数字、绿色、人文、平安"全方位发展的新型梁场，全面落实国家"双碳"目标。

本书全面系统地研究了高速铁路智慧梁场的研究现状、理论体系、标准化管理、平台架构、运输与架设效率，并对智慧化水平评价体系进行深入阐述。最后，对智慧梁场标准化建设的实践过程进行了实例验证。本书内容共分 10 章，各章内容如下：

第 1 章主要介绍了高速铁路智慧梁场标准化的研究背景及意义，同时分析了国内外高速铁路梁场智慧建造和建设标准化的研究现状，并对本书的研究内容和技术路线进行了阐述。

第 2 章以智慧建造为出发点，综述其整体特征、基本特征以及实现途径。通过介绍 BIM、智慧建造构架等现有技术和理论，详述了在大型预制梁场实现智慧建造和工程项目管理智能化的方法，进而证明其可行性。

第 3 章综合考虑高速铁路预制梁场建设的特点，以及铁路工地建设标准化要求，结合人员配备、现场管理、过程管理和管理制度等因素，将标准化管理应用于预制梁场建设中的场地规划、混凝土工程和梁场信息管理平台等方面。

第 4 章根据高速铁路预制梁场的特点，对预制梁场的生产布局、施工规划等做出有针对性的优化方案，并阐述了特殊地形地质下梁场的规划设计要点。

第 5 章在深入分析梁场功能分区的基础上，计算影响梁场规模的各项因素，以确定梁场的总体面积。然后通过建立模型求解，选取最佳的梁场选址方案。最后提出具体的箱梁预制工艺流程及设备（工装）选型，以满足智慧梁场的要求。

第 6 章阐述高速铁路梁场系统总体设计方案，搭建智慧建造平台框架，接入智慧梁场系统硬件信息，实现了基于 BIM 技术的高速铁路梁场智慧平台应用。

第 7 章分析箱梁运输工艺流程，构建箱梁运输仿真模型，对比研究一般运送和提前运送两种方案间的差距，选定箱梁运输最优方案，确保架梁工作的稳步进行。

第 8 章构建了智慧建造水平评价体系，基于二维云模型法、ANP 网络层次分析法和指标权重评价法三种方法，对预制梁场智慧建造水平现状进行了评价。

第 9 章以金华梁场与兰溪梁场为例，研究其信息化与智能化配置，并通过智慧建造水平分析，提出高速铁路智慧梁场实践建议。

第 10 章从高速铁路智慧梁场智慧建造标准化建设的理论基础、实现途径、关键技术、架构体系以及智慧建造水平评价等方面对智慧建造模式进行总结，并对大型预制梁场的智慧建造模式及智慧建造模式水平评价方法做了细致研究，最后对高速铁路智慧梁场智慧建造标准化建设的深化提升及推广价值提出了美好愿景。

本书的研究成果不仅对高速铁路智慧梁场标准化建设领域具有一定的指导意义，还可为其他土木工程智慧建造领域提供有益的借鉴。

由于作者水平的限制，加之撰写时间仓促，书中难免有疏漏之处，请各位读者不吝指正。

编 者

2024 年 6 月

目 录 CONTENTS

第 1 章 绪 论

1.1 研究背景及意义 ·· 002
1.2 高速铁路智慧梁场标准化国内外研究现状 ················ 004
1.3 研究内容及技术路线 ·· 014

第 2 章 高速铁路预制梁场智慧化理论体系

2.1 智慧建造的概念及特征 ·· 018
2.2 基于 BIM 技术的智慧建造理论 ······························ 023
2.3 智慧建造项目管理理论 ·· 031
2.4 高速铁路预制梁场智慧建造理论 ···························· 034
2.5 高速铁路预制梁场管理智慧化 ······························· 053

第 3 章 高速铁路智慧梁场标准化管理

3.1 高速铁路预制梁场的特点 ····································· 061
3.2 铁路工地建设标准化 ·· 062
3.3 高速铁路智慧梁场建设标准化 ······························· 089

第 4 章 高速铁路智慧梁场规划

4.1 预制梁场规划的重要性 ·· 127
4.2 高速铁路智慧梁场规划原则 ·································· 128
4.3 高速铁路智慧梁场的生产布局 ······························· 137
4.4 高速铁路智慧梁场施工规划 ·································· 139
4.5 特殊地形地质高速铁路智慧梁场规划设计要点 ··········· 142

第5章 高速铁路智慧梁场设计 ······ 143
- 5.1 高速铁路智慧梁场规模确定 ······ 144
- 5.2 高速铁路智慧梁场选址 ······ 155
- 5.3 高速铁路智慧梁场箱梁预制工艺流程 ······ 167
- 5.4 高速铁路智慧梁场设备（工装）选型 ······ 168

第6章 基于BIM技术的高速铁路梁场智慧建造平台架构研究 ······ 190
- 6.1 高速铁路梁场系统总体设计方案 ······ 191
- 6.2 高速铁路梁场智慧建造平台框架 ······ 202
- 6.3 智慧梁场系统硬件信息接入 ······ 203
- 6.4 基于BIM技术的高速铁路梁场智慧平台实现 ······ 208

第7章 高速铁路智慧梁场箱梁运输与架设效率研究 ······ 221
- 7.1 预制箱梁运架仿真模型 ······ 222
- 7.2 箱梁运输实验模型验证 ······ 226
- 7.3 箱梁运梁方案分析 ······ 228
- 7.4 仿真条件设定 ······ 234
- 7.5 箱梁运输与架设效率仿真 ······ 235

第8章 高速铁路智慧梁场智慧化水平评价体系 ······ 247
- 8.1 构建智慧建造水平评价体系 ······ 248
- 8.2 评价方法基本理论 ······ 250
- 8.3 预制梁场智慧建造水平现状评价 ······ 263

第9章　高速铁路智慧梁场实践 ································· 267
9.1　金华梁场概况 ··························· 268
9.2　兰溪梁场概况 ··························· 271
9.3　金华与兰溪智慧梁场实践应用 ················· 273
9.4　预制梁场智慧建造水平分析 ··················· 286
9.5　预制梁场智慧建造建议 ····················· 295

第10章　结论与展望 ······························· 296
10.1　结　论 ···························· 297
10.2　展　望 ···························· 299

参考文献 ································· 301

第 1 章

绪 论

1.1 研究背景及意义

1.1.1 研究背景

我国建筑产业的规模随着经济的蓬勃发展而不断壮大，建筑业2022年总产值已达31.2万亿，给经济的持续健康增长夯实了基础。全球智慧建造市场规模也在近些年飞速增长，尤其是在中国，将新兴技术不断地带入建筑行业，使其运作模式更加科学和高效。智慧建造模式的产业规模占总规模的比例逐渐上升，这表明智慧建造技术应用前景广阔。然而，近几年建筑产业投资增长率显著降低，一方面，大环境的原因不容忽视；另一方面，建造工艺、技术等方面的革新不足，导致生产效率没有根本性的变革。

党的二十大报告中指出："高质量发展是全面建设社会主义现代化国家的首要任务。"推动建筑业高质量发展直接关乎国计民生，面对当下格局之变、科技之变、产业之变、竞争之变、社会之变，必须把握新时代建筑业发展的总体方位，把握建筑业在构筑新发展格局中的作用和高质量发展的内涵。

建筑业高质量发展的内涵是在保持较大产业规模的基础上，产业整体竞争力更为强大，集中体现为"资源节约、环境保护、过程安全、精益建造、品质保证"，最终实现价值创造。对建筑业而言，如何借助中国制造、中国创造、中国建造这"三造"融合来推动技术创新与行业变革，将是建筑业实现高质量发展的最根本路径。

当前，我国建筑业正处在以新型工业化变革生产方式、以数字化推动全面转型、以绿色化实现可持续发展的创新发展新时代。对于建筑行业来说，数字化转型的意义重大而深远，其关键在于推动建造方式向智慧建造发展。实现智慧建造的路径，就是以工业化筑基，用信息化赋能，推动建造的"数字化、网络化、可视化、自动化、智慧化"。

智慧化是新时代高质量发展的关键引擎。从数字化、智能化，到智慧化已成为全球建筑产业未来发展的主要方向，是行业竞争力和创新力的直接体现。从各建造相关主体来看，无论是工程项目管理模式、建筑企业管理方式，还是宏观层面的政府监管，都在向数字化快速迈进。智慧建筑、智慧社区、智慧交通等支撑了智慧城市建设，把社会发展提到了新的高度。

我国95%以上铁路桥梁采用预制架设的常用跨度简支梁，其中高速铁路常用跨度采用预制架设整孔预应力混凝土简支箱梁，客货共线铁路桥梁采用预制架设分片式预应力混凝土简支T梁，跨度以24 m、32 m为主，近年来创新研发了40 m简支箱梁，进一步完善了高速铁路常用跨度简支梁序列。现代化的高速铁路建设中，为高效地完成桥梁铺设进度，桥梁上部结构多采用标准的预制箱梁方案。因此，很多高铁项目在建设时都需要一定数量的预制梁场以保证未来箱梁的铺架进度。但预制梁场具有临时性、占地面积大、资源投入大等特点，这使得预制梁场的建设管理绩效对高铁建设进度与成本有很大的影响。

预制梁场生产系统本身是介乎于标准化作业和工程施工作业之间的一种特殊生产系统，一方面，预制梁场某些生产工序可以实现标准化生产，但另一方面，预制梁场的部分生产工序又会受到天气、原材料、运架效率等因素的影响，使其难以完全按照工厂标准化作业的方式进行生产。而预制安装作为一种节能节料、快速安全的施工技术，得到了越来越多的推广和应用。在新时代高铁施工过程中，智能化、机械化、信息化可减少人员投入并降低成本，与传统手动操作相比，其生产更加方便、快捷和安全，产品质量更好，可大幅度提高生产效率。推动智慧化、数字化、集约化的平台管理模式，已成为企业适应新时代、新要求、新标准的趋势。

中国高速铁路近十年迎来了飞速发展，施工过程中的质量控制和安全保障起着至关重要的作用。预制梁场作为高速铁路建设的重要组成部分，利用信息化技术将施工工地打造成智慧化工地将是今后的大趋势，因此智慧化梁场的建设势在必行。

1.1.2 研究意义

随着中国高速铁路事业的迅猛发展，高速铁路建设进入了一个新的阶段。预制梁场作为铁路工程中一个集中施工场所，按照"自动化、智能化、信息化、标准化、智慧化"的理念进行建设和试生产，是当前高速铁路建设高质量发展的需要。在新时代高铁施工过程中，智能化、机械化、信息化可减少人员投入并降低成本，与传统手动操作相比，其生产更加方便、快捷和安全，产品质量更好，可大幅度提高生产效率。遵照"方便施工、便于管理、经济实用、安全环保"的原则，新型智慧梁场可实现"工厂化生产、标准化作业、智能化管理"，其智能化、标准化建设对于促进高速铁路高质量建设具有重要意义。因此，深入研究高速铁路梁场智慧化、标准化建设，探索解决现有问题的有效途径具有重要的实践意义。

铁路智慧化预制梁场在提运架、张拉、压浆和静载试验信息化核心设备基础上，以建筑信息模型（BIM）技术及"互联网+"技术创新施工组织、资源配置和过程控制新模式，在开展工装设施装配化设计、关键工序应用自动化、智能化先进设备等提升生产硬件的同时，开发集设计、预制和运架核心管理业务的铁路梁场信息化管理平台,体现新时代铁路建设"智慧、高效、绿色、协同"发展理念，确保建成装备更先进、控制更精密和质量更可靠的铁路箱梁制造标杆梁场，全面提升铁路箱梁制造工厂化、信息化、智慧化水平，引领世界高速铁路桥梁建设技术发展方向。

智慧建造在铁路工程建设中的应用，将极大提升建设管理水平，也有利于更好地满足人民对优美生态环境的需要，提升人民群众的幸福感和获得感。在建设方案实践中，通过智慧化、数字化平台建设，更好适应工程项目高标准管理要求，为企业高质量发展奠定坚实基础。金建铁路于2021年12月开工建设，工程建设中已经深入集成诸多最新的"四新"技术和创新做法。本书的编制旨在系统整理该项目建设期高速铁路梁场的工厂化、智慧化、标准化成果，并结集成册，供同类工程参考。

1.2 高速铁路智慧梁场标准化国内外研究现状

1.2.1 高速铁路梁场智慧建造研究现状

智能建造是新一代信息技术和工程建造的有机融合，是实现我国建筑业高质量发展的重要依托。智能建造的实施能对工程生产体系与组织方式进行全方位赋能，促进工程建造过程的互联互通、线上线下融合、资源与要素协同，并积极推动建筑业、制造业和信息产业形成合力。

近年来，从中央到地方发布多个政策支持、推动智能建造发展。2020年7月住房和城乡建设部（简称住建部）下发的《关于推动智能建造与建筑工业化协同发展的指导意见》明确：到2025年，推动形成一批智能建造龙头企业，引领并带动广大中小企业向智能建造转型升级，打造"中国建造"升级版；到2035年，"中国建造"核心竞争力世界领先，建筑工业化全面实现，迈入智能建造世界强国行列。随后，2022年住建部、国家发展和改革委员会印发的相关文件提出，到2030年培育100个智能建造产业基地，打造一批建筑产业互联网平台，形成一系列建筑机器人标志性产品。相关研究数据显示，2025年中国在建筑业数字化转型的支出预计达607.3亿元，年复合增长率达11.3%。

北京、上海、深圳、苏州、武汉等多地相继发布实施意见，并细化了相关规定。例如，《深圳市智能建造试点城市建设工作方案》指出，到2023年年末全市智能建造与建筑工业化协同发展体系初步形成，到2025年年末全市纳入智能建造试点项目累计不少于100个。再如，《苏州市2023年度智能建造推进工作要点》提出，至2023年年底，全市单项5万平方米以上房建工程项目全面使用建筑机器人辅助施工。

我国是建造大国，我国的建筑业创造了诸多世界第一，但也面临着安全生产、环境污染、人才匮乏、生产效益低等问题。促进信息化与工业化在工程建造领域的深度融合，实现智能建造，是建筑业转型升级的必由之路。

1.2.1.1　建筑业智能建造研究现状

建筑业是我国国民经济的支柱产业，但其碎片化、粗放式发展模式带来的产品性能欠佳、生产效益低下、资源消耗巨大、环境污染严重等问题依旧突出，距高质量发展要求仍有差距。与此同时，发达国家和地区相继发布了建筑业发展战略，如英国的"Construction2025"、日本的"i-Construction"等，均强调建筑业应通过工业化、数字化、智能化等方式增强产业竞争力。我国建造产业科技创新相比国外发达国家起步较晚，亟须将创新放在建造产业发展的重要位置，尤其是重点发展以人工智能和数字经济为代表的技术创新与应用，全面提升中国建造的创新能力。

国内外学者围绕智能建造开展了一系列研究。Rossi A 等通过在施工机械上安装智能传感设备，构建智能化施工机械以实时评估其运行状态；Bucchiarone A 等同样应用物联网技术实现工程要素的互联互通，提高施工的智能化程度；Kochovski P 和 Stankovski V 建立了面向智能建造的边缘计算框架，支持项目信息管理和各参与方之间的沟通；Edirisinghe R 梳理了关于智能工地的 114 篇论文，为发展相关智能建造技术提出建议；Ding L 等利用人工智能技术，从视频大数据中自动检测建筑工人的不安全行为；Zhou H 等以港珠澳大桥为例，介绍了智能工地的构建方法。

近年来，国外物联网、人工智能和云计算等技术进步，为众多行业的智能应用提供了新的机遇。智能化已经深刻融入人类的生产生活过程，并发挥着越来越重要的作用，成为欧美各国各行业布局的战略方向和重点领域。这些技术已经部分或联合使用并以此来构建能提供各种优点的应用程序，例如改善工业环境中的物流、安全和安保。虽然智能应用已经在不同的工业领域得到展示，但人们普遍认为建筑领域智能建造仍然落后。

智能建造技术融合水平有待发展，高效技术的应用进展缓慢。Roy Woodhead 等指出物联网和云计算已经实现了在较高的技术水平上融合，而人工智能算法和方法在现实世界应用中的融合水平还较低。尽管大数据分析在建筑业逐渐发展，BIM、物联网、云计算等许多其他新兴技术进一步增强了其适用性。但 Muhammad Bilal 等谈到虽然数据分析技术在许多建筑子领域有着广泛适用性，且长期以来一直在建筑行业使用，但采用更有效率、更强大的大数据分析技术相对缓慢。

随着技术的进步，人们对于建筑业未来的智能化建造还是比较看好的，并提出了一些发展框架。例如，Balfour Beatty 等发表了他们对 2050 年无人建筑工地的愿景，并展示了许多技术实例（例如无人机、机器人、3D 打印等）。Tan、Mohan 和 Watanabe 从机器人的包容性、机器人与环境交互的分类以及设计标准和指南等方面提出了机器人与环境关系的框架。

智能建造经过最近几年的发展在国外也得到了应用，但同时也存在着一定的局限性。Matej Štefani 等介绍了几个智能建造应用领域，包括施工监控、施工现场管理、工作安全、事故预警以及资源和资产管理。智能建造仍然局限于技术的发展，主要是单阶段单方面发挥作用，而对于全寿命周期的智能化一体化还有很大的差距。从国外的智能建造研究成果看，国外学术界已经进行了智能建造的理论研究，智能建造相关的技术也得到较好的研发，尤其欧美等发达国家对于核心技术有着绝对的领先优势，项目应用已经取得了一定的进展，但也暴露了发展过程中的一些问题和困难，如各技术的融合问题，高效技术的应用进展缓慢，全过程的智能化建造存在局限性等。这些研究识别的智能建造发展存在的问题和困难，也为本研究提供了依据。

国内智能建造的研究大部分集中于概念及相关技术的介绍，但对于技术的组合应用及对项目的实际综合效果研究还相对缺乏，而且研究范围窄。鉴于智能建造在中国的发展还处于起步阶段，相关研究更多集中于理论层面。虽然智能建造也在建筑业得到了一定的应用，但其发展也存在一系列问题和难点。

国内智能建造的理论研究取得了一定的成果。毛超、彭窑胭提出了涉及决策、设计、生产、施工和运维全寿命周期的智能建造理论框架。樊启祥等结合国内外实践经验介绍了建造过程"全面感知、真实分析、实时控制、持续优化"的闭环控制理论。

智能建造的相关技术得到了发展，但仍处于初级阶段。随着理论的完善和数字孪生、BIM、物联网等技术的发展，建筑业建造过程智能化信息化也得到了一定的应用。现有的应用仍处于智能建造的初级阶段，效果和价值仅仅存在于建造过程的某一方面，距离实现全面的智能建造还有很长的路要走。

智能建造在应用过程中促进了建筑业的信息化水平，但由于现有应用仍处于探索阶段，也存在着一些问题和难点。毛超、彭窑胭指出现阶段仍然缺乏一体化的数据系统平台，理论还不完善，标准规范体系不健全。陈珂、丁烈云认为鉴于技术研发投入大，目前仍然受限于技术能力差且缺少集成化的技术应用。

从国内的相关研究来看，目前我国智能建造的理论研究仍然处于相关框架的架构阶段，对于实际工作的支撑不足。虽然不同学者对智能建造的概念认识存在差异，但普遍偏重优点的宣传，研究多局限于单一技术应用，缺乏系统性集成化应用，对智能建造发展中存在的问题，缺乏系统分析。

查阅国内外的相关文献可知，智能建造在全世界建筑业领域仍然处于起步阶段，智能建造的应用还存在着很大的困难和障碍。与欧美国家相比，我国建筑业的智能建造仍受困于核心技术薄弱，在该领域的应用仍在摸索。虽然我国从"十三五"时期就已经开始支持建筑业的信息化智能化发展，但目前整个行业仍缺少成功的示范性项目。

1.2.1.2 高速铁路智能建造研究现状

自 2013 年以来，我国大力推进 BIM 技术在铁路工程上的应用，在协议、语义、术语、表达、交付、构件等各方面积极向世界接轨，参照美国国家 BIM 标准（NBIMS-US）的 NBIMS 体系分为 BIM 技术标准（适用于软件开发者）、BIM 实施向导（面向工业实践者）两大部分。中国建筑信息模型标准框架（CBIMS）的 CBIMS 体系分为 CBIMS 技术标准（软件开发者）、CBIMS 实施标准（工业实施者），明确了标准框架分为技术标准、实施标准和应用标准三大主要序列。中国铁路 BIM 标准体系制定了先技术标准、后实施标准的技术路线图，编制完善了智能高铁 30 余项国家和行业标准。组织建成中国铁路 BIM 标准体系，主持编制了数据存储（IFC）、编码及分类（IFD）、交付标准（IDM），规范了铁路基础设施数据结构、语义定义、信息传递和开放式数据存储，实现了模型数据一体化，15 项铁路 BIM 标准被采纳为国家团体标准和国铁集团智能铁路数据标准，其中，IFC Rail 已成为国际候选标准。

与 CAD 时代相比，BIM 时代的软件根据不同角色的需求，不再仅仅是 CAD 时代专注于计算机辅助设计，而是衍生出了更多的分类，如执行计划、内容管理、3D 建模、性能分析、设计协同、模型检查、施工模拟、渲染 VR、项目管理、设施管理等领域。

值得一提的是管理类的软件，因为它们所承载的不仅仅是纯粹的 IT 技术，还有很多人们的管理愿景，在市场化竞争愈加激烈的情况下，众多企业试图利用更有效的管理方式提高自己的管理效率。学术界也不再满足于 3D 模型加数据库的 BIM 格局，4D、5D 的概念席卷而来。此后几年时间，针对企业的预算、项目分解和任务进度的各类管理软件快速发展。

目前国内铁路 BIM 在路基、桥梁、隧道、客站、四电、成段落应用、BIM 轻量化、图形引擎等方面开展了技术与管理应用。其中：路基专业初步实现了路基专业 BIM 设计协同，开展了基于 BIM 的路基连续压实和数字化施工技术研究；桥梁专业初步实现了桥梁专业 BIM 设计协同，实现了钢桥三维 BIM 模型到制造厂数控机床代码的转化，提高了钢桥制造准确性，在梁厂和进场前开展了两次结构数字化预拼装，提高了现场拼装的准确性；隧道专业初步实现隧道专业 BIM 设计协同，完成了不同细度的 GIS、BIM 和地质模型集成，开展了基于 BIM 技术不同施工方法的施工组织模拟和三维连环画技术交底，实现了设计与施工模型的转换及数据互通；客站专业初步实现了站场、房建专业的场区 BIM 综合系统设计协同，探索了基于 BIM 的客站运维技术研究。

虽然这些年来 BIM 技术在铁路的应用和实践中取得了一些成绩，但远未成熟。铁路工程跨越了不同地表、不同地质特征、不同投影分带，是由一系列十分专业的单位工程组成的线性工程，国际上没有成熟的相关 BIM 标准和技术体系。这些特点和难点是 BIM 与铁路工程结合的关键所在，解决这些关键问题，是对 BIM 理论和技术的一次重构和拓展，必将极大提升 BIM 的适应能力并扩大其适用范围。

在高速铁路和智能技术快速发展的推动下，我国已全面启动智能高铁建设。中国工程院、中国铁道科学研究院集团公司（简称铁科院）等研究人员提出智能高铁体系架构由技术体系框架、数据体系框架和标准体系框架构成。技术体系框架包括 3 大板块、10 个领域和 17 个方向，在 17 个方向下细化为 N 项创新应用。"3 大板块"指智能建造、智能装备、智能运营，"10 个领域"涵盖勘察设计、工程施工、建设管理、移动装备、通信信号、牵引供电、检测监测、客运服务、运输组织、养护维修。我国智能高铁服务框架如图 1-1 所示。

铁路工程是一项系统性工程，需要线路、路基、桥梁、隧道、站场、轨道、车辆、站房、通信、信号等多个站前、站后专业协调合作。随着 BIM、大数据、物联网、人工智能、移动通信、云计算等新技术的发展，各专业在设计、制造、施工、运维全生命周期进行了探索与尝试，如：利用 BIM 与地理信息系统（GIS）技术进行可视化、数字化设计，并通过可视化交底与虚拟现实技术仿真，在方案实施前采用三维动态综合协同模式进行施工工艺工法技术交底，使作业人员了解现场作业操作与防范要点，优化施工工序，预防安全风险。

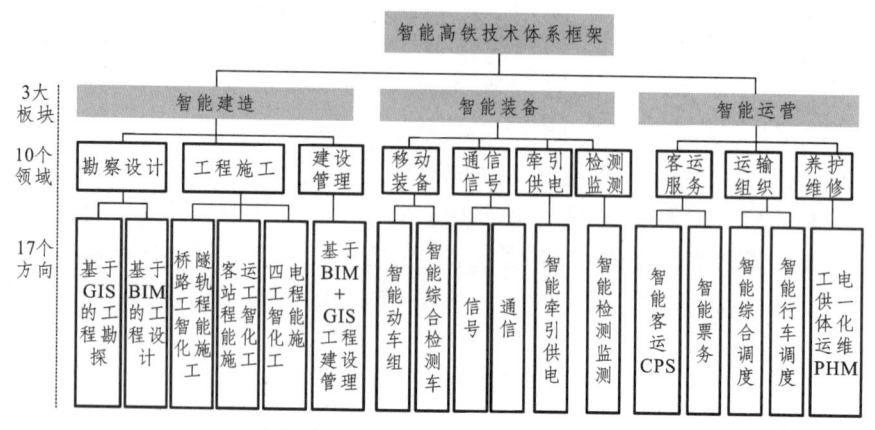

图 1-1 我国智能高铁服务框架

　　BIM 从 20 世纪 70 年代提出至今，经过国内外专家和行业的不断探索与实践，已经从概念普及进入应用普及阶段。目前，BIM 技术的研究可总结归纳为三大类：一是信息技术类研究，即 BIM 平台软件的开发，主要研究以 IFC 标准为数据接口，利用数字化资源建立、开发技术平台，进而研发 BIM 相关软件或工作系统；二是解决方案类研究，也就是研究在工程项目的各个阶段如何利用 BIM 技术，例如，如何利用 BIM 技术进行施工中的碰撞检测，如何在设计中应用 BIM 技术使设计方案优化等；三是应用指导类研究，也就是在实际案例中根据不同类型的工程特点分析 BIM 技术应用价值的研究，例如，BIM 技术在钢结构工程中的应用以及给排水工程中的应用等。

　　在新型技术与政策的推动下，铁路建设的智能化正在由点到面快速铺开，但由于高铁的系统性、复杂性和时效性，不同专业在各阶段的数字化与智能化发展不平衡，仍处于起步阶段。

1.2.1.3　建筑业智慧建造研究现状

　　智慧建造作为一种新型建造方式，近年来国内外学者对此展开了多方面的研究。罗齐鸣、华建民、黄乐鹏等通过文献查阅和梳理，对近 20 年来有关智慧建造的研究成果进行分析，并且利用科学知识图谱的方式研究了智慧建造在我国的发展历程。研究结果表明，智慧建造的发展过程受诸多方面的因素影响。韩忠华、王振凯、高超等基于两方面的发展情况对智慧建筑的特征、理念、施工过程等展开深入研究，基于现有研究成果，指明了研究成果的不足之处并对此提出了相应的改进措施。杨德钦、岳奥博、杨瑞佳应用区块链技术建立了某项目全生命周期内的信息集成管理平台，并基于该信息管理平台对项目信息采集进行全面优化与整合，从而达到该项目信息管理平台的可视化、智能化等功能。姚辉彬、徐友全从 4 个方面的影响因素出发，对项目的某一参与主体的智能建造能力展开深入研究，以此建立了包含 4 个评价指标的智能建造评价体系。杨德钦、岳奥博、张静等针对智慧建造过程设计了相关的问卷调查，分析结果表明，在 14 个影响因素中的智慧建造相关技术应用和意识转变是影响最大的。吴建清、宋修广顺应国家智慧建造之政策，提出了"智慧公路"一词，"智慧公路"也就是基于物联网、大数据、3D 打印等新一代信息技术的公路领域的智慧建造。研究结果表明，要想实现公路领域的智慧建造，就必须从 5 个大的方面来转变，以此彻底改变传统公路的建造方式和功能，将智能监测、无人驾驶等新技术元素融入公路智慧建造过程，必将给行业带来颠覆性变革，收到较大的成效。范大波、王哲、雷彩虹等从相关技术人员的教育层面出发，要想推动将来智慧建造的局面全面发展，相关的技术人员的教育必须跟上。崔庆宏、李敏、陈雨田等从施工企业的角度来考虑智慧建造的特征，进而构建了智慧建造效益评价指标体系，旨在为施工企业推进智慧建造提供参考。曾艳通过海天中心项目来建立智慧建造水平评价指标体系，并运用 ANP 网络分析法计算权重指标，评价结果可判断当前的智慧建造水平。吴建文从新基建的大背景出发，总结国内建筑业现状及存在的问题，探讨了智慧建造管理与传统管理的优势并提出了全寿命周期的智慧建造模式。Petar Kochovski、Vlado Stankovski 提出了将智能机械设备、智能传感器技术等与物联网技术融合，提高智能建造技术以及智能管理，从而提高经济效益、环保等内在评价指标。Yang Yixin、Gao Jianjun、Pi Zhibo 梳理了大数据系统建设的概念，探讨了大数据系统建设的构建思路，构建适合的大数据系统框架，给出了离散制造企业的数据采集、传输、存储、处理和分析的具体程序。Gao Qing、Shi Rongbo、Wang Gang 以提高智能制造过程的机械自动化和生产过程管理的智能化为目标，从生产成本、进度、数字化管理等方面对智能制造过程进行深入研究。

通过以上分析可知，现阶段对智慧建造的研究主要体现在智慧建筑的特征、理念、施工过程，智慧建造的发展过程、影响因素，智能建造能力、建造效益评价，技术人员的教育培训等方面。

1.2.1.4 高速铁路智慧建造研究现状

智能高速铁路系统方面，Aziz 等利用 BIM 技术和交通类多源大数据，进一步分析智能交通系统全生命周期数据管理中潜在的价值。Delgado 等使用动态数据驱动的 BIM 系统进行结构性能监控，在交互式三维场景中实现了智能交通项目的数据动态可视化。刘文车等将紫蜂通信技术（ZigBee）引入智能交通系统，使用协同优化控制策略进行数据优化处理，进一步优化了智能交通系统的运行效率。徐立锋介绍了智能交通系统中无线传感网络的构成，实例分析了无线传感器如何应用于交通信息密集领域，以及研发过程中开发原型样机的软硬件指标与相关的通信协议等。

1.2.2 高速铁路梁场建设标准化研究现状

1.2.2.1 建筑业项目建设标准化研究现状

1901 年，英国工程标准委员会（简称 BSI）正式成立，标志着标准化原理正式被世人认可。20 世纪初期，德国学者瓦尔特·格罗皮乌斯（Walter Gropius，1883 年 5 月 18 日—1969 年 7 月 5 日）率先提出了建筑工业化的思想。1910 年，格罗皮乌斯写的一份关于建筑工业化的备忘录中，对预制装配式混凝土结构建筑的相关设计理论和生产的知识进行了总结，这是第一次比较系统的建筑工业化生产知识出现。这份备忘录的核心要点是提出了工业化住宅建造的相关知识理论和构建的基本原则，格罗皮乌斯通过提出建筑构件标准化的设计以及构件工厂化的批量生产构建了建筑工业化的基本框架。

英国学者桑德斯在他的《标准化的目的与原理》一书中，对标准化的基本概念进行了定义和详细阐述，并对标准化的最终目的和发展原理给出了明确的分析。他认为标准化是科学技术和大量的现实经验积累的最终走向，为当技术足够成熟后必将发生的变革，能够为市场带来更高额的经济利润收益。Christophehe、N. Bredillet 从对标准化原理的最初萌芽开始描述到标准化成熟后能够带来的切实经济效用进行分析，明确阐述了标准化在社会发展历程和规模经济发展等方面都扮演着重要的角色。

法国也是国际上第一批推行建筑工业化模数化的国家之一，在 20 世纪的七八十年代，通过成立构件建筑协会，来统一制定了模数协调的建设标准，旨在通过统一模数标准来建立和发展建筑工业化的标准统一通用体系。法国政府在 1978 年面向国内推广"建造体系"转向通用体系，希望通过这样的过渡，实现标准化。不久之后，又在国内推行建筑结构构配件生产和施工相分离的思想，希望建立一种整个建筑行业都能够通用的建筑结构构配件。

印度学者魏尔曼撰写的《标准化是一门新学科》，是一本对于标准化理论有着重要意义的著作，书中正式提出了"标准化模型空间"理论，并特别指出标准化体系的建设对于发展中国家来说有着很大的适用空间和发展前景。

1.2.2.2 高速铁路梁场建设标准化研究现状

国内外相关学者对预制梁场做了诸多研究。梁允伟根据梁场规模、制梁要求等功能对不同类型梁场进行分类，从四个方面着手建立了适合每类梁场的经济评价指标体系，并且归纳总结了影响梁场初期选址、设计等环节的影响因素。张立华基于现有研究成果，分析总结了公路桥梁预制梁场目前存在的不足之处，重新梳理了梁场建设过程中各个施工方案之间的逻辑关系，进一步分析了梁场建设的每一环节的施工方案对梁场建设过程和后期运行的影响。李立军、秦宏磊等从理论分析的角度对预制梁场的场内布置进行了细致的量化分析，该分析方法的理论模型引入了 BIM 技术与 SLP 方法的相结合，并将该方法用于某一实际装配式工程预制梁场的设计中，从梁场后期的运行质量和效益两方面对所提出的方法做了进一步验证。夏小刚以某一实际项目中的预制 T 梁预制过程为研究对象初探了预制梁的智慧建造过程，分析得到其实现智慧建造过程的主要方法为智能设备的使用以及施工过程各项信息的集成化管理，为此开发了信息协同管理平台。张阿龙对大型梁场的台座规模与梁场的布局优化进行了深入的研究与论证，基于制梁过程中所使用的台座等设备数量，提出了一种台座布局优化计算方法。该方法适用于多种类型的预制梁。李艳茹、唐元宁、周国华根据箱梁的制作工艺的要求，对预制梁场中模具的周转周期进行改进算法优化，计算最优制梁台座数和模具数的通用算法。李鑫以铁路桥梁预制梁场为研究对象，将 BIM 技术与 Revit 软件结合起来对梁场的整体规划布局进行了细致研究。研究结果表明，将两种三维软件结合起来应用于梁场的三维布局设计，大大提高了梁场建设的经济效益。刘维庆、韩同银、官正本通过某一铁路桥梁梁场建设情况，提出了梁场建设方案评价方法。该方法从项目初期的梁场选址、梁场设计以及梁场运行期间对周围环境的影响等方面构建了系统而完整的评价指标体系。研究结果表明，该评价方法在梁场建设过程中能够较好地对建设方案进行效益、质量和环保三方面的评价，为整个梁场从建设到运行过程带来了巨大经济效益。Tommelein 和 Zouein 通过人工智能与专家系统相结合的方法深入研究了施工场地布置，以此提出了通过相关先进软件来辅助工程建设的先进方法。

综上所述，智慧建造在建筑业中已经形成比较系统、全面的研究成果，标准化建设趋于成熟，且应用范围较广。但通过文献发现，对高速铁路智慧梁场的标准化建设研究尚有空缺，其现阶段的主要研究体现在建设初期的梁场选址规划、预制厂内布置、台座优化布局、梁场建设方案评价方法等方面。因此，对高速铁路智慧梁场标准化建设开展研究具有重要实践意义。

1.3 研究内容及技术路线

1.3.1 研究内容

主要研究内容如下：
1. 高速铁路预制梁场智慧建造理论研究

从智慧建造的概念出发，对智慧建造的总体特征、基本特征及其实现途径进行归纳总结，并通过对 BIM、智慧建造构架等现有技术、理论的介绍，阐述大型预制梁场智慧建造、工程项目管理智慧化的实施途径，论证其可行性。

2. 高速铁路智慧梁场建设标准化管理研究

针对高速铁路预制梁场建设的特点，结合人员配备、现场管理、过程管理和管理制度等铁路工地建设标准化要求，并将其应用于梁场场地、物资管理、钢筋加工等预制梁场建设标准化管理。

3. 高速铁路智慧梁场规划研究

针对高速铁路预制梁场的特点，对预制梁场的生产布局、施工规划等做出有针对性的优化方案，并着重研究特殊地形地质下梁场的规划设计要点。

4. 高速铁路智慧梁场设计研究

根据梁场的功能分区，通过梁场规模的影响因素分析，计算出梁场总体面积，确定梁场的规模；通过建立模型求解得出梁场选址；提出箱梁预制工艺流程及设备（工装）选型。

5. 基于 BIM 技术的预制梁场智慧建造构架体系构建及评价

构建预制梁场智慧建造构架体系，搭建相应管理平台，明确智慧工厂、装配式施工等智慧建造实现方式，并结合梁场实际情况，对预制梁场的智能化、工业化、信息化、集成化及可持续化进行评价分析。

6. 高铁箱梁运输与架设效率研究

分析箱梁运输工艺流程，构建箱梁运输仿真模型，对比研究一般运送和提前运送两种方案间的差距，选定箱梁运输最优方案，确保架梁工作的稳步进行。

7. 高速铁路智慧梁场智慧化水平评价体系

以建筑工程项目的全过程、全要素为基准，技术与管理相结合为手段，结合三种评价方法构建高速铁路智慧梁场智慧化水平评价体系，以此研究高速铁路智慧梁场智慧化水平现状。

8. 高速铁路智慧梁场实践

以金华梁场与兰溪梁场为例，研究其信息化与智能化配置，并通过智慧建造水平分析，提出高速铁路智慧梁场实践建议。

1.3.2 技术路线

本书主要采用文献调研法、现场调研法和集成分析法等方法开展研究，拟采用的技术路线如图 1-2 所示。

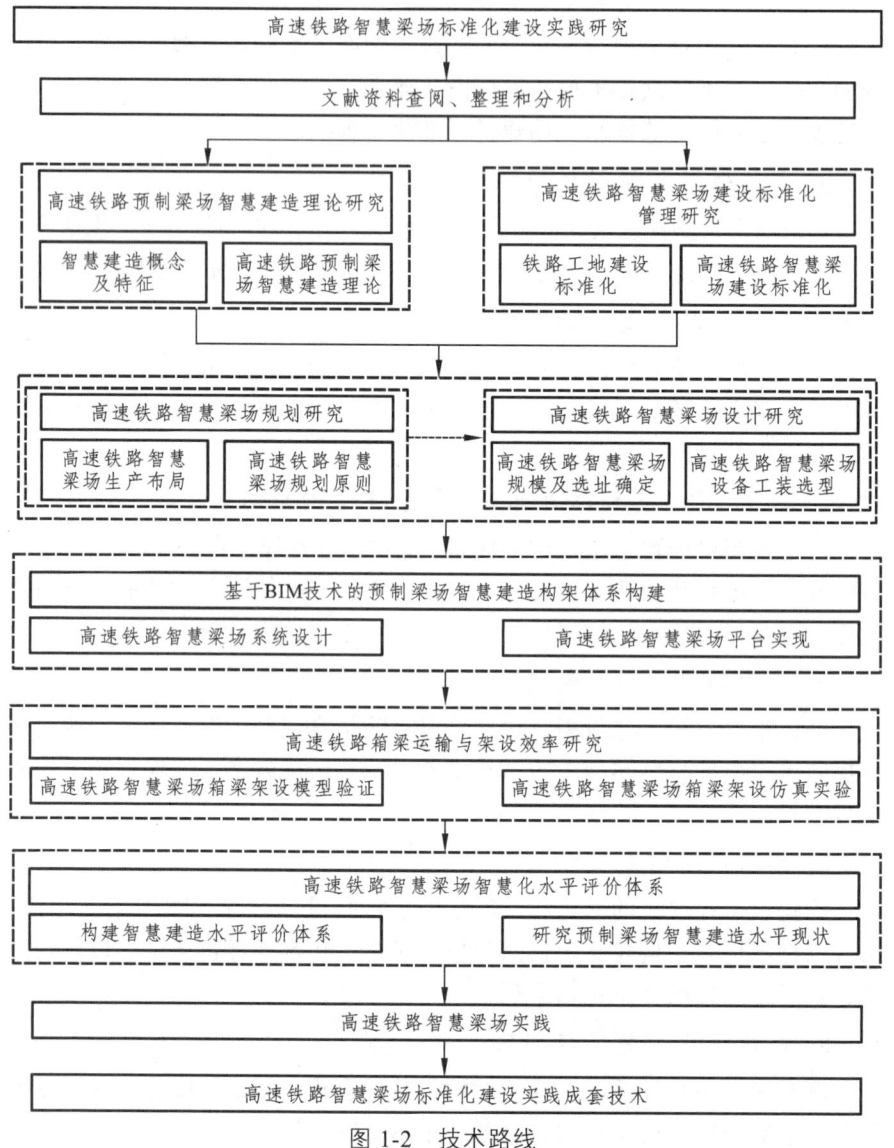

```
高速铁路智慧梁场标准化建设实践研究
            │
文献资料查阅、整理和分析
            │
   ┌────────┴────────┐
高速铁路预制梁场     高速铁路智慧梁场建设标准化
智慧建造理论研究          管理研究
┌──────┬──────┐    ┌──────┬──────┐
智慧建造  高速铁路预制梁   铁路工地建设  高速铁路智慧梁
概念及特征 场智慧建造理论    标准化       场建设标准化
            │
   ┌────────┴────────┐
高速铁路智慧梁场规划研究   高速铁路智慧梁场设计研究
┌──────┬──────┐    ┌──────┬──────┐
高速铁路智慧  高速铁路智慧   高速铁路智慧梁场  高速铁路智慧梁场
梁场生产布局  梁场规划原则   规模及选址确定    设备工装选型
            │
基于BIM技术的预制梁场智慧建造构架体系构建
┌──────────────┬──────────────┐
高速铁路智慧梁场系统设计    高速铁路智慧梁场平台实现
            │
高速铁路箱梁运输与架设效率研究
┌──────────────┬──────────────┐
高速铁路智慧梁场箱梁架设模型验证  高速铁路智慧梁场箱梁架设仿真实验
            │
高速铁路智慧梁场智慧化水平评价体系
┌──────────────┬──────────────┐
构建智慧建造水平评价体系    研究预制梁场智慧建造水平现状
            │
高速铁路智慧梁场实践
            │
高速铁路智慧梁场标准化建设实践成套技术
```

图 1-2 技术路线

第 2 章

高速铁路预制梁场智慧化理论体系

智慧建造技术是一种运用数字模型进行建筑设计和施工的先进技术，它的出现彻底改变了传统建筑工程的设计和施工方式。作为一种建立在高度工业化、数字化、信息化上的互联互通、智能高效的可持续建造模式，智慧建造是建筑业发展过程中必然要经历的一个重要发展阶段，使工程建造向着更加智慧、精益、绿色的方向发展。

2.1 智慧建造的概念及特征

通常情况下"智慧"作为人类区别于其他生物的最大特征，其主旨是人所具有的自我感知、自我决策以及自我执行能力。此智慧化的运行过程包含了诸多的自我意识和情感因素。与"智慧"相对应的是"智能"，主要指物通过自感知、自适应、自决策与自执行的能力，与系统周围事物发生联系。"智慧"与"智能"两者之间既有共同之处，也有各自的特点。其所共同之处是都具备部分解决问题的能力，不同之处在于，"智能"是除人以外的生物体在解决问题时的快、准、高效。"智能"更加偏重技术化应用，"智慧"更加注重技术实现过程中的人的多样化需求。从本质上理解，"智慧"是"智能"的下一个发展阶段，是新一代信息技术与具体应用场景的深度融合，是实现"智能化"发展的基石，而人的智慧则是这种"智能化"发展的灵魂与精髓。

2.1.1 智慧建造的概念

目前，学术界关于"智慧建造"的概念尚未达成统一定论，大多数学者认为智慧建造是智慧建筑与人们所向往的智慧城市的一种延伸，目的是将人从繁重的劳动中解放出来，让智能化机械设备代替人的劳作。我国许多学者对此给了不同的定义和理解。丁烈云院士认为，智慧建造是基于新兴信息技术的新型建造模式。在实现工程建造要素数字化的基础上，通过规范化建模、网络化交互、可视化认知、高性能计算以及智能化决策支持，实现数字链驱动下的工程立项策划、规划设计、施工过程生产、运维服务一体化集成与高效率协同，不断扩展工程建造价值链、改造产业结构形态，向用户交付以人为本、绿色可持续的智能化工程产品与服务。重庆大学毛超教授认为，智慧建造是在信息化、工业化高度融合的基础上，利用新兴信息技术对工程项目建造过程进行赋能，从而推动工程建造活动的生产要素、生产力和生产关系升级，促进建筑数据充分流动，整合决策、设计、生产、施工、运维等整个产业链，实现全产业链条的信息集成和业务协同、建设过程能效提升、资源价值最大化的新型生产模式。毛志兵指出，智慧建造是在设计与施工建造过程中，采用现代先进技术手段，通过人机交互、感知、决策、执行和反馈提高品质和效率的工程活动。清华大学马智亮教授指出，工程项目的智慧建造即在项目建造过程中充分利用智能技术和与之相关的其他新型技术，通过建立和应用智能化系统，提高建造过程智能化水平，减少对人的依赖，实现安全建造，并实现性价比更高、质量更优的建筑。

《智慧建造概论》一书中，参考并综合各位学者对智慧建造的定义和理解，重新将智慧建造的概念表述为：智慧建造是智能建造的后一个发展阶段，以建筑工业化为基础，以新一代信息技术的融合赋能，全产业链数据系统协同为驱动，全新搭建工程建设活动和技术"类人化"的知识规则算法，训练各类业务机器模仿人的专业认知和行为过程，用数据驱动工程建设活动各种技术或管理的自我学习和自我迭代，让机器设备具有感知、辨析、判断、决策、反馈、优化的能力，进而实现更大范围、更深层次的对体力替代和脑力替代，以提升工程建设活动的效率和品质。

2.1.2 智慧建造总体特征

从智能化到智慧化的发展历程中，主要体现出五个典型特征，具体如下：

1. 自感知

自感知主要指机器对外部施工场景进行智能感应、感知、识别的先进技术，此过程主要依靠先进的传感技术。作为智慧生物的人类，通过眼睛、耳朵、口、鼻、手等感官对外部世界进行感知，作为施工过程中的机器则必须依靠各类传感器、摄像头等终端设备和应力、应变等测试元件来感触外部环境，进而感知、测量、捕获和传递目标信息。此外，自感知是自学习、自决策等行为的基础。

2. 自适应

例如人类通过各种方法来调节自身条件，以抵御大自然对自身造成的不适于生存的状况，从而在整个复杂的生物系统中，人类对大自然具有了自适应的能力。同理，在整个复杂的工程建设全寿命过程中，只有让参与施工的机器具备自适应的特征，才能实现在复杂工况环境中的集群化交互，才能在运行过程中不断感知外部环境与信息，以调整自身工作状态，使得系统始终保持在最优或者次优的运行状态。

3. 自学习

人类之所以能提升自身的生活质量，提高对恶劣自然环境的克服能力，主要源于人类自身的自学习能力。智慧建造中的自学习能力，通常指智能化机械设备通过自我感知系统和自我决策系统在运行过程中对突发事件以改变其控制算法来自我解决问题。机器设备等通过自学习重新组织已有的知识结构使之不断改善自身的性能。

4. 自决策

为了彻底将人从工程建设工作中解脱出来，机器就必须具有不依赖于人的自主决策能力。自主决策指在没有人为干预的条件下，系统利用自身的感知能力、适应能力、学习能力、分析能力等，在设定好的决策原则下做出自主决策的过程。

5. 自执行

为了将自主决策的结果反馈到作用对象上，机器则需具备自执行能力。自执行不仅能够将自决策的结果在系统中执行，而且能够将结果反馈到系统中。

2.1.3 智慧建造技术特征

与传统建筑业及工程建设活动相比，智慧建造在技术与管理方面存在自身的特征。技术特征主要包括四个典型特征，具体如下：

1. 技术融合性

任何一项单一技术不足以支撑智慧建造的实现，它需要以智能技术及其相关技术的融合性应用为前提，以信息物理系统（CPS）为核心，融合了众多跨学科的技术。智慧建造将这些技术进行深度而系统的融合，使得各个阶段的各类活动可以实现智慧化转型。

2. 技术迭代性

智慧建造的发展历程是逐步递进而来的，其所涉及的技术是在各个阶段不断地迭代和进化，同时在传统工程建设活动和阶段中不断叠加新技术而实现的。每一个阶段的技术迭代，都会推进行业进入下一个新阶段。

3. 基于知识模型的技术

在与工程建设相关的各个施工环节的各类活动的施工技术或管理的智慧化升级中，智慧建造以其强有力的专业知识库和知识模型为基础，实现知识从人类到机器的迁移。

4. 人机一体化

智慧建造的终极目标是在工程建设活动中达到人机一体化。从人工智能机械设备对作用对象进行智能化作用，在此过程中，机器只能进行逻辑性思维工作，至多也就是进行形象思维工作，完全达不到顿悟式思维工作。以目前的科学技术发展水平来看，在工程建设智慧化过程中，要想以人工智能机器在工作过程中达到智慧高阶的顿悟式思维，几乎是不现实的，目前只有从事相关工作的人类专家才具备此三种思维能力。因此，在后续的工程建设的智慧建造之路探索过程中，仍然要强调人的重要性。

2.1.4 智慧建造管理特征

智慧建造模式的管理特征主要包括三个典型特征，具体如下：

1. 以数据驱动的管理可控性

因为工程建设项目具有极大的复杂性以及施工周期性特点，导致全过程中不确定性问题比较多，智慧建造在工程项目管理方面要实现的就是管理可控可优化。不确定性问题的基础就是数据，通过感知、存储、分析、优化、执行等环节对其过程进行迭代分析，从而促进整个智慧建造过程的数据流动。

2. 以 CPS 为框架的管理集成性

CPS 提供了一种智慧建造框架逻辑。

3. 超柔性

超柔性指在建筑业生产活动中的柔性，因建筑业生产活动复杂多变、柔性极差，而智慧建造新模式能够对不同情况自我调节，体现出其超强的自适应能力，针对不同的需求提供灵活可变的个性化服务。

2.1.5　智慧建造实现途径

2.1.5.1　新兴信息技术的智慧化赋能

新兴信息技术是对建筑业进行智慧化赋能的核心技术支撑，它是实现建筑业向智慧建造转型升级不可缺少的技术。建筑业转型升级是指建筑的建造模式发展方式的转变，其核心是对建筑全寿命周期内各个环节进行改善，特别是强调建筑设计方、施工方等各参与企业的协作方式优化，产业链价值提升，形成更完善、更高效的协作体系，而技术创新是整个建筑业建造模式转型升级的关键。著名学者熊彼特作为创新理论的鼻祖，在创新理论方面做了大量研究，他曾提出，"所谓创新，就是建立一种新的生产函数。"

新兴信息技术对生产要素的升级是指从人、材料、机械设备等生产要素向机器人、新型建筑材料、智能化的机械设备、智能终端等要素转变。新兴信息技术对生产力的升级是指各阶段的生产工具、生产技术的优化，如设计工具、施工技术、信息管理技术等，以更好地实现对建筑数据资源的利用，减小工作对人的体力依赖和脑力依赖。新兴信息技术对生产关系的升级是指工程建造活动涵盖的各参与主体间管理活动的优化，使管理者从传统的管理思维中跳脱，武装上智能化的管理思维，最终实现建筑产品的智慧化，如图 2-1 所示。

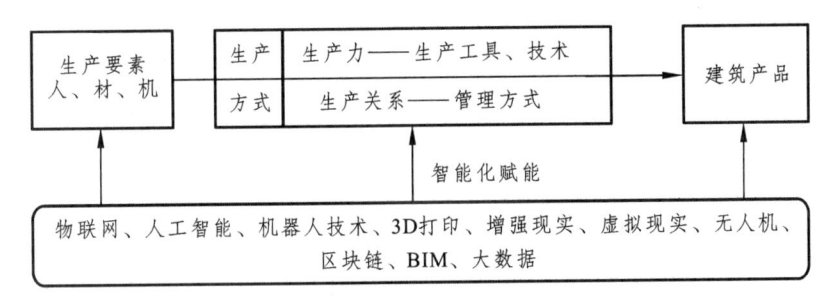

```
┌─────────┐    ┌────┐  ┌──────────────────┐    ┌─────────┐
│ 生产要素 │───▶│生产│  │生产力——生产工具、技术│───▶│ 建筑产品 │
│ 人、材、机│    │方式│  │生产关系——管理方式 │    │         │
└─────────┘    └────┘  └──────────────────┘    └─────────┘
     ▲                      ▲                       ▲
     │                   智能化赋能                   │
     │         ┌────────────────────────────┐       │
     └─────────┤物联网、人工智能、机器人技术、3D打印、增强现实、虚拟现实、无人机、├───────┘
               │区块链、BIM、大数据                                  │
               └────────────────────────────┘
```

图 2-1　建筑业的智慧化赋能

2.1.5.2　建筑工业化和建筑信息化的深度融合

建筑工业化和建筑信息化的深度融合是智慧建造新模式的基础。建筑工业化首要的转变，就是将使用人力来建造的方式转变为使用机械工具进行辅助生产，使人类彻底从繁重的建筑施工过程中解脱出来。建筑信息化则是以最早的传统手工绘图设计导向计算软件辅助设计为开端。我国发展建筑信息化相对比较迟，自20世纪80年代初才开始，利用计算辅助软件以解决建筑结构分析、施工模拟等。

建筑工业化的本质就是将人类从建筑建造工作中解脱出来，以现代化机械设备和新一代建造技术代替人的工作。第一，必须依靠相应的信息技术才能实现智慧建造的这些特征和实现手段；第二，建筑工业化必须以信息化为载体进行发展，并且通过实践对其所包含的理论和技术进行验证。

将信息化应用于建筑领域，为改造和提升建筑业技术产生了较好的效应，对于提高工程管理水平和市场竞争力具有推动作用。如图 2-2 所示，图中表达了智慧建造阶段将由信息化、数字化、智能化走向智慧化的进阶。智慧建造是工业化和信息化高度融合后达到的又一个新阶段。

2.2　基于BIM技术的智慧建造理论

2.2.1　建筑信息模型（BIM）

按照我国《建筑信息模型应用统一标准》（GB/T 51212—2016）规范定义：建筑信息模型（Building Information Modeling），指在建设工程及设施全生命期内，对其物理特征、功能特性及管理要素进行数字化表达，并依此设计、施工、运营的过程和结果的总称，简称 BIM 或 BIM 模型。

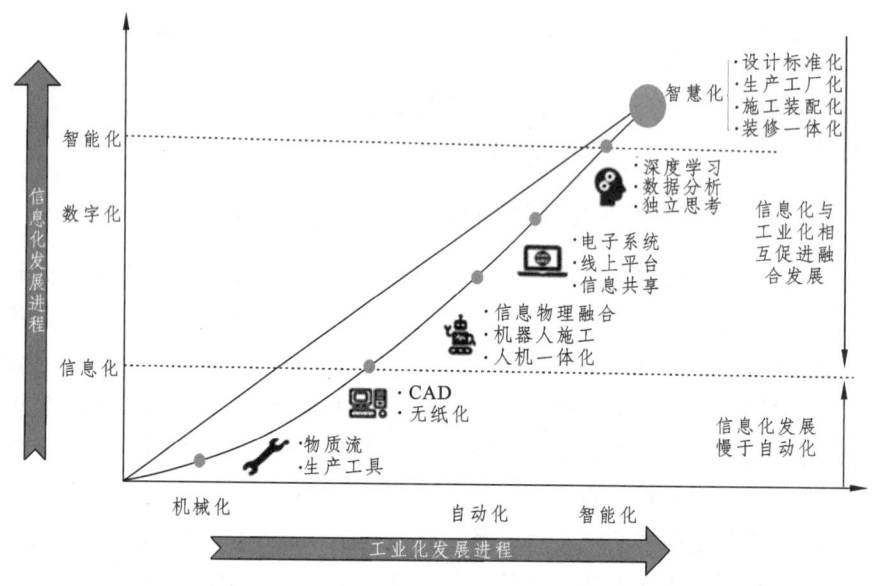

图 2-2　建筑工业化与建筑信息化的高度融合形成智慧化

BIM 技术共包含 3 个关键词，其中信息（Information）是核心，模型（Modeling）是载体，建筑（Building）是对象，即通过数字化手段为模型创建与实际情况对应的建筑工程信息库。信息库中包括建筑物每一构件的空间属性、几何尺寸等基本物理信息，还包括构件的材料、生产厂家、价格等其他信息，多维数据为工程管理提供决策依据。以虚拟三维模型为载体，项目各参与方模型中载入进度、成本、质量、材料等信息，以实现各管理部门的工作协同与信息共享，使数据能及时响应时空维度的变化。

与其他广泛应用于社会生产各个领域的信息技术不同，BIM 信息模型是建筑领域初探信息化的重要成果，也具备特有的信息化优势，其可视化、完备性、关联性、一致性、动态性、可扩展性等特征可以让建设工程项目的生产和管理更加高效和精益求精。

2.2.2 BIM 引擎

BIM 引擎是基于 JavaScript 和 HTML5WebGL 技术实现的三维引擎，用于构建无插件、跨操作系统和跨浏览器的三维 BIM + GIS 网络服务云平台。WebGL 技术可以在性能较好的显卡的加速渲染下，将三维景象和模型轻量化地展现在浏览器上，可帮助用户构建无插件、跨浏览器和跨操作系统的三维场景应用程序。

BIM 引擎是基于 JavaScript 和 HTML5 WebGL 技术实现的三维引擎，用于构建无插件、跨操作系统和跨浏览器的三维 BIM + GIS 网络服务平台，如图 2-3 所示。WebGL 技术可以凭借自带的独显实现在网页上轻松、顺畅地展示三维景象和模型，还可以根据用户需求，制作跨浏览器、无插件甚至跨操作系统的应用程序。

GLTF标准3D数据格式	3Dtiles（瓦片）	GIS数据
BIM+GIS数据解析		
BIM+GIS渲染引擎		
WebGL接口		
Web浏览器		

图 2-3 BIM + GIS 数据架构

2.2.2.1 BIM 引擎解决的问题

BIM 引擎解决的问题如下：

1. 一次性模型轻量化转换

由于目前 BIM 建模软件种类繁多，模型文件格式多样，模型轻量化需要支持目前所有主流的模型源文件类型；由于目前应用于铁路建设的 BIM 模型源文件大小可达十几 GB，轻量化后的模型文件大小应为源文件的几十分之一以支持模型的高效传递及展示；轻量化后的模型包含所有需要的模型属性数据及几何信息，几何信息应保证模型展示时不失真，实现一次性轻量化转换。

2. 模型属性数据高效提取和存储

模型属性数据及模型关系信息（即模型、子模型、构件及零件间的包含关系）应能从轻量化模型中准确高效地提取出来；同时提取出来的数据应能够方便地存储到数据库中以便于应用程序对数据进行展示、分析、统计及搜索。

3. 多应用模式模型展示和操作

根据轻量化模型的大小、业务应用场景、网络环境条件和终端系统性能等综合选择模型操作交互模式和动态渲染机制，实现对多种应用场景和使用环境的兼容性和适应性。轻量化后的模型应能够在主流用户终端流畅展示，支持单个构件或零件的放大展示，角度变换及属性列表展示。展示时应保证模型不失真并尽量缩短模型的加载时间；需要支持对模型审批、标注、测量、剖切、爆炸等各种复杂的应用操作。

2.2.2.2　BIM 引擎的特点

BIM 引擎的特点如下：

1. 无插件，跨平台

WebGL 是 3D 绘图业界的准则，选择常用、唯一的技术标准使其具有不同浏览器之间、不同操作系统之间的完美匹配性能。浏览器如 Edge、chrome，操作系统如 Windows、Macos。

2. 大模型流畅显示

独有大模型处理技术，支持源文件 20GB 以上模型，支持百万级构件，亿级面片，渲染速度行业领先。

3. 快速构建交通三维应用场景

根据道路 GIS 数据，一键生成三维道路场景，快速构建交通领域 BIM + GIS 仿真三维场景，应用于应急演练、交通仿真、运维、监测等使用场景。

4. 简单易用的开发接口

丰富的交通行业组件库，可对原有基于 2D 平面图的系统，进行 3D 扩充。应用系统基础数据库，道路参数、GIS 坐标、桩号，生成 3D 模型，和地形数据无缝融合。

2.2.3 BIM 应用

BIM 全建筑生命周期即 BLM（Building Life Cycle Management），是建筑工程项目从规划设计到施工，再到运营维护，直至拆除为止的全过程。

1. 规划阶段

刘占省等人将 BIM 技术实战到构建塔架模型的进程中，根据已经成型的相关模型进行自动化、智能化的静力分析，给相对应的形变和应力表现情况，对这些数据进行分析可以到相应的变化曲线。

2. 设计阶段

Zhang L 等人开发了一套过程详细且循序渐进的系统方法，深度挖掘设计日志，提出了一种模式检索算法，以识别建筑设计项目中最频繁的设计序列模式，提出了一种基于已发现序列模式的测量设计产出速率的新度量方法，加快了 BIM 设计过程的产出速率。Ham Ledari 等人通过自动分析 IFC 数据模型以检索元素的语义并识别竣工/在建和设计对象的差异，自动更新设计 BIM，完成对建筑物准确和主动的检查并确定其缺陷和设计一致性。

3. 施工阶段

Wu W D 等人提出了一种基于数据包络分析（Data Envelopment Analysis，DEA）的施工企业 BIM 技术性能评价体系，确定了无效和有效的技术单位，分析了无效技术单位的输入冗余和输出充分，在施工质量和效率上有了较为完善的提高，减小了返修率，降低了应用成本。Kropp 等人利用 4D BIM 模型，参照建筑物模型的坐标系配准序列图像的姿态，将 4D BIM 模型预期状态的相关任务投影到图像空间，根据计划 BIM 数据从竣工视频中识别施工过程的实际工况。Porter 等人绘制物理实体 BIM，捕获 BIM 中实体对应的节点以及节点间的邻接关系，

使用图解或基于主体的模拟帮助探索 BIM 相关境况的静动行为，使建筑信息安全模型的全方位分析变得十分容易。

4. 运营阶段

Park 等人提出了将照片登记到 4D BIM 中，设计了基于内容的图像检

索方法，将拍到的图片与 4D BIM 进行对照分析出拍照的对应位置，使用二维网格概念从与照片关联模型中提取 BIM 对象，实现有效的数据和信息管理。Bataglin 等人提出了一套基于 4D BIM 和精益生产概念的指导方针，采用设计学研究方法管理系统状态相关信息。Akanbia 等人利用威布尔可靠性分布原理（Weibull Reliability Distribution），开发了一种基于 BIM 的全寿命性能估算器（BIM-based Whole-life Performance Estimator，BWPE），为建筑师和设计师提供决策支持，以分析随时间推移的建筑物使用性能变化情况。

2.2.4 BIM 技术的特征

BIM 技术为建筑业的发展带来了巨大变革，尤其是建造模式的改变，与传统建造模式相比，BIM 技术的无障碍、无损耗的信息传递，大大简化了生产活动程序，提高了管理效率，如图 2-4 和图 2-5 所示。

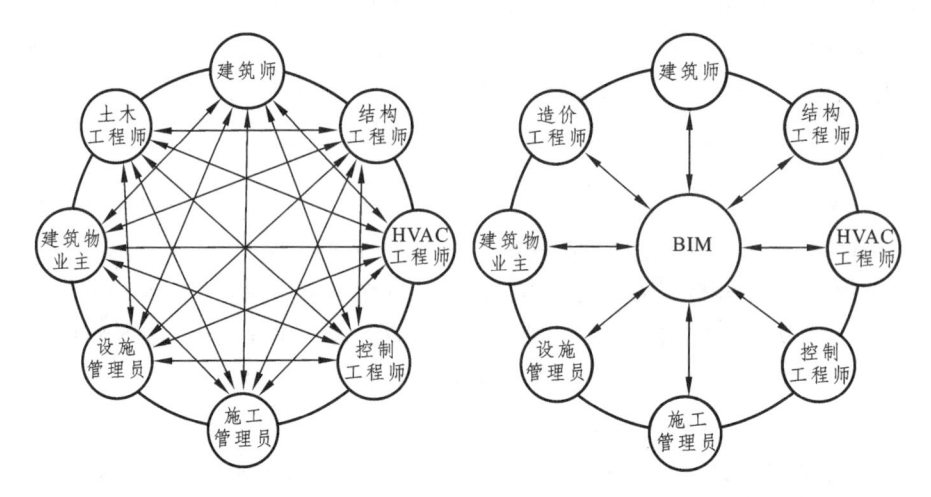

图 2-4 工程项目传统建造模式　　图 2-5 基于 BIM 的工程项目集成管理模式

基于 BIM 的定义，BIM 技术具有如下六大特点：

1. 操作的可视化

三维模型是 BIM 的基本表现形式，因此可视化是 BIM 最明显的特征。

传统的CAD技术一般用于绘制2D平面图纸，为了给非专业人士增加可读性，会配合少量外立面的3D渲染效果图。而BIM技术可将建筑、结构、暖通、给排水等各专业的平面图纸整合到一个三维模型中，使得建筑各部分的结构关系以可视化的形式直接呈现，很大程度上提高了建设工程各参与方的沟通效率，有利于减少工程变更。

2. 信息的完备性

BIM三维建筑信息模型融入了整个工程项目的所有信息，小到构配件的几何尺寸，大到工程施工过程管理的信息，无一不包含其中。

3. 信息的关联性

包含在BIM模型中的各工程要素之间具有相互关联性，各要素自动更新，以保证模型各部分的逻辑关系不变。关联性主要体现在两个方面：一是模型各部分构件的关联；二是模型与信息数据库的关联，随着建筑模型的改变，数据库中相应的信息也会同步修改，并以相互关联的三维可视化模型展示出来。

4. 信息的一致性

项目建设全寿命周期内的不同阶段的信息具有一致性的特性，随着信息共享、流通和交互，避免了对数据的重复录入，有利于提高生产效率。

5. 信息的动态性

BIM可对建设项目全生命周期进行管理，涵盖设计、施工、运维等各个阶段，其间信息模型可以随着项目的建设进度进行动态输入和输出，并自动演化。在建设过程中可以根据实际情况不断完善、优化模型，进行动态调整，从而为项目管理和决策提供及时可靠的信息基础。

6. 信息的可扩展性

BIM模型可将各专业图纸整合为一体，并贯穿项目全生命周期，因此涉及不同阶段。根据工程需要对BIM信息模型的深度进行等级划分，主要包括LOD100（Level of Development，模型发展等级）、LOD200、LOD300、LOD400和LOD500五个等级。

2.2.5 BIM 标准-IFC

IFC（Industry Foundation Classes，工业基础类）标准为不同 BIM 软件之间的数据共享和交互提供了有力的技术支撑，该标准自 1997 年发布第一版以来，至今已有 4 版，越来越多的 BIM 软件支持 IFC 数据的输入和输出。如图 2-6 所示，较好地解决了基于 BIM 模型的建筑模型数据转换、数据集成等核心问题，为智慧建造过程中的建筑项目协同管理提供了解决思路。

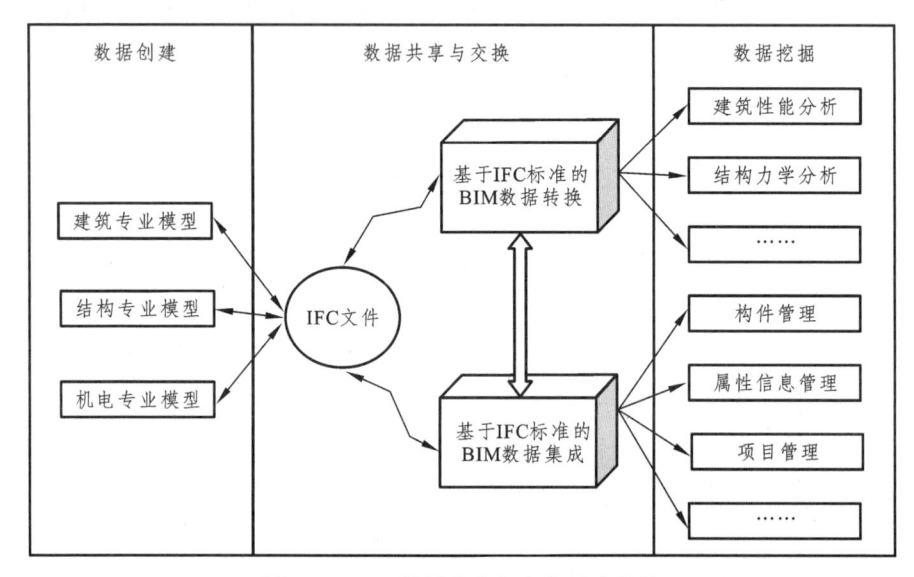

图 2-6 BIM 数据共享与交换技术路线

2.2.6 基于 BIM 技术的智慧建造

智慧建造是利用新一代信息化技术进行工程建设管理作业的新型建造模式，其中数据信息是技术应用基础，如图 2-7 所示。以 BIM 技术为支撑，并将其作为应用集成和多元数据融合的载体，在云平台中结合大数据、区块链、虚拟现实、增强现实、3D 打印、物联网和人工智能等技术，打造"BIM+"智慧建造生态，持续改进和提升管理模式，使工程建设过程更加可视、可测、可控、可管，是实现智慧建造的重要解决方案。在建设过程数字化、云端化、智慧化的进程中，BIM 是最底层的技术支撑，为虚拟现实、增强现实、3D 打印等可视化手段提供模型基础，为大数据、区块链、人工智能等数据分析、处理手段提供数据保障，为物联网提供物理世界与数字世界的连接通道。信息化技术需要与 BIM 技术融合，形成"BIM+"的智慧建造模式，从而支撑建设工程生产方式变革的技术需要。

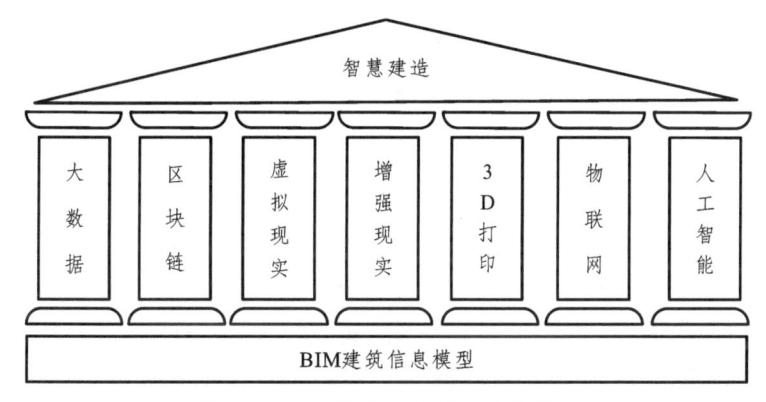

图 2-7　BIM 技术与智慧建造的关系

2.3　智慧建造项目管理理论

2.3.1　协同理论

协同理论由德国著名物理学家哈肯（Hermann Haken）首次提出。协同理论主要研究远离平衡态的开放系统是如何通过内部子系统的协同作用，从无序到有序转变的共同规律。协同理论以现代科学的最新成果——系统论、信息论、控制论、突变论等为基础，吸取了结构耗散理论的大量营养，采用统计学和动力学相结合的方法，通过对不同的领域的分析，提出了多维相空间理论，通过类比对从无序到有序的现象建立了一整套数学模型和处理方案，并应用于广泛的领域。协同理论的主要内容可以概括为三个方面：

1. 协同效应

协同效应是指由大量子系统相互作用而对复杂的开放性系统产生了整体效应或者集体性效益。协同作用作为系统从无序变为有序结构的内在驱动力，在复杂多变的自然及社会系统中，普遍存在协同作用。系统自组织现象的观点也将被协同效应所验证。

2. 伺服原理

伺服原理是通过系统内部稳定因素与不稳定因素间的相互作用来描述系统的自组织过程。其实质是系统在接近不稳定临界点时，系统结构通常由个别的集体变量来决定，系统其他变量将由这些个别的序参量来支配。

3. 自组织原理

自组织的相对面是他组织，他组织是由系统外部来传达组织指令与组织能力的，而自组织是指系统内部子系统在没有外部指令的情况下，能够按照一定的规则自发形成某些结构或功能。该原理解释了通过大量子系统之间的协同作用将会使整个系统发展为新的时空下的有序结构。

协同是现代管理发展的必然要求，自组织是管理系统自我完善的根本途径。协同论的自组织原理旨在解释系统从无序向有序演化的过程，实质上就是系统内部进行自组织的过程，协同是自组织的形式和手段。智慧管理系统要想从无序的不稳定状态向有序的稳定状态发展，实现自我完善和发展，自组织是达到这一目的的根本途径。

2.3.2　并行工程理论

1. 并行工程的概念

1988年，美国国家防御分析研究所（Institute of Defense Analyze，IDA）完整地提出了并行工程（Concurrent Engineering，CE）的概念，即并行工程是集成地、并行地设计产品及其相关过程（包括制造过程和支持过程）的系统方法。这种方法要求产品开发人员在一开始就考虑产品整个生命周期中从概念形成到产品报废的所有因素，包括质量、成本、进度计划和用户要求。并行工程的目标为提高质量、降低成本、缩短产品开发周期和产品上市时间。并行工程的具体做法是在产品开发初期，组织多种职能协同工作的项目组，使有关人员从一开始就获得对新产品需求的要求和信息，积极研究涉及本部门的工作业务，并将所需要求提供给设计人员，使许多问题在开发早期就得到解决，从而保证了设计的质量，避免了大量的返工浪费。在产品的设计开发期间，将概念设计、结构设计、工艺设计、最终需求等结合起来，保证以最快的速度按要求的质量完成。各项工作由与此相关的项目小组完成。进程中小组成员各自安排自身的工作，但可以定期或随时反馈信息并对出现的问题协调解决。依据适当的信息系统工具，反馈与协调整个项目的进行。利用现代 CIM 技术，在产品的研制与开发期间，辅助项目进程的并行化。

2. 并行工程的特征

并行工程的特征主要包括以下内容：

（1）并行交叉。

并行交叉强调对整个研发周期的所有环节进行交叉作业。在保证研发活动整体逻辑性和顺阶段的条件下，通过子活动间的依存关系，全面划分子活动并指导其交叉并行作业。

（2）尽早开始工作。

并行工程为了缩短产品周期，便强调人们在获得的信息不完备的情况下就开始交叉作业，即部分工序可以前置交叉进行。

（3）面向对象和面向全过程。

并行工程与串行工程不同，既要完成自身划分的工序任务，还要为整个产品的全过程考虑，须具备大局意识，与本工序相关的后续活动也应考虑在内。

（4）系统集成和全面优化。

与串行工程的个人或小组绩效考核方式不同，并行工程强调的是系统性的目标集成化，对整个产品的服务、质量等方面进行全面优化。

将并行工程理论应用到智慧建造过程。对于生产管理方面应贯穿于建造项目的全寿命周期，包括前期立项、规划、设计、施工、运维等阶段，比如设计与部分施工阶段可并行作业从而缩短建设周期。在组织管理方面，可通过并行团队的建立、创建有利于并行工程实施的文化氛围、搭建并行工程信息化模型和数据平台等方式来解决项目建设过程混乱、后期服务跟不上等方面的问题。

2.4 高速铁路预制梁场智慧建造理论

2.4.1 高速铁路智慧梁场概念

在桥梁工程的施工过程中，普遍存在梁段占线长、数量大、现场地势地形复杂等不利于梁板现浇完成的困扰因素，故需要事先规划预制梁场来克服现场施工占地广、设备运转周期长、成本高且质量难以保证等诸多困难，进而降低成本、标准化批量生产。预制梁场作为桥梁工程的附属工程，在桥梁的建设中发挥了不可估量的作用。预制梁场的建设、规模及数量，主要依据建设合同对桥梁的设计规模、数量、分布情况、预制周期、存放周期、建设工期等要求，再结合建设项目当地的地形地貌及水文地质情况，予以合理化的考量确定。

铁路预制梁场是生产简支梁的基地，采用成熟的预制生产技术和科学的检测手段作为预制简支梁的质量保障，体现了铁路建设"专业化、机械化、工厂化、信息化"的先进理念，起到了标准化建设先头示范作用。但随着社会的不断发展、BIM技术信息化技术的创新，现有的生产方式制约了铁路预制梁场生产效益、产品质量及智能化发展。

（1）传统的钢筋生产安装、预应力钢筋的张拉、孔道压浆、静载试验、养护等设备及工艺机械化水平有待提高。

（2）梁场生产数据资料缺乏标准化管理手段及可靠的保存方式。

（3）数据无法关联共享。由于搅拌站、试验室、自动静载设备、自动张拉设备、自动压浆设备等数据接口不同，无法直接显示到梁场系统，需要二次录入，增加了现场人员的工作量。

（4）生产过程中缺少风险及危机预警和管理，运、架等大型特种设备全过程安全管控措施欠缺。

相对于传统桥梁预制加工场，智慧梁场采用智能化设备代替传统人工操作，全面提升了梁场的生产效率和质量安全，受到越来越多的重视和应用。

1. 智慧梁场定义

智慧梁场、智能梁场、数字梁场等概念，主要是针对传统梁场而言，智慧梁场采用智能化设备代替传统人工操作，在生产过程采用数控机械加工钢筋、胎架绑扎钢筋、预应力整体穿束、智能张拉、智能压浆、自动喷淋养护等施工工艺和施工方法，全面提升梁场制梁安全、制梁质量、制梁效率。

2. 智慧梁场管理系统

在梁场各类智能化子系统应用后，如何将不同子系统、不同工艺工段生产数据汇总至统一平台，进行综合统筹管理成为了梁场管理者面临的问题。智慧梁场管理系统是利用大数据、物联网、云通信等技术，将生产信息、管理数据等各方信息汇总至统一管理平台，实现梁场生产的统筹管理、智慧管理。

3. 智慧梁场管理系统常见功能

目前智慧梁场管理系统主要集中于预制梁生产管理领域。

管理计划类包含生产管理大屏、计划管理、进度管理、质量管理、预制梁管理、物资管理等功能。

现场管理类包含台座管理、智能找梁、张拉监测、压浆监测、蒸养养护监测、搅拌站检测等功能。

除梁生产管理外，更为综合的智慧梁场管理系统还包含劳务人员管理、视频监控、龙门吊监测、火焰监测、安全帽监测、环境监测等安全环保系统。

2.4.2　高速铁路预制梁场智慧建造定义

智慧建造是智能建造的后一个阶段，以建筑工业化为基础，以新一代信息技术的融合赋能全产业链数据系统协同为驱动，全新搭建工程建设活动和技术"类人化"的知识规则算法，训练各类业务机器模仿人的专业认知和行为过程，用数据驱动工程建设活动各种技术或管理的自我学习和自我迭代，让机器设备具备感知、辨析、判断、决策、反馈、优化的能力，进而实现更大范围、更深层次的对体力替代和脑力替代，以提升工程建设活动的效率和品质。这个概念中的"业务机器"是广义内涵的机器，包括了数据分析平台、专家系统、流程、软件机械设备、工具等类型机器人。

装配式桥梁预制梁场的智慧化主要是集当代先进制造技术、新一代信息技术、新一代人工智能先进技术的深度融合。通过将先进的建造技术与传感器和感知技术、大数据、物联网、云计算、VR 等信息技术相结合，3D 全息投影如图 2-8 所示。实现预制梁场全生命周期的数字互联互通，从而构建集梁场设计、构件加工制作及运输于一体的数字化建造体系，提高建造过程的智能化水平，减小对人的依赖，形成构件生产的智能化、数字化、标准化、模块化以及构件吊装施工过程预演的可视化，最大限度适用和高效地使用梁场空间，提高装配效率，为大规模装配化施工提供技术支撑和质量保证。预制梁场的智慧建造深度融合了现代智能制造的关键技术，是集绿色化和智能化于一体的建造过程，必将取代传统预制梁场的建造模式。预制梁场智慧建造的绿色化表现为：最大限度地节约资源、保护环境、减少污染，充分利用风能、太阳能、生物质能等非化石能源，形成与周围自然环境和谐共生的生态预制梁场。

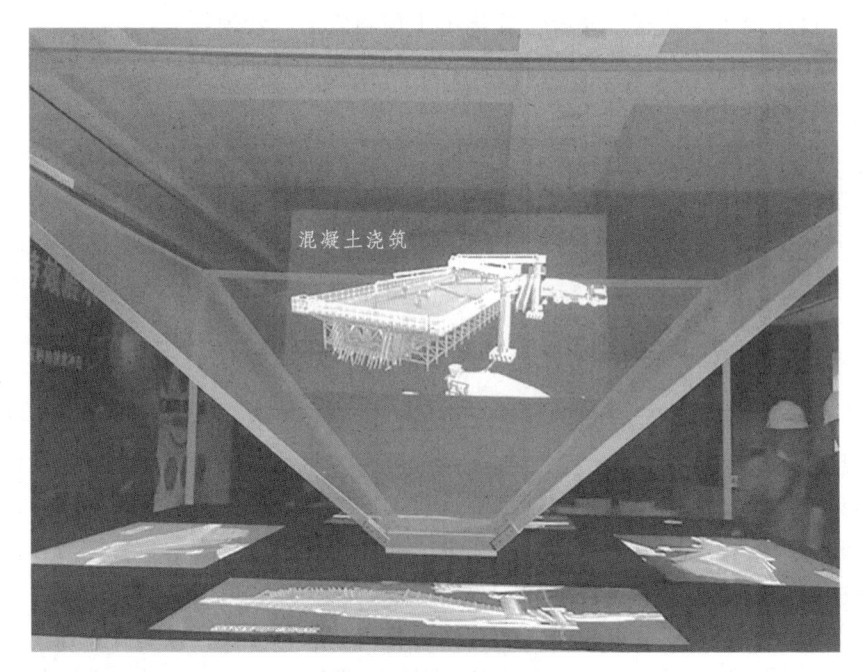

图 2-8　3D 全息投影

预制梁场智慧建造的总体特征为：梁场管控集成网络化、预制构件生产要素数字化以及数据驱动的决策智能化。以预制梁场内部的纵向管控集成和其他参与方网络化协同集成为支撑，以物理生产系统以及对应的各个层级的数字孪生映射为基础，建立一个具有动态感知、实时分析、自主决策、事后精准执行和实时评价的智能生产工厂，使得该工厂生产方式向智能化方向转变，其中，构件生产方式总体分为离散式制造和流式制造。离散式制造方式更加灵活多变，用于制造那些生产流程和工序都不固定的小型或复杂构件，而流式制造更适合于那些生产工序、工艺相同、构件尺寸不同的构件，从而实现预制梁场的高效、绿色、安全的制造过程，提高预制构件质量，降低其能耗。

预制梁场本身属于辅助型工程，其主要用途是保质保量为实际工程提供所需的预制构件，预制构件智慧化建造过程的具体特征为：两个过程、两个工地、两个关系和两个产品。两个过程指将预制构件设计图纸变为实际构件的实际生产过程和承载着预制构件设计、制作、吊装施工预演信息的虚拟产品的数字化过程，实际生产过程以数控生产线、3D 打印、机械臂等人机协同的工作方式实现全自动化的生产方式，虚拟产品的数字化过程，基于先进的传感器技术、BIM 技术等对预制构件的制造过程及质量管控进行建模与仿真。两个工地指与实际预制构件相对应的特定生产场地（即预制梁场）和基于 BIM 的与预制构件仿真模型相对应的智能化建造平台。两个关系指智慧建造模式下的预演和后造，以及后台决策与前台操作，即实体预制梁场在数字化平台的智能驱动下，实现预制构件的自我生产及生产过程的精益组织，而数字化平台基于预制梁场制造现场所反馈的信息，以整个预制构件的制造过程的计算、分析、决策、可控为目标，实现对梁场的数字驱动和管控。两个产品，即建造完成的实体预制构件和与之对应的并且承载着构件制造过程所有信息的三维仿真模型。

2.4.3　高速铁路预制梁场全寿命周期特征

预制梁场的全寿命周期包括场地规划、设计、梁场建设、投产、拆除梁场及恢复农田等阶段。各阶段的主要内容如下：

1. 规划与设计

在前期的规划阶段最先需要考虑的是梁场的选址问题。预制梁场的选址应从架梁区域内的桥梁结构与周围构筑物的分布情况出发，综合考虑施工工期、造价成本等因素，本着以下原则进行：

（1）征地拆迁与复垦的土建工程量小。

预制场尽量少占用耕地农田、涉及的拆迁工程小、完工后复垦的土建工程量小。

（2）交通便利。

在选择预制场位置时必须考虑交通状况，尽可能与既有路网或者施工便道相连接，来保证大型预制设备与大宗材料进场、满足大型机械提梁运梁等要求。

（3）水电等必需品供应方便。

要保证梁场用水、用电等满足要求。

（4）预制场地基条件好进而处理工程量小。

在地质状况好的地基上建设预制场，能够减少地基处理的工程量，从而达到降低工程投资额的目的。

（5）运梁距离短。

为减小运梁的距离，梁场一般建设在桥群集中段，架梁现场如图2-9所示。

图2-9 架梁现场

基于智慧建造模式的大型预制梁场规划设计与传统建造方式的规划设计具有相似的过程与特点，但是梁场的智慧化规划设计是随着现代信息技术的发展，对设计工具、设计方法、设计思维等带来的数字化、信息化和智慧化的升级与变革。

2. 梁场建设

首先是依据前期梁场的规划和设计图纸平整场地及布设临时用电、用水设施（俗称临电临水）。在平整后的场地上进行梁场基础设施的建设，如根据功能区划分的制梁区、存梁区、钢筋加工区、钢筋绑扎区、模板检修区域等临时性用房和场地的建设。混凝土生产区包含混凝土搅拌站、砂石料场、发电机房、蓄水池、仓库、实验室等设施用房的建设以及办公生活区为场区人员提供的生活及办公用房。合理的梁场布置，如金建高速铁路金华制梁场平面布置，如图2-10所示。

3. 制梁过程

制梁过程主要是指针对不同类别的预制构件进行相应的预制过程。例如钢构件主要在配有大型设备的工厂进行预制，混凝土制品主要在混凝土生产区进行预制，混凝土生产区包含混凝土搅拌站、砂石料场、发电机房、蓄水池、仓库、实验室等，主要完成预应力混凝土梁的混凝土的供应及其他生产性供应。

4. 拆除梁场及恢复农田

整个工程结束后需要对梁场已建临时用房及硬化场地、道路、临电临水等进行拆除，并且以不破坏周围环境及降低成本为目的尽可能恢复场地原有的自然环境。与传统梁场建设不同的是，智慧建造模式下的预制梁场是对传统梁场的全生命周期内各个环节的变革与升级。预制梁场各生命阶段经过智慧赋能后，从传统的建筑产品阶段升级为智慧决策、智慧设计、智慧生产、智慧施工、智慧运维等全生命周期，如图2-11所示。

图 2-10 梁场布置

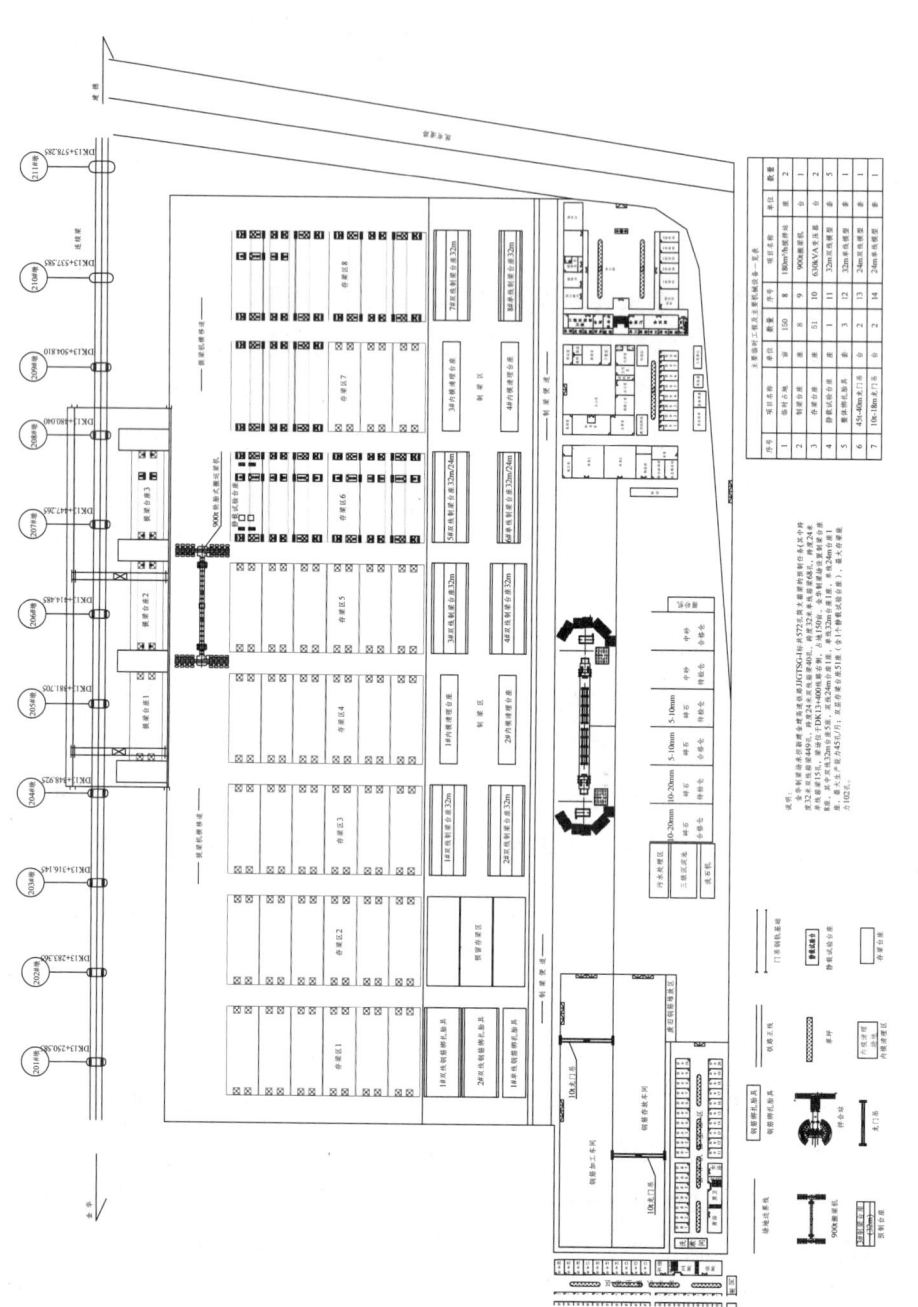

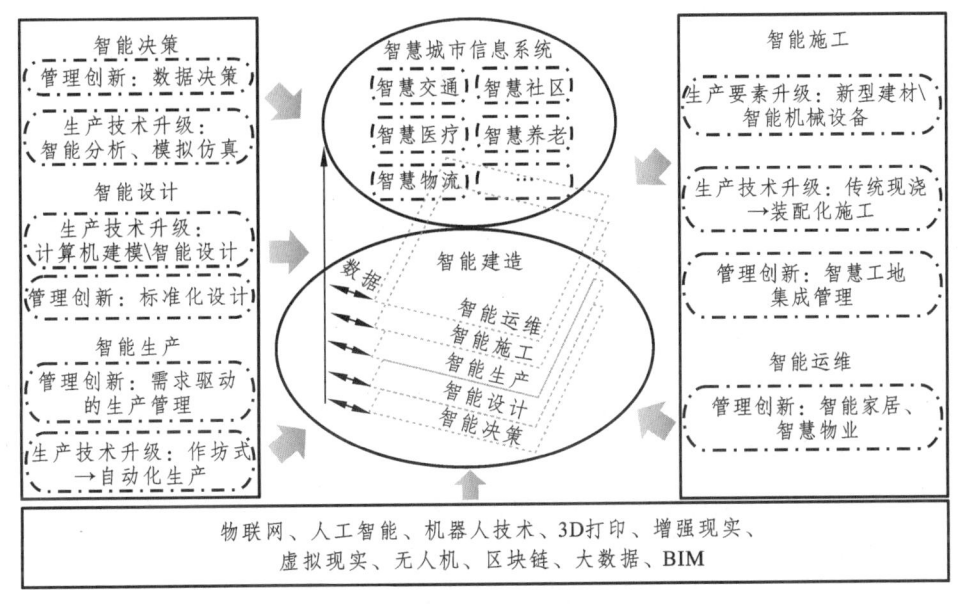

图 2-11 智慧建造全生命周期各阶段的智慧化转型

在 20 世纪 80 年代，随着计算机技术的发展，辅助设计软件（如 CAD）大大推动了建筑设计行业的飞速发展，使得由人工绘图转变为软件绘图，是建筑设计的第一次飞跃发展。智慧施工是智慧建造全生命阶段的重点，也是难点，其中，施工生产要素的升级体现在了建筑材料、设备的智能化，包括新型建筑材料和智能机械设备的应用，建造技术的升级主要体现在装配化施工，减少劳动力投入，降低施工成本和施工时间。项目管理的智慧化，其特征包括：全面感知，即可感知不同主体、不同对象的各类工程信息；工作互联互通，将分散在不同阶段、不同主体、不同终端中的各种信息汇集在智慧管理信息平台，实现生产过程可视化；智能化，利用大数据、人工智能等方法实现复杂数据的处理、分析和预警，从而进行安全管理、质量管理等。

2.4.4 高速铁路预制梁场智慧化发展方向

在以 BIM 技术为基础的智慧预制梁场管理系统中，BIM 将直接与生产、进度、原材等现场信息衔接，同时也将设计、生产和运维等主要建设阶段的整体过程进行严格管控，将列为整个建设单位至 BIM 系统中去实现梁场生产过程与人员管理的三维可视化、全寿命周期的管理。在智能信息化技术的高速发展下，未来的梁场智慧化发展主要有以下三方面：

1. 信息驱动下的"感知—分析—决策—执行与反馈"的大闭环建设与应用

基于互联网的工业管理数据化的平台当中，智能梁场将有效地协调人与物的内外关系，协助梁场生产管理，精细化管理生产的各个阶段，能够做到预先把控生产管理当中所遇到的一系列琐碎问题,过程问题处理的"过程严控"，以及"结果完善"。在稳步优质地推进工程进度过程当中又强化安全质量的把控，实现预制梁在生产全过程当中的精细化管控，从而提升建设管理水平。

2. 在工业互联网充分应用的大时代下新兴科技的即时应用

施工现场通常采用智能前端来实现基于嵌入式技术在互联网上的软硬件、终端以及人员的协调与管理。同时整合网络化、信息化和现场施工环境，有效地实现远程管理量测与现场测量设备、手持设备，以及信息平台的远程控制，最终将工程管理的信息数据的实时动态管控，现场和远程的管理人员对于过程的充分把控有效地实现出来。

3. 虚拟背景与现实状况的充分融合

在 BIM 系统下，对梁场的生产全生命周期过程进行模拟与仿真，继而指导、完善现实世界的建设生产工艺水平，张拉过程的更加规范化，确保预应力施工质量，保障最终桥梁建设后的安全和耐久性，同时更加优质地把控了桥梁施工成本。

2.4.5 高速铁路预制梁场智慧建造的关键技术

预制梁场智慧建造主要围绕梁在预制过程中的人、机械、材料及工艺，以 BIM 技术为核心，促进物联网、传感器与感知技术、大数据、云计算、VR 技术和人工智能等技术与先进的工程建造技术相融合，带动梁场组织形式、建造过程的变革。实现预制梁场智慧化建造过程中所使用的具体支撑技术包括：

1. BIM 技术

预制梁场建造过程的核心是构筑一个新的梁场的存在实体。而梁场的数字化存在体是基于 BIM 的数据快速生成模块,将工程设计图纸转变为完整的数字模型梁场,这个过程是一个不断丰富完善的过程,表现在随着工程项目的不断推进,从梁场的初步设计、施工图设计、深化设计再到梁场的运维。梁场的整个全生命周期的不同阶段都有新的数字信息被加入。基于这些数字信息的计算、仿真、可视化、信息管理等,实现整个建造过程中数字模型梁场对实体梁场的数字驱动和管控。数字模型梁场与实体梁场关系密不可分,表现为数字化建造模式下梁场建造过程"虚"与"实"的关系,以"虚"导"实",即预制梁场智能建造模式下的实体梁场在数字梁场的信息流驱动下,实现物质流和资金流的精益组织。BIM 技术在工程项目中的应用流程如图 2-12 所示。

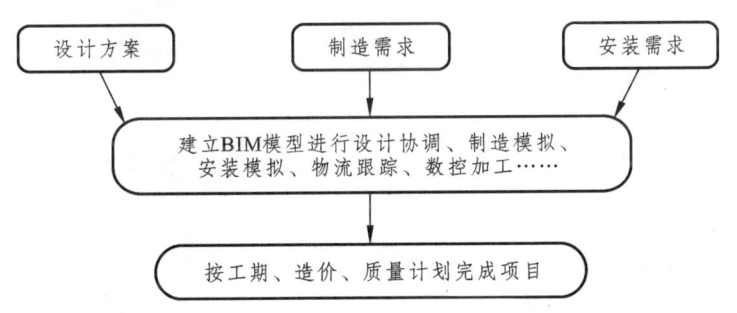

图 2-12 BIM 技术在预制梁场智慧建造过程中的应用流程

在方案设计优化过程中,BIM 技术主要用于碰撞检测与图纸深化设计;在施工进度方面,利用 BIM 技术建立与进度相结合的 4D 施工模型,以此对施工组织设计进行系统优化与改进;同时利用 BIM 模型对施工计划和资源计划的实施进行实时跟踪,及时纠正计划偏差,不断调整施工方案;基于 BIM 模型的监理线上监管工程系统的开发与使用,有效地解决传统监理工作中存在的诸多问题,例如工程验收资料冗杂繁多与现场实际施工偏差较大、报验的工程资料信息滞后与实际施工进度不符、对于大量的装配式构件验收不规范等;基于 BIM 模型的"BIM +"技术的使用,更加精准地把控了工程进度、质量、具体的现场施工情况等相关信息,"BIM +"技术包括 BIM + 无人机、BIM + 3D、BIM + VR、BIM + RFID 以及 BIM + 智能监测等先进技术;协同管理作为实现预制梁场智慧建造的核心技术,有力地推动了梁场制梁各环节、各项目参与方的有机结合,极大地促进了建造过程的集成化模块的形成。

2. 物联网（Internet of Things，IoT）技术

通过对片梁预制过程中各个实体嵌入各类电子元件,使得各实体之间通过网络相互连接,用以采集和交换数据,从基础数据的采集、存储、传输、分析整理,再到可视化,其简单基础数据采集流程如图 2-13 所示。

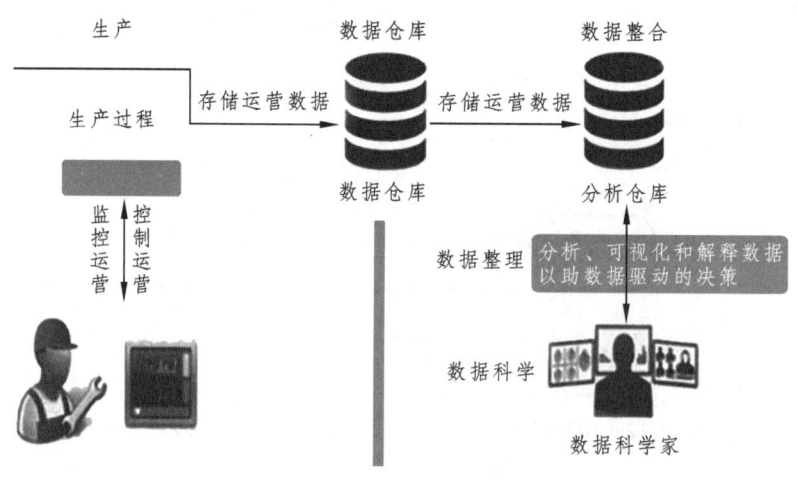

图 2-13　物联网基础数据采集流程图

物联网技术主要由感知模块、网络模块及应用模块组成,涉及的关键技术有:动态感知、网络通信、信息处理以及安全管理技术。5G 技术因其自身优点,为物联网技术在预制梁场智慧建造中应用提供了巨大技术支撑。因此,物联网的网络架构技术主要由感知层、网络层及应用层三部分组成,具体如图 2-14 所示。

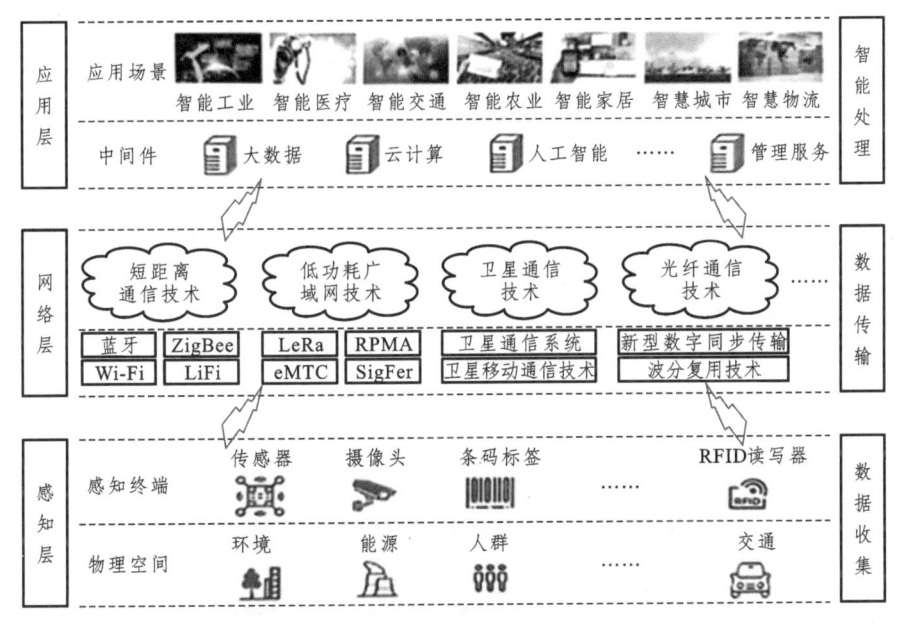

图 2-14　物联网网络技术架构示意

上述内容是物联网技术在装配式构件制造过程中应用的基本理论架构，而基于物联网技术的工程项目管理内容包括四方面，具体如下：

（1）基于工程物联网技术的人员管理。

在建筑施工过程中，保证施工人员的安全是整个工程中至关重要的事情，而现行传统的施工人员管理制度混乱，造成施工人员伤亡的事件频发。为了减少施工人员的安全事故发生，进一步提升施工场地安全管理效果，将物联网技术用于施工场地的人员管理中。通过可穿戴设备的佩戴，帮助管理人员获取施工人员的位置和数量，并且提示施工人员是否处于危险区域，同时帮助管理人员及时了解施工人员的工作时长，以防疲劳施工。此外，还可借助面部识别、射频识别标签监测非施工及项目管理人员进入施工区域，确保工地和资产的安全，如图 2-15 和图 2-16 所示。

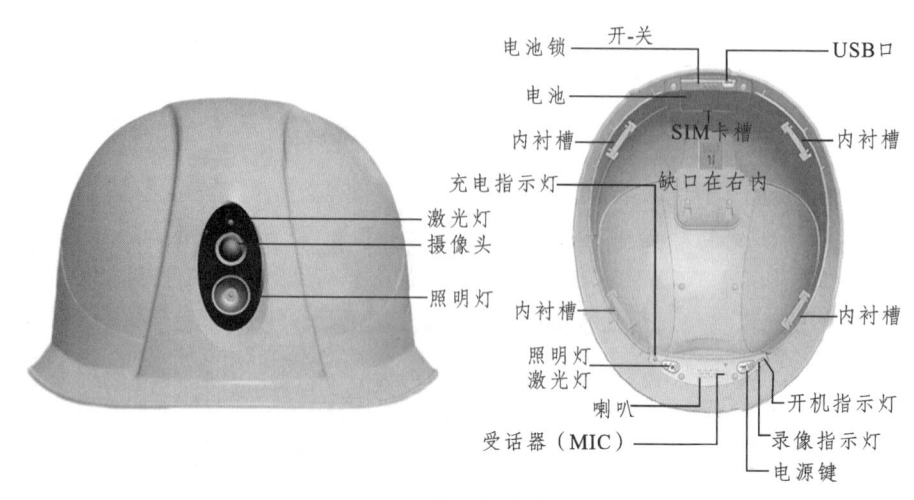

图 2-15　安全帽定位系统

图 2-16　施工现场入侵分析系统

（2）基于工程物联网的物料管理。

在整个工程项目中，建筑材料在总造价中占有最大的比重，如何有效合理地进行建筑施工项目的物料管理成为整个项目资源管理中的重点也是难点。将物联网技术应用于此，不仅能降低工程造价、减少施工浪费、节能减排，而且能够实现对物料管理的实时化、可视化、透明化、智能化监管，使得合格的建筑材料适时、适量、适质、适地地应用于建造对象。特别是对于主体结构中的重要构件的材料及预制构件，在材料生产过程中或构配件预制过程中，通过信息化物料管理模式大大提高了管理效率，如图2-17所示。

图 2-17　数字化物资管理技术

（3）基于工程物联网的设备管理。

物联网技术通过对装在施工设备中的 RFID 标签和读取传感器信息进行识别分析，获取设备相关信息，然后借助无线传输方式传送到信息处理中心。基于此，利用先进的数据融合技术，对采集到的数据信息进行分析和处理，以实现对工程机械设备的高效管理和监测。工程机械设备的工作环境一般比较恶劣，设备经过一定时间的使用后要进行维修和保养，物联网技术的应用大大方便了对工程机械设备进行相应的维修、保养或更换。

如图 2-18 所示，为塔吊设备运行过程智能化监测系统，有效地提高了塔吊设备的智能化管理水平，通过各类传感器实时监控升降机运行系统，保障了施工作业安全及施工效率。如图 2-19 所示，为进入施工现场的各类车辆的智能管理系统，确保了施工车辆有序出入施工场地，减少了施工道路拥堵、提高运输效率等。

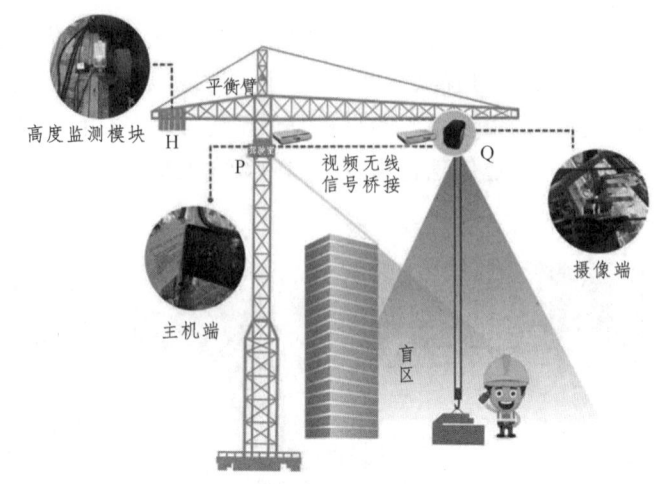

图 2-18　塔吊安全运行监测系统

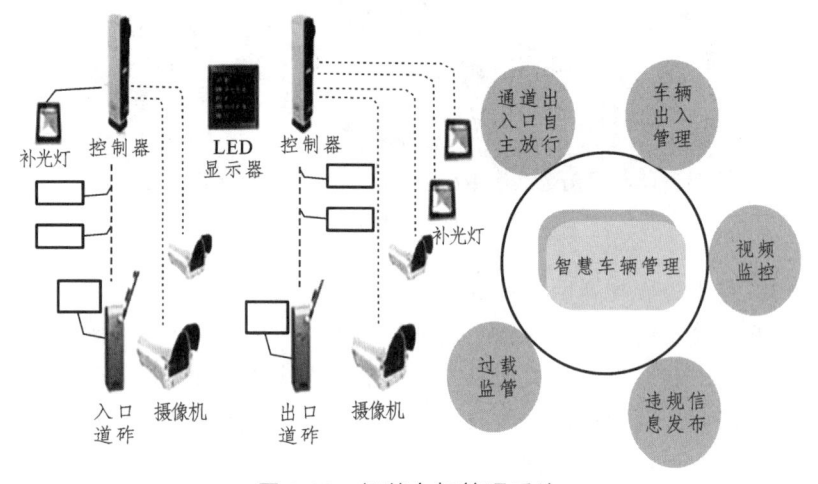

图 2-19　智慧车辆管理系统

（4）基于工程物联网的环境管理。

无论是传统建造模式还是智慧建造模式，环境保护从来都是工程建设中的主要任务，例如噪声污染、扬尘污染以及影响全球气候和生态系统的有害气体污染等。将物联网技术应用于工程建设项目中的环境监测，更加有效地提高了环境污染监测力度，降低了污染物的排放量。通过布置在施工场地的如光照、温度、噪声等各类传感器，对代表环境污染和环境质量的各指标、要素等进行实时监测、分析，有效的帮助管理人员实时掌控施工过程中的环境质量变化，以便及时采取相应措施，改善环境质量，如图2-20所示，为环境监测及预警系统，主要包括扬尘监测单元、噪声监测单元、气象监测单元、温湿度采集单元、数据传输模块等组成，从而实现工地环境参数的监测、展示、数据上传等功能；如图2-21所示，为降尘、喷淋智能控制系统，主要用于施工现场、运输道路、工地围墙周围等处的自动喷淋，以达到雾化降尘的效果。

图 2-20 环境监测及预警系统

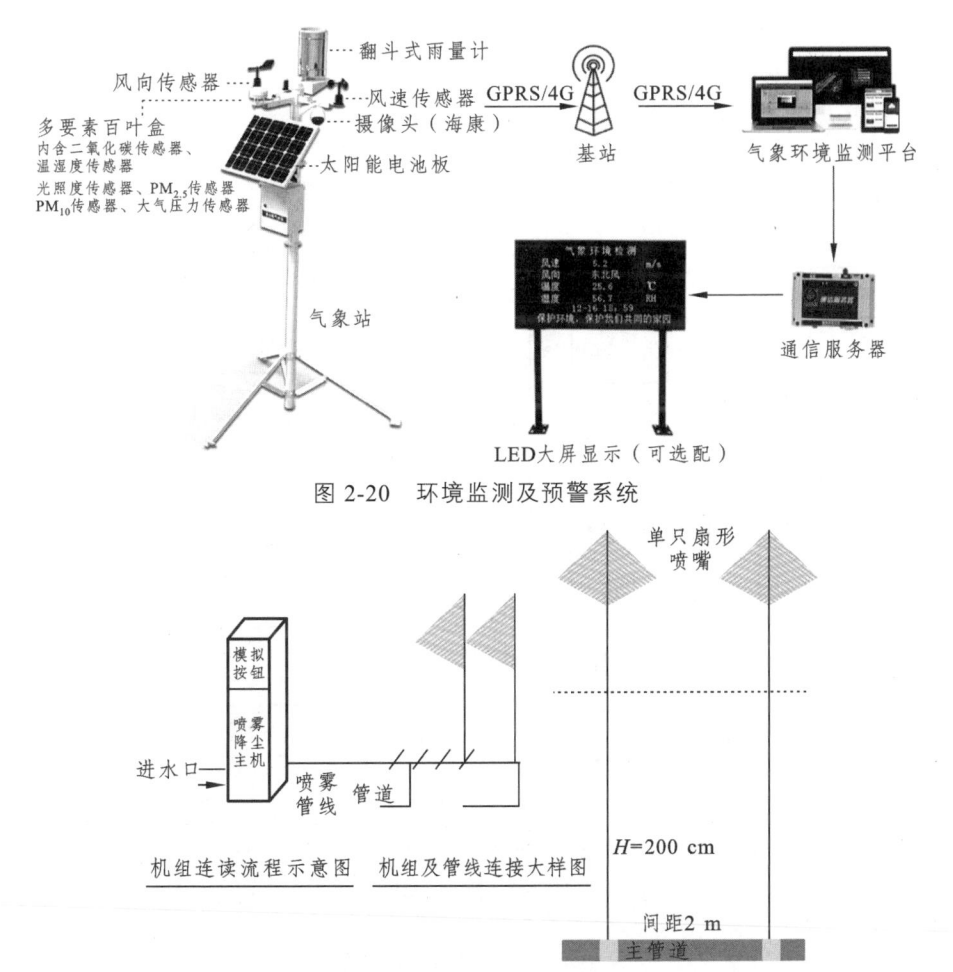

图 2-21 智能降尘、喷淋系统

3. 传感器与感知技术

传感器能够"感受"到被测对象并将感知信息以电信号的方式输出，再按照预先规定的规则将感知信号转换为实际可用信号，新一代智能传感器构成如图 2-22 所示。新一代智能传感器具有的几个典型功能包括：

（1）自补偿能力；

（2）自动校准功能；

（3）自诊断功能；

（4）数值处理功能；

（5）双向通信功能；

（6）数字量输出功能。

其中，输出数字信号，可以方便地和计算机或接口总线相连，如图 2-23 所示。

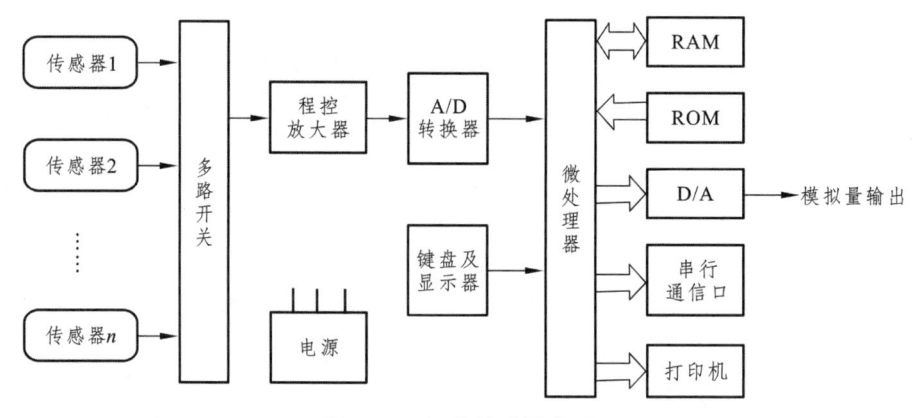

图 2-22　智能传感器构成

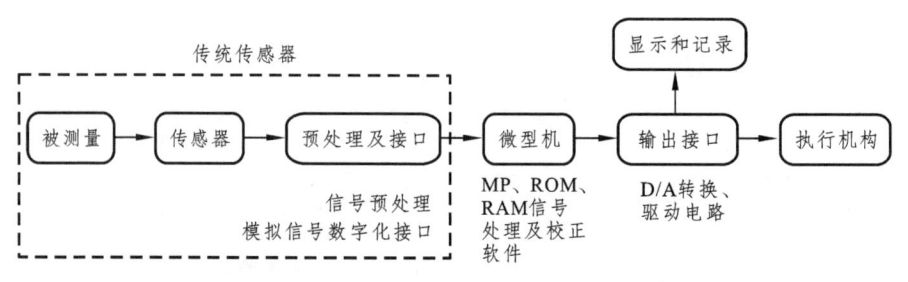

图 2-23　智能传感器数据采集与输出结构

4. 大数据

大数据因具有极强的决策力、洞察力和流程优化能力来适应容量大、变化多和速度快的数据集合等特点，其海量的数据规模、快速的数据流转、多样的数据类型和较低的价值密度为预制梁场智慧建造过程中产生的数据的获取、存储、管理和分析等提供了有力的技术支撑。预制梁场智慧建造过程中，由传感器收集到的有关材料、设备运行、制梁工艺、梁的质量、片梁调运等数据，再通过分析模块分析出各个环节的数据限值，利用这些限值设定各类报警，使得片梁的生产过程具有不依赖人的思考能力，从而自主检测制梁中存在的问题并自行调整解决。工程大数据包括建设工程项目全寿命周期内产生的所有数据，按如图 2-24 所示的分析步骤，对这些数据进行采集、集成、分析、展示，可以依据这些分析结果进行项目风险管理、预测未知结果，辅助项目进行系统性决策。总体来说，工程大数据具备如下几个典型特征：

（1）数据体量大。从项目的计划阶段开始，随着项目一步步推进，工程数据体量不断增多，一般情况下，普通单体建筑所产生的文档数据量可达到 10^4 数量级。

（2）数据类型多。同其他大数据应用一样，工程大数据包括各种结构化数据、半结构化数据、非结构化数据，如成本、建筑尺寸、施工日志、各类音频、影像资料等。

（3）数据管理困难。工程项目的典型特点是只有一次性、不确定性等特点，这使得工程数据的收集、管理、共享等具备一定的困难。

（4）数据价值大。与传统大数据较低的价值密度相比，工程大数据能够通过规模效应，将低价值密度的数据整合为高价值密度的信息资产。

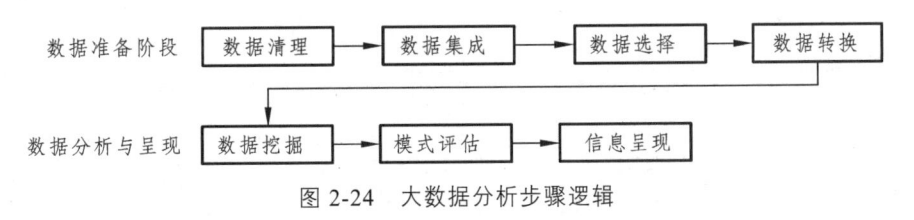

图 2-24 大数据分析步骤逻辑

将大数据技术应用于建筑工程项目，为海量的工程数据的分析和处理提供了便利，同时也有效规避了工程建设中各环节容易出现的弊端。

5. 云计算

云计算是智慧梁场实施的一项关键技术，如图 2-25 所示。云计算总体架构体系中，把服务中间的产品作为管理用户应用与虚拟化的资源之间的连接纽带，实现云服务端到端用户终端的交互。根据云计算的权威定义，云计算具有三层技术架构模式：SaaS、PaaS 和 IaaS，如图 2-26 所示。

图 2-25 云计算总体架构

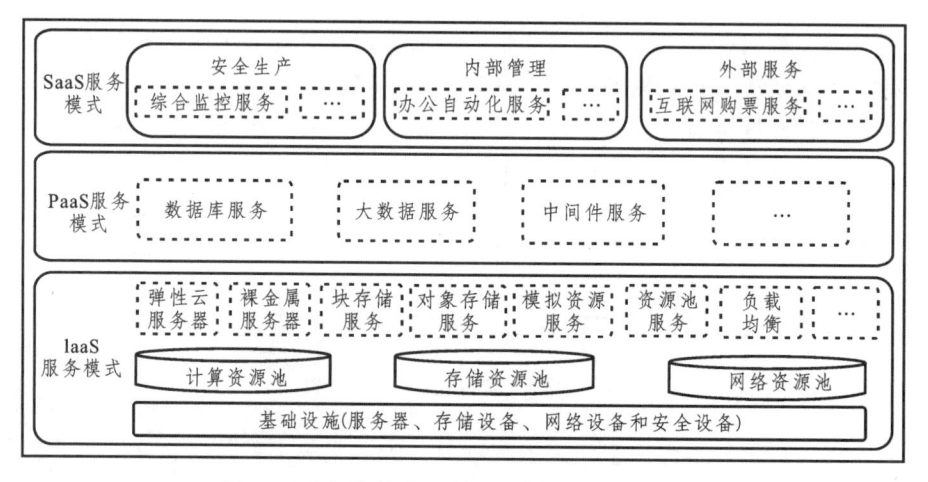

图 2-26 高速铁路智能梁场云平台服务模式

6. VR 技术

VR 技术综合了计算机图形技术、仿真技术、传感器技术以及显示技术等多种学科，提供一种高级的人机接口。利用 VR 技术可以对不同装配施工方案在短时间内进行大量模拟分析，从而找出最优方案。还可对该动态虚拟模型实时修改各种参数，反演桥梁倒拆过程、显示桥梁结构理想施工线型、前进演示结构拼装过程、显示施工预告图形及桥梁危险截面应力分布等。借助图形或图像更好地演示和控制梁场的规划、设计及施工过程以及片梁的调运和装配过程。

7. 人工智能技术

人工智能的核心是利用机械模仿人类完成一系列的动作。实现理解、思考、推理、解决问题等高级行为，在预制梁场智慧建造过程中其发挥了巨大的作用，为梁场制造环境、生产工艺、设备运行、制造过程自组织自学习及自适应控制等提供了坚实的理论支撑。

8. 数字孪生

数字孪生技术以其高度准确、实时性、可扩展性特点和优势广泛应用于智慧建造过程中，通过数字孪生技术主要对梁的智能化预制过程进行监控与诊断，通过对梁的钢筋绑扎、模板支设、混凝土浇筑、养护、质量评定等分部分项工程的仿真和实时对应，建立动态模型。

2.5 高速铁路预制梁场管理智慧化

2.5.1 人员管理智慧化

梁场属于封闭式管理，采用实名制的"工地宝"系统，如图 2-27 所示。对现场所有作业工人进行实名制登记，并实时掌握现场施工人员动态及离岗返岗情况。利用基于 5G 技术的安全帽及人脸识别系统进行每日考勤并上传。工人佩戴含有芯片的安全帽，能够实时定位并上传至管理平台，管理人员可实时查看工人的位置，了解施工现场劳务人员数量及动态，方便管理。通过手机应用程序进行现场定位，查看施工人员的工作状态，对其工作情况直观监控，保证生产效率并防止出现窝工现象。

图 2-27 "工地宝"实名制系统

2.5.2 设备管理智慧化

1. 钢筋弯曲系统

钢筋弯曲系统集钢筋的送料、矫直、定尺、弯箍、切断于一体，实现一机多能。控制程序根据实际需要自行设置和调整，按照要求加工各种规格钢筋。由技术人员将钢筋尺寸数据上传到智能钢筋加工系统，使用编程式、智能化的设备控制技术，降低人员工作强度，施工效率是人工加工的 5~10 倍。智能设备加工精度高，保证了施工质量，实现了钢筋加工自动化流水作业。

2. 混凝土升降温控制系统

升降温控制系统采用进口全封闭涡旋式压缩机配件及电控元件装配而成。该系统智能信息化水平高，能够根据季节的变化智能调节温度，提供 5~20 ℃冷水和 40~45 ℃热水，满足梁场高温和低温施工需求，有效解决施工季节变化对混凝土生产用水温度的影响。

3. 梁体测温系统

待梁体完成初凝后，将温度感应探头放置于温度测量孔内，通过自动测温系统监控混凝土芯部温度。当出现超标情况时，系统自动报警，及时采取措施，有效防止大体积混凝土芯部温度过高，温差过大造成质量缺陷。40.6 m 箱梁桥面布置 6 个观测点，芯部布置 4 个观测点，周边环境布置 2 个观测点，初凝后开始测量温度，每 2~4 h 测一次，持续 36 h。传统方式每次需要 2 人，测温系统只需要安装探头，就可以从手机应用程序上随时了解梁体温度的变化，及时调整养护方式。

4. 自动喷淋养护系统

智能化自动喷淋系统，采用摇摆喷头，可通过喷嘴使水流实现 180°不间断旋转，其喷射长度可达 4.5 m，实现养护无死角。该系统通过 PLC 可编程控制器自行设置喷洒时间及停顿时间等参数，同时可通过手机应用程序远程遥控设置循环养护间隔，且养护水能够循环利用。喷淋养护记录采用时钟系统，实时显示梁体养护时间，有效保证梁体养护时限，确保梁体质量。

2.5.3 材料管理智慧化

1. RBMS 梁场综合管理平台

RBMS 梁场综合管理平台能够实现预制梁全生命周期管理。系统自动以图表的形式显示制架梁信息，方便实时了解制梁、架梁及存梁关系，通过每月制梁工序统计表可查看任一时间段的制梁信息，以柱状图的形式显示各时间段内钢筋绑扎、浇筑、初张拉、终张拉、压浆、封端数量信息。梁场综合管理平台实时监测生产和质量的数据状态，提高了管理效率，节约了管理成本，为管理者提供了更好的资源优化配置方案，提升了管理水平。

2. 智管云管理平台

智管云系统是一套为工程施工企业提供项目现场安全质量隐患管理的 SaaS 平台。该系统可以将现场安全隐患问题和硬件设备集成到一个统一平台，将产生的数据汇总和建模形成数据中心并互联，通过图表直观呈现，帮助梁场实现数字化、系统化、智能化。该系统拥有视频监控、风险源辨识、隐患闭环管理、隐患动态管理、数据统计分析等核心功能。

3. 砂石分离系统

砂石分离机主要对生产过程中产生的剩余混凝土进行砂、石泥浆的分离收集。废弃混凝土中的砂和石，由滚筒进行分石操作并把碎石送往出石口，砂从筛网落下，送入右侧提砂螺旋，在提砂螺旋提升下，从出砂口排出。该系统可实现混凝土剩料的再利用，保护环境、节约成本。

2.5.4 工序管理智慧化

1. 钢筋剪切生产系统

钢筋加工场采用数控钢筋剪切生产线，自动化程度高，可大大降低劳动强度。该生产线设备具有加重型放料系统及双层喂料系统，一次可存放多捆钢筋，能够节约原材料搬运时间，大幅度提升作业效率，精确的定尺系统切割精度可控制在 ±2 mm 以内，剪切能力强，稳定性好。生产的钢筋端头断面平整，且机器内部有降噪措施以减少噪声污染。

2. 全自动智能张拉系统

电脑预设张拉参数，千斤顶就位梁端，通过一键式智能化控制，可完成张拉过程如图 2-28 所示。实时显示伸长值、采集张拉数据、智能校核报警并生成分析曲线，完成数据实时上传。在张拉的整个过程中，能够自动调整不同步率，自动补充预应力，从而使整个过程平稳进行，使得张拉时的张拉力从抽象的事物变成电脑屏幕前可视的直观图标，加强了操作人员对张拉力的控制和张拉准确度。通过传感器准确测量伸长量，精确控制张拉力率，避免了传统桥梁张拉工艺因人为控制而导致精度低等问题。

3. 全自动智能压浆系统

智能压浆机能通过有效控制抽真空、压浆两大关键性工序，做到自动化作业和智能化控制，如图 2-29 所示。自动上料并计量，测量浆体温度，抽真空与保压，保证孔道密实度，同时满足信息化自动上传的要求。通过精确记录压浆信息及过程数据，杜绝人为造假数据的情况，施工操作简单、速度快、效率高，且数据真实。

图 2-28 智能张拉机

图 2-29 智能压浆机

4. 工程试验智能管理平台

工程试验智能管理平台是集过程管理、可视化管理、可追溯结果为一体的智能化平台，如图 2-30 所示。将试验室搅拌站手机应用程序以及管理系统等子系统整合为一个一体化平台，实现了物料、试验以及混凝土搅拌三个方面的管理。智能管理流程如下：物料进场→分料进仓并上传平台→原材检验并自动采集试验数据上传→合格后方可使用仓库的原材。该系统有效避免了材料未检先用的情况。

图 2-30　工程试验智能管理平台

5. 静载试验系统

采用创新型预应力拱架与钢箱梁组合结构反力梁,可满足 39.3 m 跨度双线整孔箱梁的静载试验,如图 2-31 所示。该静载试验架可实现试验自动加载,直接生成检测报告,稳定性好,安全系数高,代替人工手动加载操作,省时省力,减小人为操作造成的加载误差。同时,创新型预应力钢结构反力梁为拱架与钢箱梁组合结构,比现行钢箱式反力梁、钢桁架反力梁设计更合理,形变小,性能稳定,用料更少。

图 2-31　静载试验系统

2.5.5　环境管理智慧化

1. 智能化喷雾降尘系统

智能化喷雾降尘系统能够对环境进行实时监测，显示温度、湿度、污染指数、扬尘指标、风力等，并进行自动数据分析，能够及时进行数据反馈，并自动触发预警机制。其与梁场自动喷雾系统关联，当智能监测系统检测出大气中污染物和扬尘超过标准 $50\ \mu g/m^3$ 时，自动启动喷雾降尘系统，通过加压喷雾产生细水雾，加大空气湿度，降低空气中的浮尘、扬尘，达到净化空气目的，可取代洒水车洒水，节约水资源，减少相关设备及人员配置。

2. 污水压滤系统

污水压机属于泥浆固液分离的一种脱水设备，主要用于梁场污水处理作业。其对梁场产生的泥浆进行固液分离，滤出的清水存储于清水池，可二次利用进行洒水降尘，也可直接用于混凝土生产、压滤机压滤，砂石分离机和设备冲洗，有效减小生产污水对环境的影响。污水压滤机能够保证压饼的含水率极低，处理的固体废弃物可当作基建原材料使用，提高了环保效率。

第 3 章

高速铁路智慧梁场标准化管理

持续纵深推进铁路建设项目标准化管理，是铁路建设由规模速度型向质量效益型转变的内在要求，是实现铁路建设高质量发展的有效途径，是打造精品工程、放心工程和世界一流铁路的重要抓手。标准化管理实施以来，铁路建设取得了丰硕的成果。铁路建设规模实现了平稳扩充，铁路建造水平得到巨大突破，机械化应用得到拓展，工厂化应用得到普及，专业化应用得到加强，信息化应用得到突破，建设单位的主导作用得到发挥，有力推进了大规模铁路建设。

推行铁路建设项目标准化管理，就是要基于我国铁路建设体制特点，适应我国大规模、高标准铁路建设形势的迫切需要，在充分借鉴历史经验和国际经验基础上，创建一整套具有先进性、实用性、普适性的管理体系。本章将就铁路建设项目标准化管理创建的历史、体制、时代背景和铁路建设项目标准化管理体系的基本框架做一简介。

3.1 高速铁路预制梁场的特点

3.1.1 设计标准严、质量要求高

铁路与人们生活联系十分紧密，现代铁路车行速度越来越快，以京沪高速铁路为例，其设计运营速度大约为 350 km/h、使用寿命大约为 100 年，该高速铁路采用双面大桥断面箱梁和线上无砟轨道结构，该结构对设计标准和质量要求非常高；现场需要将梁场和存梁台座的沉降把控在 2 mm 范围内；按照生产规范，应满足模板接缝处直顺、预埋件多种多样、数目多、防腐处置规范高的要求；此外，运梁通道规范要求也较高。因此，铁路预制梁场现场布局及规划必须满足技术和质量的实际需求。

3.1.2 地质条件差、工程复杂

铁路预制梁场现场布局和规划工作十分复杂，主要原因是铁路施工过程中所经过的路段大多结构复杂、地质条件差。铁路梁场地层表面大多为粉质黏土，通常采用 CFG 进行地基处理，处理工程量非常大，其中水电和蒸汽的预埋管线非常多，导致现场施工布置和规划困难。一般情况下，铁

路预制梁场地层情形错综复杂，必须对地基做好结构加固处置，该项工作的工作量比较大。

3.1.3 施工投入大、管理风险高

铁路预制梁场现场布置及规划过程中使用的运输和吊送设备体积非常大，设备购买资金较大；预制梁场占地面积大，建设规模大导致施工投入的人力、物力和财力均较大；铁路预制梁场现场布局和规划工作管理风险较高，导致实际工作效益偏低。预制梁场一般采用 4 台 50 t 门式起重机，吊装、运输、架设设备均为 900 t 左右的大型运吊，从安装到使用都存在很大的安全风险，现场管理难度很大；同时预制梁场占地面积大，工程建设投入也大。这将导致施工现场的管理风险增加，施工人员数量多，人员集中度高，施工管理所面临的风险很高。

3.2 铁路工地建设标准化

创建标准化工地体现了"以人为本"和建设"爱民工程"的指导思想，是建设和谐社会具体体现。铁路建设工程标准化工地建设，对于保证安全、提高质量、培养高素质的队伍，密切党和政府同人民群众的联系，促进社会主义物质文明和精神文明建设，又好又快地推进大规模铁路建设，具有十分重要的作用。

施工工地是各种建设要素的集合，是实施标准化管理的载体，工地管理标准化就是工地管理工作内容具体化、定量化、标准化，把现场布置、检查内容和检查方法等转化为工作标准，实现现场"规范化"、布局"科学化"、培训"经常化"、生活"秩序化"。

标准化工地建设方针："以人为本，和谐统一，规范管理，服务生产。"

标准化工地建设目标：按照工程质量、安全、文明、爱民施工的管理原则，努力打造精品工程、安全工程。做到管理制度标准化，建立结构清晰、职责分明、内容稳定的管理制度；人员配备标准化，实现岗位设置满

足管理要求，人员素质满足岗位要求；现场管理标准化，生活设施、施工设施、安全生产防护设施统一化，确保施工人员职业健康安全；过程控制标准化，建立健全项目管理的目标体系、责任体系、分级控制系统和评价评估体系，明确安全、质量、文明施工等控制要点，确保过程控制的有序可控，实现工程建设的目标。

3.2.1 人员配备标准化

项目管理是施工企业管理的重要组成部分，是企业整体素质和管理水平的集中体现，是树立企业形象，增强竞争力和提高经济效益的有效方法。项目管理要"以人为本"，项目管理人员标准化配备是强化项目管理，提升项目管理整体水平的重要举措，同时也是实现施工企业确定奋斗目标的有效途径。

人员素质决定了施工管理的水平和效率，是实行标准化管理的根本。人员配备标准化就是根据工作岗位要求配备具有相应技能、能力、知识以及协调能力的人员，实现岗位设置满足管理要求，人员素质满足岗位要求，使项目部成为实现建设目标的工作团队。

为深入贯彻铁路建设新理念，建立健全管理机构，规范施工管理，全面落实"六位一体"管理要求，推进上海铁路局"标准化管理年"有关工作要求，实现铁路建设"精品工程、安全工程"的目标，本篇从建设单位的角度对施工企业的项目部人员配备标准作基本规定。明确在上海铁路局建设项目管理中，项目部的机构按三个管理层次设置，对项目部的职责、人员配备标准、培训教育以及考评办法等提出要求。各施工企业可以在本规定的基础上，根据投标承诺和工程项目实际，结合企业自身的管理特点，组建满足工程建设需要的项目部。

3.2.1.1 标准组织机构和岗位设置标准框架

标准组织机构框架设置通常包括组织的层级结构、职责分工、决策流程等方面的规定，这有助于组织内部的管理和运作。标准组织机构框架如图 3-1 所示。

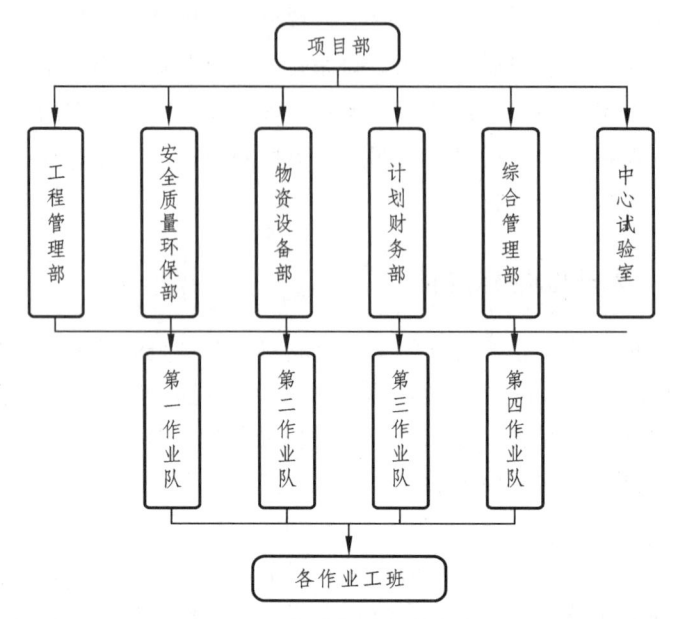

图 3-1 标准组织机构框架

项目部岗位设置通常包括项目经理、项目副经理、项目专员、项目工程师、项目质量工程师、项目采购工程师等岗位。这些岗位在项目执行过程中负责项目的规划、执行、监控和收尾工作，项目部岗位设置如图 3-2 所示。

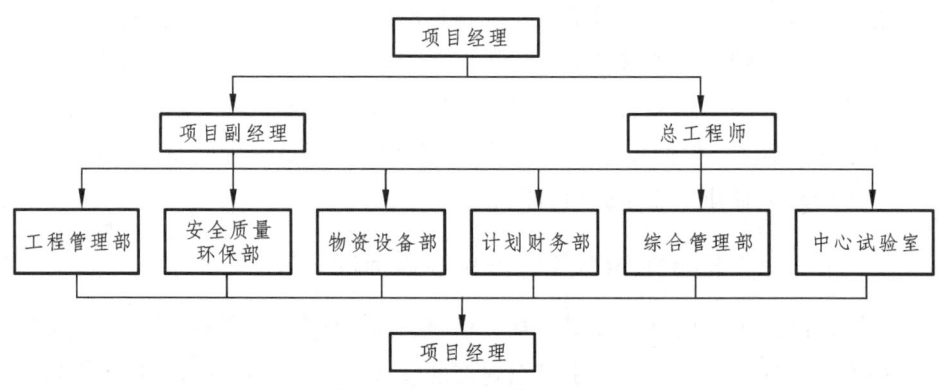

图 3-2 项目部岗位设置

作业队岗位设置是指在作业队中设置不同的岗位，以便分工合作完成任务。一般来说，作业队岗位设置包括队长、技术负责人、技术员、安全员等不同的角色，作业队岗位设置如图3-3所示。

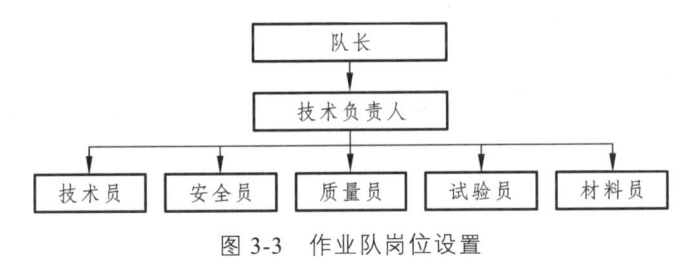

图 3-3　作业队岗位设置

3.2.1.2　人员配备原则

1. 项目部人员配备的原则和要求

1）配备原则

（1）项目部参考《中国铁路总公司[①]关于深化铁路建设项目标准化管理的指导意见》规定的任职条件，配置项目部主要负责人、部室负责人及其他人员。

（2）项目部人员配备根据国铁集团关于项目机构设置的要求，在基本配备基础上，根据工程规模，工程进展阶段，实行专业调配。

（3）根据人员管理培训要求，积极建立考核、培训、培养机制，促进在岗工作人员的技术业务素养提高的同时，加强企业文化建设、加强思想文化引导、加强反腐廉政建设、加强团队的意识建设，努力创造一种"公正、和谐、团结、奋斗"的氛围，带动建设工作全面开展，并最终实现"建一项工程、树一个样板、铸一个精品、带一支队伍"的目标。

（4）中标通知书下达后，项目部主要负责人和负责前期工作的技术人员必须及时到位，项目部其他人员在具备施工条件时必须全部到位。

2）配备要求

根据建设项目规模投标承诺，参考国铁集团有关规定，结合自身的特

---

① 2019年6月18日，中国铁路总公司正式改制成立"中国国家铁路集团有限公司"，简称"国铁集团"。

点，配置人员满足现场施工需要，至少应配备：

（1）项目部领导：项目经理1人，项目副经理按照工作需要配备，总工程师1人。

（2）工程管理部：部长1人，专业工程师和调度的配备满足现场施工管理的需要。

（3）安全质量环保部：部长1人，安质环保工程师按照规定和现场施工管理的需要设置。

（4）物资设备部：部长1人，物资设备工程师的配备满足现场施工管理的需要。

（5）计划财务部：部长1人、造价工程师1人、财务2人，其余按照工作需要配备。

（6）综合管理部：部长1人，其余根据工作需要设置。

（7）中心试验室2人：主任1人，其余根据工作需要设置。

项目部负责人、总工程师、部门负责人等主要工作人员，以及质量、安全、技术、财务、验工、计价等专业岗位人员必须是项目部的正式职工。

项目部主要负责人、总工程师、财务负责人一般不得调整；确需调整的，新配备的人员必须符合任职条件并按规定程序任免；人员调整20天内报建设单位项目管理机构审批。

项目部应根据工程实际需要，在定员范围内调配技术、经济管理人员，以确保专业配置和人员数量满足项目管理工作需要，新配备的人员必须达到任职条件。

2. 项目部人员配备的原则和要求

1）配备原则

（1）架子队主要人员岗位要明确职责，落实责任。

（2）架子队的队长、技术负责人、质量员、安全员、试验员、材料员、领工员、工班长等主要人员一般不得调整；确需调整的，新配备的人员要必须符合任职条件，人员调整情况报建设单位核备。

（3）领工员、工班长必须具备相应的组织能力和丰富的施工实践经验，其人员数量应能满足施工现场生产管理、各施工环节和过程不间断监督的需要。

2）配备要求

（1）管理人员要求：

① 按照"1152"基本要求配置，架子队设置一个专职队长、一个技术负责人，技术、质量、安全、试验、材料五大关键人员以及领工员和工班长两个领班负责人等主要人员。

② 架子队的队长、技术负责人、质量员、安全员、试验员、材料员、领工员、工班长等主要人员由施工企业正式职工担任，应具有相应的作业技能，并经过岗位培训合格后方可持证上岗。

（2）操作工人要求：

① 操作工人根据担负的施工任务情况、工程进展情况等灵活配置，以满足施工需要为准。通过企业内部劳动力市场或当地劳动力市场聘用。

② 对于钢筋工、木工、混凝土工、模板工等普通技术工种，受聘者必须经劳动部门培训考试合格，持有本工种"职业资格证书"。

③ 从事地下作业、高空作业、铺架作业、爆破作业等特种作业人员，必须按照国家有关规定经过专门的安全作业培训，并取得本工种"特种作业人员操作资格证书"后，方可上岗作业。

（3）外聘劳务使用原则：

① 使用外部招聘人员必须坚持"合理有序、总量控制"和"谁用工、谁管理、谁负责"的原则，坚持与内部员工同教育、同要求、同检查、同奖罚，纳入所在架子队的全面管理。

② 使用外聘劳动力仅限施工一线，非施工生产单位、岗位不得使用，停工、待工的项目部不得以任何理由和形式使用。

③ 技术含量高、施工工艺复杂、难度大的铁路和高等级公路的大、中桥，百米以上的隧道，50 m（横延米）以上的板涵，特殊路基工程以及关系到企业声誉的高层房建、电站、地下工程，必须以架子队组织施工。大

型机械设备操作、财务管理、物资采购保管、爆炸物品保管等重要岗位，不得使用外聘人员。

3.2.2　现场管理标准化

3.2.2.1　文明标准项目部管理

文明标准项目部管理由项目部经理负责，项目部综合部负责牵头实施，项目部的选址满足安全和便于管理的要求，项目部硬件设施满足"三室五小"要求，项目部标示标牌满足"六牌二图二栏一表"要求。文明标准项目部建设完成后，报建设单位验收，积极参加建设单位组织的评比活动，持续改进，争创文明标准项目部。

1. 项目部选址要求

项目选址由项目经理负责在进场前组织相关人员按照安全和管理要求进行调查，确定选址方案后，报建设项目管理机构备案。

1）安全要求

（1）不受洪水和泥石流威胁，避开坍方、落石、滑坡、危岩等地段。

（2）避让取土、弃土场地。

（3）避开高压线路及高大树木，与通信线路保持一定的距离。

（4）尽可能修建在离建筑物 20 m，离集中爆破区 500 m 以外，离林木区 1 km 以上的地区。

（5）锅炉房、发电机房、厨房等与其他临时房屋的距离不得小于 10 m。存放易燃易爆物品的临时库房距其他施工设施和人员住房应在有关规定的安全距离之外。

2）管理要求

（1）靠近现场，管理方便，不受施工干扰。

（2）交通便利，尽量靠近公路，缩短引入线。

（3）通信畅通，邮路便捷，满足建设单位办公自动化要求。

2. 项目部硬件设施要求

项目部总体布局和硬件设施配备由项目经理批准实施，由项目部综合部负责落实并负责日常的监督检查，"三室五小"设施满足如下要求：

1)"三室"要求

项目部为院落式，室外有停车场地和活动场所，设置有不小于 60 m² 的会议室、40 m² 的资料室和 186 m² 的试验室。

2)"五小"设施要求

（1）宿舍。

① 项目部的宿舍要坚固、美观，房间净空高度应控制在不低于 2.6 m，门窗齐全，保证通风，房顶材料尽量选用阻燃材料，防雨，内墙抹灰刷白，卫生材料吊顶，地面硬化防潮湿，保证每人（可上下）单床，禁止通铺或钢管搭设上下床铺。

② 生活用品应放置整齐，每人设有（排号）生活专用组合柜。

③ 宿舍内挂设治安、卫生、防火管理制度，夏季设有消暑、防蚊虫咬措施，冬季设有保暖和防煤气中毒措施。

④ 宿舍内外环境应安全、卫生、清洁，职工统一床单被罩。室外设有标识的垃圾箱、由专人清扫。

（2）食堂。

① 面积以高峰期人数的 70%按 1 m²/人计算，位置要距厕所、垃圾有害物质大于 30 m。应用净空高度不得低于 2.8 m，水泥地面、不积水，锅台四周面案板挨墙处贴白瓷砖，做到整洁卫生。

② 有食堂卫生管理责任制度，具备卫生许可证，炊事员（包括工作人员）有健康证，工作时必须戴工作证，扎头发、戴口罩、穿工作服。

③ 食堂室内设有排风窗及冰柜，有防尘、蚊、蝇、鼠害设施。生活垃圾要装密闭容器，有专人管理及时清运。

④ 必须保证供应符合卫生标准的饮用水，高温季度应有降温防暑措施，如绿豆汤、茶水等。

（3）厕所。

面积按现场平均人数 0.2 m²/人设置，必须是水冲式厕所且保持清洁。大小便池内镶贴瓷砖，水泥砂浆地面，设纱窗纱门，厕所通风、采光良好，有专人管理，符合卫生要求。

（4）淋浴。

浴室面积按现场平均人数 0.07 m²/人设置，符合安全要求，切实能让职工按时洗浴。

（5）办公室、活动室。

房间净空高度应控制在 2.6 m 以上，房顶选用阻燃材料、地面硬化、门窗齐全，墙面抹灰刷白、室内具备办公、娱乐条件，有关制度图表上墙、设施良好、文件资料归档整齐。

办公自动化要配备必要的信息化硬件要求，以满足施工信息收集、整理、传送的要求。

3. 项目部标示标牌要求

项目部办公室的整体布置要求整洁有序，必须张挂上墙的有"六牌二图二栏一表"，由项目部综合部负责日常管理。

（1）挂列六块牌。

内容：工程概况图、管理人员各单位监督电话牌、消防保卫牌、安全生产牌、文明施工牌、进入施工现场须知牌。

制作标准：采用电脑喷绘制作，规格统一为高 70 cm、宽 50 cm；标题采用蓝色宋体字，正文用黑色宋体字。如果部分标牌已制作，补充的标牌应与原标牌一致。

（2）张挂两张图。

内容：施工总平面图（工程总体布置图）、施工立面图。

制作标准：蓝色万通板为底，标题采用蓝色宋体字，不干胶电脑刻制。

（3）建立两个栏。

内容：企务公开栏、读报栏。

制作标准：企务公开栏长为 2.4 m，高为 1.2 m，蓝色为底，标题为白色宋体字；读报栏长 2 m、高 0.8 m，蓝色为底。

（4）填写一个表。

内容：晴雨表。

制作标准：制作用 A1 纸打印，蓝色标题，宋体字，贴于规格相符的白色万通板上。

3.2.2.2 文明标准工地管理

项目部必须对施工场地进行规范场容、保持作业环境整洁卫生，创造有序生产的条件，减小对居民和环境的不利影响。由项目经理负责组织实施。

工地场地文明标准由项目部工程管理部牵头，项目部安全质量环保部、物资设备部和综合管理部共同参与，编制工地场地总平面布置图，报项目经理批准后由作业队队长具体负责实施。内容包括工地临时生产生活设施、场地彩门、彩旗等方面的要求。

施工运输道路文明标准由项目部工程管理部牵头，安全质量环保部参与，编制施工运输便道方案，报项目经理批准后由作业队队长负责具体实施。内容包括：选线原则、路面标准等。

现场各种材料堆放与布置文明标准由项目部工程管理部牵头，安全质量环保部、物资设备部和综合管理部共同参与，编制材料堆放平面布置图，报项目经理批准后由作业队队长负责具体实施。内容包括：存放原则、堆放管理等方面要求。

现场施工机械使用停放文明标准由项目部物资设备部牵头，工程管理部和安全质量环保部共同参与，制定施工机械停放标准，报项目经理批准后由作业队队长负责具体实施。内容包括：机械固定停放布置图、清洗污水排放、机械使用过程控制、车辆行驶过程中的环保等方面的要求。

大中桥、路基、隧道、房建、四电等工地的文明工地要求由项目部工程管理部牵头，安全质量环保部、物资设备部和综合管理部共同参与，制定大中桥现场布置、施工操作及产品质量和安全施工等方面的标准，报项目经理批准后由作业队队长负责具体实施。内容包括：现场布置、洞口洞内布置、施工操作、安全质量等方面的要求。

3.2.2.3 现场工装设备管理要求

1. 总体要求

项目部必须结合现场实际按照投标承诺，配齐现场工装设备，满足现场施工质量和进度要求，强化对作业队工装设备的操作、检修和保养的监督检查，确保工装设备安全正常使用和有效利用。

所有使用的机械设备必须坚持"两定三包"（即定人、定机、包使用、包保管、包保养）制度，各类设备操作人员要做到"三好"（管理好、使用好、养修好）、"四会"（会使用、会保养、会检查、会排除故障），及时、准确地填报各种记录，坚守岗位，确保机械正常运行。

项目部物资设备部负责工装设备的统一管理（包括自有、租赁的机械设备），按配备方案及时合理选配，按要求对进场的机械设备进行验收并报监理审批，负责向有关人员和操作人员进行安全技术交底，负责建立设备台账，及时登记进出场情况，负责每半月定期组织机械设备的安全检查一次。对特殊重要工装设备，项目经理组织每月专项检查一次，并形成记录。

2. 设备管理目标

现场工装设备以满足现场施工质量和进度进行配备，确保工装设备安全正常使用进行保养，保证工装设备有效利用进行管理。

3. 设备管理机构要求

（1）项目部成立由项目经理任组长，总工、副经理任副组长，安质环保部、工程管理部、物质设备部、计划财务部等部门负责人参加的工程项目设备管理机构领导小组。

（2）项目部物资设备部是设备供应与管理的专业归口部门，是设备供应和管理的具体执行者，设备采购、供应与管理是设备管理部门的专业职责和责任。

4. 现场设备使用要求

全体人员尤其是各级设备管理人员和设备使用人员必须树立"安全第一"的思想，坚持"预防为主、综合治理"的原则，把设备的安全工作作为自己的本职工作，严守十六字方针。

各施工队设备停放场要有防盗、防火等安全设施。冬季要搞好设备的防冻和防滑工作。各类设备应有可靠的安全装置和防护设施，保证设备安全运行。

设备操作人员，必须熟知设备基本原理与构造，熟悉安全操作规程、保养检修规程和有关安全生产的知识及值班运转制度，必须遵守相关的安全规定，严禁违章操作、带病作业和超负荷标准运行。大型设备必须选用责任心强、经过专门培训并考核合格的人员使用操作。

起重运输设备、锅炉、供变电设施等特种设备，要按照国家有关规定由取得国家资格认证的机构和部门从事特种设备检测、修理安装和改造。

在取得使用证或安全标志后方可投入使用。使用中应按有关规定，定期进行安全检测，发现异常应立即停止使用，及时修理。

5. 设备管理检查和考核要求

项目部设备物资部每半月组织机械设备的安全大检查一次。项目经理对特殊重要工装设备每月要组织检查一次。

各作业队要建立健全设备安全制度和安全组织并制定相应的奖罚措施，制定和完善各类施工设备的安全操作规程，并要做好设备安全措施的落实工作。对违章操作的人员要有明确具体的处罚规定，项目部每月要汇总处罚情况，分析原因，并制定改善措施。

3.2.2.4 物资管理要求

项目部物资设备部配备专人负责物资的计划、供应、点验、收发、保管、使用、节约和核算等工作，严格按照物资进场验收流程执行物资进场，认真填写物资使用情况登记表，实现物资使用的可追溯性，保证每件物资都能查到工程使用部位、进场验收人、进场检测试验人、现场施工人等信息，确保物资使用各个环节的质量责任都得到落实。

项目经理每月按照物资管理制度的要求，组织各相关部门对管内物资使用情况进行一次大检查，对违反规定的人员进行处罚。

1. 物资计划管理要求

（1）项目部工程、物资设备部门根据施工图纸和"项目施工组织计划"安排，编制"月工程物资需求计划"，经项目经理、总工程师审批后提报物资设备部，属于甲供物资的要提报建设指挥部。"月工程物资需求计划"根据项目工程特点分类提报，分品种、分规格、分项目、分部划分填报，并由制表人、审核人、审批人签字。

（2）项目部物资设备部依据"月工程物资需求计划"，参照库存情况，填报"物资采购计划"，经项目经理审批后作为本项目工程用料的采购计划。

2. 物资的料源调查要求

（1）开工前，物资设备部根据工程项目施工特点，积极开展本工程的材料市场行情调查，收集分析分供方资料，考核分供方产品质量，组织相关部门评定并发布合格分供方名册。

（2）物质设备部在名册内比质比价，竞价确定质优、价廉、服务好的分供方为产品主供方。特殊材料可选择多家供应商。

（3）原材料在使用前，要积极主动对所进材料进行前期市场调查，并评定审核合格供方，并从供方产品质量、价格、货源保障程度以及服务等方面综合考虑，比质比价选择合格分供方，确定进购产品价位，填制"市场行情调查表"，并向项目部领导提报。

（4）确定供应商后必须将计划进场的材料（包括砂石料及取土场等）进行形式检验，确保供应商生产的材料符合工程使用要求，经检验合格后报监理单位批准同意后才能作为正式供应商。

3. 物资供应管理要求

（1）项目工程主要材料的供应，要早计划、早安排，及时通知供应商，提前到货，确保工程施工不待料。

（2）工程部每日认真填写"材料到位使用情况登记表"，不超购、不错购，保质保量按计划规定进购，随时掌握工程材料到位情况。对于直接进入项目部的物资，须有项目部专门人员清点物资数量，安排存放地点，收取质保书，并签写收料单，做好物资进场记录。

（3）对于直接进入工地的物资，必须由各工点指定工作责任心强的材料员清点数量，签写收料单，记录每日材料到位情况；送货人须凭此收料单到项目部交付质保书，并由专人签字登记，该收料单方可作为结算依据。

4. 原材料进场和复试取样管理要求

（1）项目部使用的原材料，无论是自行采购或业主提供，进入施工现场后，项目部由专人及时填写"检验/试验通知单"，内容包括产品名称、产地、品种、规格、型号、进货数量、进货日期、使用部位及堆放场地，并附产品质量证明单或产品合格证原件；当无原件时，可使用加盖经销商单位红章的复印件，通知项目部中心试验室。

（2）中心试验室接到"检验/试验通知单"，首先与产品质量证明单或产品合格证内容进行核对，核实无误后，及时做出复试取样计划安排，并通知建设单位或监理单位到现场进行旁站监督，确保样品的公正性。

（3）取样人员应根据铁路工程项目应用现行有效的规范、标准所规定的取样方法，确定取样数量和频率。如果取样数量不足，此样品作废，另行取样试验；如果取样频率不足，则此样品有效，但需另行取样，直至满足频率要求为止。严禁制作不规范的试样和假试样，对样品的有效性负责。原材料进场除按标准进行物理、化学性能检测外，对尺寸、外观及型号等应予检查。

（4）同品种材料现场取样数量较多时，应做样品标识，标识内容包含规格、型号、批号、取样地点或使用部位等信息，以免样品之间混淆。

（5）现场制作好的有效样品应及时运送至试验室保管，防止损坏或丢失。对于有特殊温度、湿度要求的样品，应将样品及时存放于满足环境要求的样品间。

（6）对于一次样品检验不合格的，应及时通知建设单位或监理单位，进行双倍取样复试。复试仍为不合格的，视情况做出降级或作废处理。

（7）经试验室检验的原材料，出具检验合格或不合格报告，报项目部相关部门，相关部门在材料堆放地进行材料标识；检验不合格的产品，应通知供应商及时清退出施工现场，因其他原因不能立即清退的，应做好清晰标示，防止不合格材料用于施工。

5. 材料使用登记管理办法

项目部仓库物资的发放，都要实行"先进先出，出陈储新"的原则，项目部的物资耗用应结合分部、分项工程的核算、严格实行限额/定额领料制度。现场技术人员要认真填写"物资使用情况登记表"，详细记录物资数量、使用部位，并与进料单对照，确保批号、数量、合格证明等材料与现场一致，实现物资使用的可追溯性。

现场施工前，技术人员应核对现场材料标识，核对现场材料在取样检验后保管上有无影响材料质量的因素。若发现不符或怀疑材料变化，应查明原因，在没有确切的检测合格报告前，不得使用。

施工过程中，项目部有关人员应及时掌握材料质量动态，发现有影响工程质量的因素时，应及时向项目主管或项目总工程师报告，确保问题得到解决，才能继续施工。

施工结束后,技术人员应在"物资使用情况登记表"上记录实际物资消耗量、退库量,保证使用数量与进场数量的一致性。

6. 物资管理检查与考核办法

(1)项目经理每月对物资使用情况进行一次集中检查,检查内容为物资的申请、采购渠道、价格、质量、储运保管、使用、验收、统计、节约利废、消耗定额、可追溯性等实际情况进行监督检查。

(2)建立严格的物资管理考核制度,对物资人员要进行每月一次的考核,落实岗位责任制,对不能实现物资使用可追溯性及其他不称职的人员应及时调离工作岗位。

3.2.3 过程控制标准化

过程控制是实现作业工地标准化的最根本依靠。以创建规划为抓手,以明确责任为核心,以检查落实为手段,抓住施工前、施工中、施工后这一主线,从组织机构和职责、创建规划、基本配置、专业施工控制等方面阐述如何实现作业工地标准化。

组织机构和职责阐述了项目管理和施工单位标准化工地管理小组人员组成和职责;创建规划从编制、初审、复审三方面阐述了标准化工地创建的流程;基本配置从人员、机械、检验检测设备、原材料、试验室、搅拌站、场容场貌等方面阐述了创建标准化工地的基本要素;专业施工控制从钢筋、混凝土、桥涵、隧道、路基、轨道、房建、通信、信号、电力、电气化工程等专业方面阐述了创建标准化工地的基本要求;最终通过检查评分有力促进了标准化工地建设。

过程控制流程图如图 3-4 所示。

1. 组织管理机构

为加强标准化工地管理的组织领导,项目管理机构和施工单位均应成立标准化工地管理小组。

(1)项目管理机构标准化工地管理小组人员组成。

组长:指挥(总经理);

副组长:分管安全质量副指挥(副总经理)。

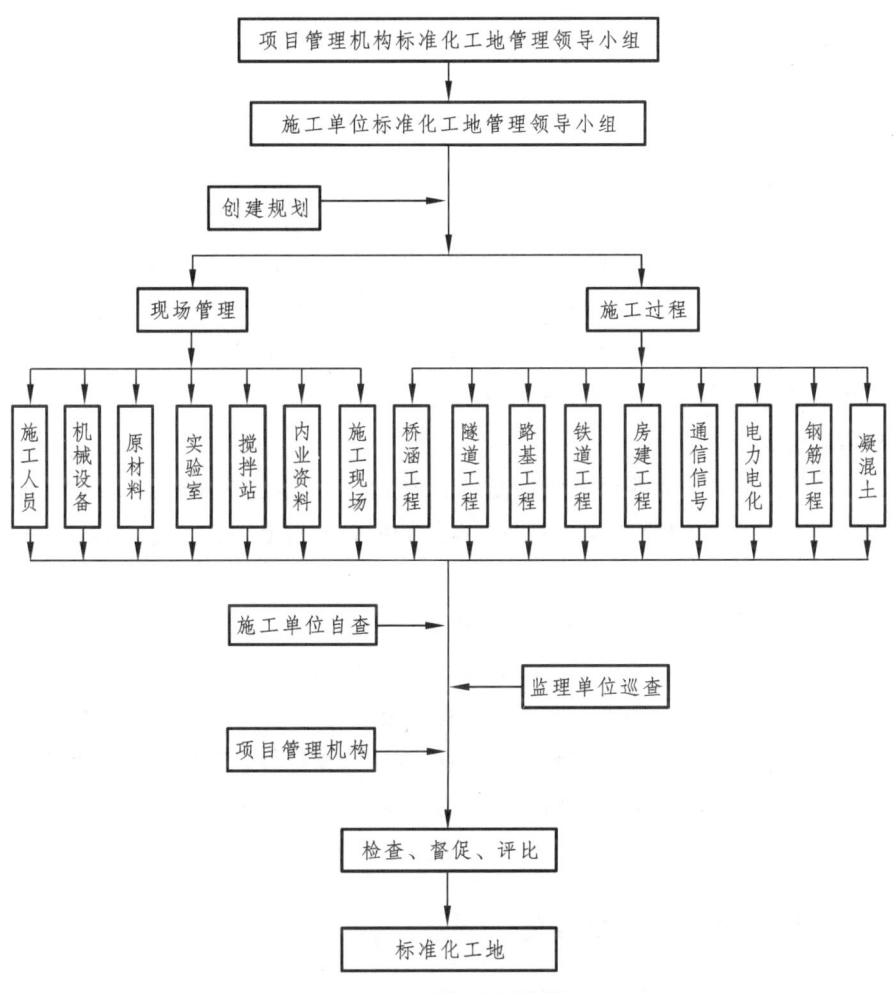

图 3-4 过程控制流程

组员：安质部长、工程部长、综合部主任，施工单位项目经理，监理单位总监。

办公室设在安质部，由安质部部长具体实施。

（2）施工单位标准化工地管理小组人员组成。

组长：项目经理。

副组长：分管安全质量项目副经理。

组员：安质部长、工程部长、综合办主任、物设部长。

分管安全质量项目副经理负责具体实施。

2. 职　责

（1）项目管理机构标准化工地管理小组职责。

① 建立健全标准化工地保证体系，制定标准化工地管理目标和办法。督促施工单位标准化工地保证体系和管理办法的建立、健全和有效运转。

② 建立标准化工地检查、考核办法，对不合格标准化工地进行责任追究。

③ 审核施工单位标准化工地创建规划。督促检查施工单位标准化工地措施、方案的落实，发现标准化工地存在隐患要立即指出，并通知有关单位及时整改。

④ 定期组织标准化工地检查，召开标准化工地建设专题会议，分析标准化工地存在的问题，针对现场存在的倾向性问题和突出问题，提出整改措施，抓好落实。

（2）施工单位标准化工地管理小组职责。

① 建立健全标准化工地保证体系和管理办法，并有效运转。

② 组织制订标准化工地创建规划，报项目管理机构审批后具体实施。

③ 建立标准化工地检查、考核办法，对不合格标准化工地进行责任追究。

④ 定期组织标准化工地检查，对存在的问题及时进行整改。

⑤ 对项目管理机构查出的问题及时落实、整改。

3.2.4　管理制度标准化

3.2.4.1　安全质量管理

1. 安全质量责任制度

施工单位要建立覆盖各层的安全质量保证体系，安全质量责任制度要明确职责权限和工作程序。施工单位现场应设置安全生产管理机构，负责本工地的安全生产管理工作，并设立专职安全员。

安全质量管理目标要分级分解落实，对监督检查、考核奖罚做出具体规定，并形成文件组织实施，确保每个职工在自己的岗位上，认真履行各自安全责任。安全质量责任制度要覆盖项目管理人员、作业班组长、专职安全质量管理员。

安全质量管理目标必须是可以测量的,应包括:安全质量事故控制目标,安全质量标准化管理达到的目标、文明工地实现的目标、安全质量管理工作目标,安全质量创优目标。安全质量目标要求根据职责分工,对应各自的岗位,做出界定,并有文字说明。

各部门、岗位人员的安全质量管理职责和指标应经过责任人的确定。

安全质量奖惩考核应把安全质量管理纳入经济责任制的考核内容,把安全质量管理职责、管理目标和措施要求、考核和奖罚规定具体内容量化。

2. 安全教育培训制度

安全教育培训制度应明确各类从业人员教育培训的类型、对象、时间和内容,对安全教育培训的计划编制、实施和记录、证书的管理要求、工作程序做出规定,形成文件并组织实施。

安全教育培训的对象和内容应包括:专职安全管理人员岗位合格证书,复审和年度安全培训;电工、焊工、架子工、运输机械作业人员、登高架设作业人员、爆破作业人员等特殊工程作业人员操作证培训、复审和年度安全培训;待岗复工、转岗、换岗作业人员的岗前培训;新工人进场三级安全教育培训;经常性安全教育。

3. 安全质量检查制度

安全质量检查制度应对检查形式、方法、时间、内容、组织的管理要求、职责权限,以及检查中发现的隐患整改、处置和复查的工作程序及要求做出规定,形成文件并组织实施。

安全质量检查应包括作业层的自查,上级管理层对作业层的抽查。检查类型包括:日常检查、定期检查、专业性检查等。

对检查中发现的安全质量问题,应签发隐患整改通知单,并规定整改要求和期限,必要时应责令停工、整改。对安全质量问题要进行登记,对纠正和整改措施的实施情况和有效性进行跟踪复查,合格后销记,并做好记录。

4. 安全生产资金保障制度

施工单位对安全生产资金的计划编制、支付手段、监督管理和验收报告的管理要求、职责权限和工程程序要做出规定，形成文件，建立台账。

5. 安全质量事故报告处理制度

生产安全事故报告处理制度应对意外伤害保险的办理，生产安全事故的报告、应急救援和处理的管理要求、职责权限和工作程序做出具体规定，形成文件并组织实施。

安全质量事故应按"四不放过"的原则，对事故进行调查和处置。

应建立安全质量事故档案，按时如实填报职工伤亡事故月报表，保存事故调查处理文件、照片、图片、资料等有关档案。

安全事故应急预案应根据工地特点，对可能发生的生产安全事故编制应急救援预案，应确定应急救援的组织和人员安排，应急救援器材与设备的配置、事故发生的现场保护和抢救及疏散方案、内外联系方法和渠道、演练及修订方案。

3.2.4.2 人员、材料和设备管理

1. 人员资格审查

施工员、质检员、安全员、材料员、试验员、测量员、机械员、预算员、统计员、计划员、劳资员、定额员、财会员等关键岗位人员，上岗前必须经过培训，经考试合格取得上岗证后方可上岗。未经过培训，没取得上岗证的一律不得上岗。

实行特种作业人员持证上岗制度。从事地下作业、高空作业、铺架作业、爆破作业、与行车安全直接有关的特种作业人员，必须按照国家有关规定经过专门的安全作业培训，并取得特种作业操作资格证书后，方可上岗作业。

施工现场应按规模设立专职安全质量管理人。

2. 材料、设备、构配件进场审查

各种原材料应坚持"先检验，后使用"的原则，材料试验应按委托单

试验内容进行，并如期提交数据准确，结论清晰的试验报告。各种原材料要按标准取样、送检有登记、检验结果报告有反馈。各种配合比的配料单数量准确，格式标准，交底要清楚。

施工单位要结合工程实际，投入的设备配置要合理；必须保证满足施工要求，保证上场设备状态良好。从设备进场开始，建立好台账（保养、维修、运转小时、作业性质、零配件消耗等），台账应详细、准确；重要设备动态（如上场、购置、修复、转场、事故处理等）每月应有填写记录。

对材料、设备等物资的验收管理要求、职责权限和工作程序要做出规定，形成文件并组织实施。对进场物资验收后要形成记录，对未经验收或验收不合格的物资应做好标识并清退出场，形成记录。

在施工现场安装、拆卸施工起重机械和整体提升脚手架、模板等自升式架设设施，应有装拆、检测及验收登记制度，必须由具有相应资质的单位承担。施工起重机械和整体提升脚手架、模板等自升式架设设施达到国家规定检验检测期限的，必须经具有专业资质的检验检测机构检测。

3.2.4.3 技术管理

1. 施工图校对

施工项目技术负责人应组织制定施工图校对制度，明确对施工图校对的内容、时间、人员分工、程序、修改等做出规定，并及时将校对结果反馈到设计院、监理、项目管理机构等单位审批，反馈结果要及时存档、传阅与下发，并在图纸文件上及时做好标识，实现可追溯性。

对审核工作失误的应制定处罚制度。

2. 施工组织设计编制、审批

施工项目技术负责人，对施工安全质量负技术责任，应根据现场组织制定施工组织设计编制、审批制度，明确规定施工组织设计分级编制的具体内容、编制和审批的时限、权限等。

施工组织设计必须有针对工程危险源而编制的安全技术措施。安全技术措施要针对工程特点、施工工艺、作业条件以及施工人员的素质等情况进行制订。

施工组织设计，必须按涉及的内容，由技术负责人组织技术、安全、物资、计划等部门进行审核，审核人应有明确意见并签名。经批准的施工组织设计，不能随意变更修改。因客观原因需修改的，应按原审核、审批的分工与程序办理。

3. 重大危险源识别和评价

施工单位应结合工地的特点、规模、类型及自身管理水平，辨识危险源，并对危险源进行评价。对重大危险源可能出现伤害的范围、性质和时效性，制定消除和控制措施，并纳入安全管理制度、员工安全教育培训、安全技术措施。

4. 重大危险源应急预案

结合施工现场的特点，对可能出现人身伤害的重大危险源，应制定具体、细化的应急预案。预案应包括：有针对性的安全技术措施、监控措施，应急人员的组织、应急材料、设备的配置等。对应急预案上报审批要有明确规定，并形成文件。

5. 施工专项方案审查

对营业线、隧道、桥梁、电化等施工中的基坑支护、土方开挖、模板工程、起重吊装、脚手架、拆除与爆破、架梁等专业性强、危险性大的施工项目，施工单位对专项施工技术方案的编制内容、审批权限、程序等应具体规定。其中，对涉及深基坑、复杂地质隧道开挖、高大模板工程等专项施工方案，应建立专家论证制度。

专项技术方案的编制必须结合实际，从施工技术上采取措施保证安全，从防护技术上采取措施保证安全，对使用的机械设备，从安全保险的有效设置方面采取措施保证安全。

专项技术方案应根据需要进行必要的设计计算，对所引用的计算方法和数据，必须注明其来源和依据；所选用的力学模型，必须与实际构造或实际情况相符合，并应有必要的图示说明。

项目技术负责人和方案编制人员必须参与方案实施的验收和检查。

6. 开工报告申请

单位工程开工前应申报开工报告，经监理单位、项目管理机构审核批复后方可以动工。施工单位的技术负责人应组织对开工报告格式及内容要求、编写审批程序、审核签字等做出具体规定，形成文件并组织实施。

7. 施工测量复核

施工单位的技术负责人应组织对现场明确施工测量的复核内容、复核程序、责任等做出明确规定，形成文件并组织实施。

要建立施工单位项目部技术人员对测量队长进行技术交底，测量队长将放样采用的测量方法和检查方法连同技术交底返回技术人员、技术人员再次审核，技术人员确认后对施工作业队进行交底的流程。

对复核人在复核中发现经手人有误，不能自行修改资料，须报项技术负责人组织会审后由经手人修正。由于技术、测量数据出错造成损失的，要制定相应的处罚制度。

8. 施工技术交底

施工单位技术负责人要组织制定技术分级交底职责管理要求、职责权限、工作程序、人员、时间安排，以及分解落实、监督检查的规定。

重大施工工程开工前，企业技术负责人及安全管理部门，应向施工管理人员进行技术方案交底。各分部分项工程，关键工序，专项方案实施前，项目技术负责人、安全员应向施工管理人员进行交底。

要建立项目技术负责人对技术人员的交底、工程部对计财部交底、工程部技术人员对测量交底、工程部技术人员对试验室试验人员交底、计财部门对物资部的交底、工程部对作业队交底、安全员应对新进场的工人实施作业人员工种交底、作业班组应对作业人员进行班前交底的整个完善交底体系。

所有技术交底除口头交底外，要有书面交底记录，交底双方应履行签名手续，交底双方留有书面交底。

本着谁交底谁负责的原则，对由于交底错误造成返工、经济损失、工期推迟等后果的，施工单位要对相关责任人进行处罚。

9. 施工工艺流程设计、试验

方案编制：施工单位技术负责人应组织编制施工工艺流程设计和工艺试验方案，明确审批程序、相关人员的职责、权限和报审程序。监理单位对工艺试验方案进行审查批复。

方案实施：技术负责人对工艺试验方案实施要制定工作分组、人员、试验数据采集等规定；实施过程中要有专人负责监督按工艺流程设计和工艺试验方案进行施工。在进行各项质量鉴定、综合分析、选取最佳工艺参数、进行工艺试验总结后，方可指导大面积同类工程的施工。

10. 检验批、分项、分部、单位工程质量检查、申报和签认

施工单位技术负责人要组织制定细化的检验批、分项、分部和单位工程检查、申报签认的分级程序、检查内容、检查人员、时间、职责权限、检查表格填写、资料的收集及分解落实、监督检查的规定。

质量检查要分实物和资料检查两个方面进行。实物检查要按验标明确的检验项目和抽样方案进行。资料检查要涵盖原材料、构配件和设备的合格证和其他质量证明文件，以及施工过程中的自检、交接检验记录、隐蔽工程验收记录以及各种检验、检测报告。

检验批和分项、分部、单位工程的申报签认应贯彻"三检制"（自检、互检、交接检）和"三工序"（检查上道工序、保证本道工序、服务下道工序）制度。所有记录表格，必须用黑色碳素墨水填写，要求字迹工整、数据准确、用词规范、描述详细。各种检查证填写份数满足要求。

所有检验批、分项、分部、单位工程建设完成后，要对实物工程质量、质量验证资料进行综合检查和验收，合格后依次编制竣工自验记录，向监理单位、项目管理机构提出验交申请。

11. 隐蔽工程及关键部位验收

施工单位技术负责人要组织明确路基、桥梁、隧道等施工中应全程旁站验收的范围、要求，形成文件。

施工单位技术负责人要组织制订隐蔽工程和关键部位旁站监督的详细组织计划，明确隐蔽工程项目、检查规定、检查时间、值班制度、旁站人员、技术人员、分管负责人、试验人员、检查记录、各岗位人员的责任权限。

隐蔽工程和关键部位检查要及时，避免错过检查时间造成质量隐患。影响安全的基础工程签证后应立即封闭，避免地质变化危及结构安全。

隐蔽工程整个实施过程必须记录在案，并在施工日志中详细描述，施工单位要针对性地制定相应的施工日志填写要求，以实现产品质量的可追溯性。

12. 成品保护

施工单位对设计图纸、交接桩、原材料、半成品、成品、施工设备、检测装置和已施工完成的检验批、分项、分部、单位工程要制定成品保护规定。

对成品搬运过程的搬运方法、运输设备、工具、人员操作要求；对成品储存堆放要求、入库、验收、保管、发放、定期检查制度；对施工过程中的大型构件、设备的保护，对桥涵混凝土结构、隧道防水板，路基填筑等完工后成品，要按照工序交接要求明确责任人、职责权限等。

应制定对成品保护检查制度、督促整改制度、检查记录制度。

成品保护措施应列入技术交底内容，必要时下达作业指导书，同时要认真解决有关成品保护工作所需的人员、材料等问题，使成品保护工作落到实处。

13. 基础技术资料管理

施工单位技术负责人要组织制定基础技术资料管理规定，明确基础技术资料分级管理范围，管理要求，管理人员及处罚制度，建立资料的点收、编号、分发、保管制度，建立受控文件和资料，有效文件和资料，作废留用文件和资料档案，分专业、分项立卷存档。

14. 施工日志填写

施工单位应建立施工日志填写制度，对施工日志的填写内容、填写要求，施工日志的建立要求、保存要求做出明确规定，形成文件并实施，要做到施工日志填写的规范性、统一格式，要确保技术人员更换时施工日志记录有连续性、隐蔽工程记录真实、及时、详细，要建立施工日志领导检查制度，对施工日志的填写效果进行考核评价。

15. 工地试验室管理制度

施工单位应制定细致的工地试验室检测人员、检测设备、试验工作环境、试验原始资料收集保管、检测报告管理、试验室安全管理、样品保管、检测事故分析处理、委托试验标准制度，形成文件公布。

16. 工程科技创新

施工单位在施工科技领域，施工生产设备、施工工艺、安全防护材料方面制定相应制度。

17. 工程项目施工管理终极责任

施工单位应制定分专业施工质量终极责任制、安全管理终极责任制、物资管理终极责任制、工程试验终极责任制，明确填写要求、填写人员、上报要求、保存规定以及监督落实、考核机制。

3.2.4.4 文明施工

1. 文明施工告示制度

铁路基本建设工程所有施工工地都应当以告示形式，向社会做出遵守文明施工规定的承诺并接受社会和市民的监督。

文明施工告示的主要内容应包括：工程概况、交通组织、施工现场、环境保护、投诉受理。文明施工告示应设立标准告示牌。文明施工告示要作为文明施工内容之一，纳入文明工地考评范围。

2. 文明施工考评制度

施工单位应建立自行考评制度，保证日常文明施工管理工作的正常进行。

3. 场区管理

施工现场应建立标志标牌制度，明确规定标志标牌的位置、大小、颜色、格式、种类、标牌内容，施工材料按施工布置图堆放。

（1）施工现场应建立"七牌一图制"。

（2）施工单位应在施工现场危险部位，设置明显的安全警示标志。施工单位应当建立施工现场正确使用安全警示标志和安全色的相应规定，对使用部位、内容作具体要求，明确相应管理的要求，职责和权限，确定监督检查方法，形成文件并组织实施。

（3）门卫、财务、危险品存放点、仓库、配电间、木工间、宿舍、食堂等部位各项安全防范制度上墙。综治宣传栏、民工维权告示牌应固定于工地醒目处。工地禁火区标志明显，作业区、办公区、宿舍等部位按规定配备足够有效的灭火器材，消防应急通道畅通。

4. 职业健康安全

施工现场要对施工机具控制、施工用电控制、安全防火、施工现场消防管理、防护设施和劳保用品控制措施、意外情况的处理、现场防盗等制定切实有效的措施，健全职业健康安全管理网络，落实各级人员安全责任制，形成文件并组织实施。

（1）现场消防安全管理。

要坚持"谁主管、谁负责"的原则，施工单位要制定施工现场消防安全制度，制订定期消防教育培训计划，对人员应掌握的防火、灭火知识，消防器材使用方法，现场设置消防车道，消防器材数量、布置、维护、保养，临时建筑的搭设，施工材料存放，易燃易爆物品储存进行必要的规定，要建立必要的消防安全应急预案制度。

（2）建立动火须知制度。

从源头上杜绝责任不清、职责不明的现象发生，确保"谁动火、谁负责"的消防安全管理制度的落实，要明确三级动火各级的申请时间、申请内容、申请手续、责任人、职责权限、动火时间等规定，做到有证动火。

（3）治安防范制度。

工地内设专职门卫，配备必要的应急通信器材，人员和物资凭证出入，有巡查、值班交接记录。

财务室、贵重、危险物品储存部位等重点防范处所要落实有专人负责的治安防范责任制；施工现场应设立夜间巡视人员，确保材料、设备的安全。

5. 生活卫生

员工宿舍、工地食堂、场区管理要纳入施工工地质量安全管理体系，严格制度管理，建立健全工地卫生管理责任制和责任追究制。生活区卫生管理达标，并做到"门前三包"；建立就餐制度，明确食品安全直接负责人、食堂环境、食品采购、贮存及加工、给水、排水设施，确保餐环境卫生，炊具清洁，炊事员要持有效健康证，操作行为规范。

6. 环境保护制度

建筑垃圾处置实行减量化、资源化、无害化和谁产生、谁负责的原则。施工现场建筑垃圾、污水、扬尘、施工振动及噪声等控制应符合工程当地环境卫生主管部门的要求，并制定切合实际的管理制度。

7. 劳务人员管理

（1）施工实名登记。

施工单位应使用具有相应资质的劳务企业，并签订劳务分包合同，对进场务工人员实行实名制登记。进入施工现场的施工人员着装，管理人员、操作人员、特殊工种的标志应建立制度。

（2）危险岗位的操作规程和书面告知制度。

施工单位应当向作业人员提供安全防护用具和安全防护服装，并书面告知危险岗位的操作规程和违章操作的危害。

（3）合同管理。

施工企业招用农民工时必须依法订立并严格履行劳动合同，建立权责明确的劳动关系，劳动合同中应包含劳动保护条件条款，并符合有关规定。

（4）工资管理。

施工单位应设立专职劳动工资管理员，建立和实行"工资专用账户"和发放劳务人员"工资卡"制度，严格按劳动合同约定支付工资，按月为务工人员缴纳综合保险费。

（5）日常教育制度。

施工单位应积极推进教育培训活动，加强对务工人员的思想道德、法律法规、安全生产、文明行为的教育以及业务技能培训，不断提高劳务队伍的综合素质。

3.3 高速铁路智慧梁场建设标准化

3.3.1 建设原则

预制梁（板）场建设，应遵守法律法规的规定和符合有关主管部门的规定要求遵循"因地制宜、节约用地、保护环境、布局合理、规范有序、方便生产、实用安全"的原则进行相关的建设。在建设中，预制梁（板）场的建设应该与混凝土搅拌站在同一场区，预制梁（板）场的建设与钢筋加工场、混凝搅拌站同时建设。混凝土的运输一般采用混凝土罐车进行，不能运用斗车。原则上只设置1座预制梁（板）场，采用封闭式管理并配备专门的技术人员及管理人员。

3.3.2 标准化管理实践

3.3.2.1 总体规划设计

箱梁预制场规划设计本着"因地制宜、安全适用、技术先进、经济合理、节约土地、永临结合、绿色环保、统筹规划"的原则，以达到制梁速度快、质量控制好、安全平稳可控、建场费用经济合理，充分考虑工程特点及工期计划要求，使预制场达到合理布局，功能齐全，系统完善。

箱梁预制场根据地形条件可采用横列式或纵列式布置，横列式布置梁场适用于中等和大规模生产能力的预制场，纵列式布置梁场适用于较小生产能力的梁场。

3.3.2.2 选择预制场地的地址

箱梁预制场选址首选已批复的设计选址方案，同时结合现场实际考察评估，优化选址方案，选址满足以下条件：

（1）箱梁预制场宜选既有预制场，或场地条件好、土石方工程量小、地基承载力较好的平坦地域，原则上少占耕地、拆迁量小以及工程完工后复垦量小的场地上，尽可能利用站场、铁路其他永久用地及地方规划中的建设用地，倡导利用荒山、荒滩、荒地等"三荒"土地。

（2）箱梁预制场位置应考虑交通、用电、给排水等要求，宜与既有公路或施工便道相连接，道路应满足运输大型制梁、提梁、运梁、架梁设备的通行要求。

（3）箱梁预制场建设选址应保证安全、科学，同时考虑防洪、排涝、防凌等要求，宜避开水库（饮用水源）、水塘、高压线、危险爆炸物、易滑坡、易发生泥石流等危险地段，并考虑对历史文物古迹保护区、环境保护区、水资源保护区等敏感区域的影响。

（4）箱梁预制场选址应充分考虑供梁区段内特殊线下工程、连续梁、隧道等控制性工程的影响，宜设置在桥群集中地段，选择在桥群中心附近，首选靠近正线路基；设置在桥梁地段时，宜选择墩身较低地段并避开特殊结构物，采用运梁车运梁时最大运距不宜超过 20 km。

3.3.2.3 场地标准化

1. 合理划分梁场功能区域

梁场功能区具体划分为办公生活区、箱梁制梁区、箱梁存梁区及辅助生产区（混凝土拌和区、试验室、钢筋加工区、物料配送中心）四大区域，各功能区域配置齐全且布局合理。

对于办公生活区遵循办公区与生活区分离、办公生活区远离生产区的原则布置。办公区主要设置职能部门办公室、信息化管理中心、会议室、接待室、党员活动室等，办公设施配备齐全。生活区主要包含员工宿舍、厨餐厅、盥洗室、卫浴室、卫生间、文体活动中心、晾衣区等，生活区规模要与梁场人员配置相适应。有供热需求的热源宜采用清洁能源，冬季采暖宜采用空调、空气能、水暖等作为供热能源；场内道路和办公生活区室外照明宜采用太阳能电池板供电。场区内绿化应因地制宜，合理布置，并应遵循"能绿化不砖化，能砖化不硬化"的要求。

箱梁制梁区制梁台座、工装配置应满足制梁数量、架梁进度计划、制架梁生产工效的要求。制梁台座结构构造设计应满足箱梁预制施工作业、设置预拱度等的要求。制梁区工装、设备配备应满足箱梁预制流水作业的要求。制梁区根据场地尺寸和施工生产工期选择设置 1 条或者 2 条生产线。

箱梁存梁区主要实现简支箱梁的养生、终张拉、管道压浆、梁端封锚、箱梁力学性能、外形质量检测及装车发运等功能。存梁台座的结构高度应根据移梁、提梁方式和预应力施工条件确定。台座结构变形限值必须满足桥梁设计及相关技术要求。单层存梁或双层存梁方案应经技术经济比选确定，宜采用双层存梁方案。存梁台座数量应根据制架梁进度确定，并与箱梁预制、架设能力及顺序相匹配。

辅助设施区主要包含混凝土拌和区、试验室、钢筋加工工厂、物料配送中心等。

混凝土搅拌站宜邻近制梁区，配备两台自动计量配料系统的强制式拌和机，同时满足数据实时上传及远程监控的要求，主机选型要满足箱梁混凝土浇筑时间控制在6小时内完成的要求；粉罐数量应满足水泥、粉煤灰、矿粉的检验周期和生产需要；宜通过信息化技术将操作室迁移至地面合适位置，改善作业环境。搅拌站集料仓采用全封闭式钢结构厂房，避免扬尘及噪声污染扩散，集料仓内部设置扬尘监控系统及自动喷淋系统。

梁场试验室宜邻近混凝土拌和区，独立、封闭管理，满足《铁路建设项目工程试验室管理标准》（Q/CR 9204—2015）等标准的相关要求。试验室功能齐全，设置计量室、力学室、混凝土成型室、混凝土耐久性室、胶凝材料室、集料室、化学室、留样室、校顶室、标准养护室、办公室等，各试验功能区规划面积应符合标准要求。

钢筋加工场宜邻近制梁区，紧邻钢筋绑扎台座；面积根据箱梁生产需要确定。钢筋加工场宜采用全封闭式钢结构厂房，设置钢筋原材存放区、加工区、半成品存放区三大区域。

物料配送中心主要用于桥梁生产所需构配件、防水涂料、五金材料等的存储、配送，采用钢结构厂房，具体大小根据梁场施工生产需要确定。

2. 合理控制标准化梁场的规模

梁场的规模主要指制存梁台座的数量以及制梁场的占地面积。为节约投资制梁台座和存梁台座要根据工期和模板等设备合理设置。在满足工期要求的前提下，要尽量节约占地，减少土地的复耕。占地面积一般宜控制在一定合理范围内（且不得超出设计文件提供的用地面积）。

根据梁预制场各生产区面积统计数据，预制场中制梁区与存梁区合计面积占总生产区面积的80%左右，因此，预制场的规模主要是由制梁台座与存梁台位的数量来确定。梁的预制与架设能力应相匹配，存梁数量以1~2个月的架梁数量为宜。制（存）梁场的占地面积和布设形式应根据建设项目的总工期、箱梁数量、制梁周期、架梁计划、线路结构物分布特征、极端天气等因素综合比选确定，也可以参照式（3-1）估算。但是应以施工组织设计作必要的调整。

$$N_1 = \phi T_1, \quad N_2 = \phi T_2 K_1 \tag{3-1}$$

式中　N_1——梁预制场制梁台座数量，个；
　　　N_2——梁预制场存梁台位数量，个；
　　　ϕ——每日预制梁数量，片/日；
　　　T_1——预制每片梁占用单个制梁台座时间，个日/片；
　　　T_2——每片梁占用单个存梁台位时间，个日/片；
　　　K_1——存梁系数，单层存梁时取1，双层存梁时取0.6~0.7。

一般而言，标准化梁场的规模主要取决于制梁场的面积以及制梁台、存梁台的数量。为节约梁场建设成本，需要充分结合设备、工期等实际情况对制梁台、存梁台的数量进行严格控制，制梁台位数量按照正常周转时间计算，存梁台位（含双层存梁台位）按照设计生产能力的1.5倍考虑。通常要遵循以下公式：制梁台数量 = 每日预制梁数量 × 预制每片梁占用单个预制梁台座时间；存梁台数量 = 每日预制梁数量 × 每片梁占用单个存梁台位时间 × 存梁系数。而制梁区与存梁区面积之和要控制在约占梁场总面积的80%。

3. 梁场的布置原则

（1）梁场的布置原则。

梁场布置应结合桥梁施工进度，预制梁施工组织流程及施工场地自然条件来进行，以"制梁速度快、质量高和建成费用低"为目的。因此，确定预制梁场布置时主要考虑建设投资费用、整体性因素、交通便利和安全、舒适性等原则。

(2)预制梁场的平面布置方式。

梁场平面布置因地形、生产工艺不同而不同,不能拘泥于某种特定形式;但是梁场的平面布置也得遵守一定的规律,考虑一些必要的因素,达到"简洁实用,紧凑合理"的目的。不同的移梁方案对梁场的布置、移梁设备的选择有着重大影响。移梁方案一般有两种:一是采用滑移梁方案,即移梁台车加专用移梁滑道;二是采用吊移梁方案,即用提梁机吊移梁。

总体来看,预制梁场设计布置有两种基本方式,即横列式和纵列式布置。纵列式布置方式是台座的长度方向顺线路走向,横列式台座的长度方向垂直于线路走向。横列式适合梁场远离线路的情况,而纵列式适合梁场靠近线路的情况。

(3)梁场应保证"三通一平"。

场地的建设要保证安全(不受洪水、泥石流、塌方、滑坡等威胁)和管理(充分利用主体工程资源)上的要求。场地利用挖方路基时,路堑边坡的防护及排水设施提前完成,场地设置在填方路堤或线外填方场地时,为防止产生不均匀沉降变形而影响预制梁的质量,对场地分层碾压密实。梁场布置要符合工厂化生产的要求,场地四周用砖砌围墙(或通透式围栏)。办公、生产及生活区等场地应适当绿化(含存梁台座区域)。场地的布局应周密规划、统筹兼顾、合理布置保证结构紧凑、使用管理方便。

3.3.2.4 钢筋加工和安装要点

先进的科技也在施工中被使用,一些科技的数控机械可以完全根据施工人员输入想要的数据制作出各种钢筋的规格和数量。相关人员必须深入研究和全面认识工程设计图和施工方案,才能保证在机械设备中输入的数据是准确的,预制混凝土的生产和加工成本是施工企业降低钢筋加工成本的关键环节,在此基础上进一步降低成本。除了加工问题之外,安装过程中也需要施工人员仔细进行,安装过程需要分别从腹板和顶板这两个地方进行钢筋安装,成型是通过在胎架上绑扎的,各种数据需要按照设计进行。施工过程中为避免产生浪费或者钢筋规模不符合规定的情况,需要对生产的钢筋进行编号标注,节约成本的同时也要提高工作速率。

钢筋加工存在以下注意事项:

（1）梁场钢筋加工场宜配备数控钢筋剪切生产线、数控钢筋自动弯曲中心、自动变频液压调直切断机、数控钢筋弯箍机、定位网智能焊接机等钢筋加工设备，以满足钢筋加工尺寸、弯折角度等设计要求。

（2）钢筋的牌号、级别、强度等级、直径符合设计图要求；做好钢筋下料单和加工大样图，对照下料、加工；钢筋加工下料允许尺寸偏差控制在±10 mm；钢筋加工尺寸误差应满足《铁路混凝土工程施工质量验收标准》（TB 10424—2018）等规范标准的要求。

（3）预应力管道定位网宜采用整体焊接，尺寸误差±2 mm，检验合格后，按编号分类、分批存放整齐。

钢筋安装存在以下注意事项：

（1）钢筋骨架在钢筋绑扎台座上整体绑扎；桥面预埋竖墙、防护墙的钢筋须在钢筋骨架吊装入模安装就位后进行绑扎。

（2）钢筋安装要点如下：

① 钢筋绑扎应采用镀锌扎丝；箍筋与水平筋交点、拐角处的相交点均应绑扎，其余部分可采用梅花形交错绑扎；相邻绑扎点的扎丝应成"八"字形，扎丝扣头应弯向内侧，不得伸入混凝土保护层内。

② 梁体钢筋与预应力钢筋相碰时，可适当移动梁体钢筋；通风孔、桥面泄水孔、吊孔处钢筋可适当移动。

③ 钢筋保护层垫块宜采用细石混凝土垫块，且强度等级及耐久性不低于梁体混凝土；垫块在钢筋绑扎台座上安装完成，均匀分布，数量不少于4个/m^2。

④ 桥面预埋竖墙、防护墙的钢筋宜采用定位卡具进行定位绑扎，并在绑扎完成后予以加固，保证混凝土浇筑过程中不偏位。

（3）钢筋笼采用专用吊具进行吊装，吊点布置应与钢筋重心重合，挂绳应松紧一致确保受力均匀，确保吊装平衡，并应先进行试吊。

安全操作注意事项：对张拉工程来说首先要设立指定的安全标志，与工程无关的人员禁止入内。对于一些重大机械的操作如退楔或者张拉工程时要禁止人员站在旁边，防止由于预应力过大容易引起楔块锚具蹦出砸伤工作人员的安全事故。工作过程中，当油泵运转失常时，迅速停工检查，当油泵内的压力存在时不能轻易拧动各个设备上的螺丝。张拉作业进行时，应该有专业人员进行监督和指导工作。对于高压油管这些关键部位来说，应该进行一定的防护处理。对于操作过程中的异常现象如支座出现松动、油标漏油以及电机的声音发生异常这些情况，要及时处理。梁端的垫板与千斤顶要紧密结合加入部分的垫块，避免由于支架不稳造成垫板上的受力不稳定发生倒塌。

3.3.2.5 模板加工技术要点

预制箱梁模板的设计、加工严格按照规范流程和专业技术要求进行，这涉及工程的稳定性和安全性，主要注意以下几个方面：

（1）钢筋笼吊装到位后进行端模安装，采用高强螺栓与侧模连接密贴，检查各部位尺寸。

（2）内模宜采用自驱式液压内模，利用纵移装置将内模移入钢筋笼内，并准确定位；利用液压系统将内模支撑到位并安装撑杆，确保箱梁尺寸。

（3）脱模强度达到设计要求后，方可脱端模；内模在梁体预张拉前松动不移开，预张拉完成后利用纵移装置移出。

（4）初张拉后，梁体及时吊移出制梁台座，检查模板各部位尺寸（含反拱）是否符合设计要求，并清灰打油。

建设单位与专业模板加工企业合作，按照工程设计图纸给出模板尺寸和性能要求标准。但模板的拼接工艺要求施工管理人员进一步加强监督和管理，重点检查模板拼接的吻合度和缝隙数量，一旦发现模板不能很好地支撑构件的重量，应及时采用支架、螺栓或垫木等辅助材料，以进一步加强模板的支撑性能和应力强度。

预制梁的模板必须采用组合钢模，钢板厚度>8 mm，侧模长度一般要比设计梁长 1%。模板必须设计合理并由专业工厂进行加工生产。施工单位应指派专人负责对模板的加工质量进行中间检验，加工完成后、出厂前应在厂家进行试拼和交工检验，确保其结构强度、刚度、稳定性、材质、平整度、光洁度、连接件和各部尺寸符合设计要求。模板安装后、梁体混凝土浇筑前，施工单位和监理工程师应按要求进行模板安装质量检查，尤其要防止拼缝不严和各种预留孔洞封堵不密实造成漏浆而影响梁体外观质量。模板安装的精度；每次模板安装完成并通过验收合格后，方可进入下一工序。

3.3.2.6 混凝土工程标准化施工

在建设标准化梁场时要用到大量的混凝土,所以要对混凝土的质量进行科学的控制管理,方能确保梁场的整体建设质量。具体而言,可以从以下几个方面来进行管控:

1. 混凝土拌和、运输

(1)混凝土配合比设计、耐久性指标、施工工艺性能满足《铁路混凝土》(TB/T 3275—2018)等有关标准要求。

(2)加强原材料进场控制,确保原材料质量相对稳定,混凝土严格按照配合比进行拌和,减小梁体混凝土的色差。

(3)在每次开盘之前要做零点校验,并做好记录。

(4)首盘混凝土拌制完成后要进行检测,主要检测混凝土坍落度、扩展度、含气量、出机温度等,所有检测指标合格后再进行正常生产拌制混凝土。

(5)采用混凝土搅拌运输车运送混凝土,运输过程中宜以 2~4 r/min 的转速转动,保持其和易性;搅拌运输车到达浇筑现场时,应高速旋转 20~30 s,使混凝土不发生分层、离析,再将混凝土拌和物喂入泵车受料斗。

2. 混凝土浇筑

(1)在配制混凝土时要尽量选用具有较好稳定性的水泥,并根据最佳配合比例来确定水泥的添加剂量;在选择砂子时优先选用天然河砂;在选用碎石时严禁选择软石,严格确保碎石具有足够的硬度,母岩强度达到混凝土设计强度的 2 倍以上,碎石的直径严格按级配要求选用。混凝土浇筑前要对钢筋、模板温度进行测量,必须满足 5~35 ℃的要求,混凝土入模温度必须满足 5~30 ℃要求;正常浇筑过程中,每浇筑 50 m^3 进行一次混凝土性能检测。

(2)结合浇筑工艺确定混凝土的配合比,并且充分考虑拌和、运输至浇筑时所用时间以及混凝土冷凝时间来确定最佳配合比。

(3)箱梁采用泵送混凝土水平分层、连续浇筑、一次成型的施工工艺,浇筑时间不宜超过 6 h 或不应超过混凝土的初凝时间,浇筑顺序如图 3-5

所示。先浇筑底板和底板与腹板交接处①②区域，这一区域的高度不宜超过 1.2 m，此区域以插入式振捣器振捣为主，附着式振动器振捣为辅；底板混凝土通过内模顶板上预留的天窗口，浇筑区域③内的混凝土；浇筑完后，关闭天窗，再分层浇筑腹板区域④及其以上区域，每层厚度不得超过 30 cm，自④及其以上区域振捣采用插入式振捣器振捣。

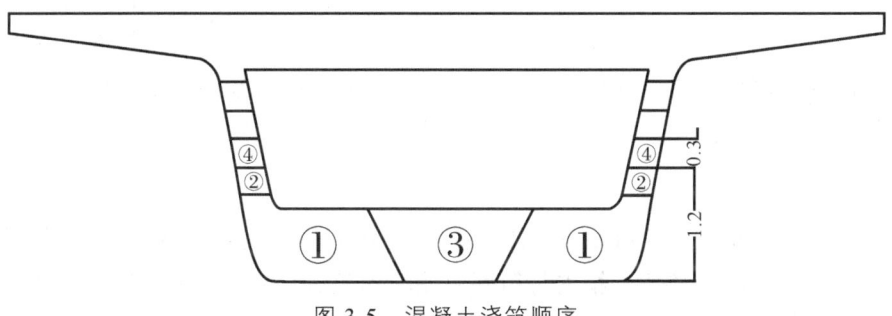

图 3-5　混凝土浇筑顺序

（4）在浇筑混凝土时要注意：一是要确保振捣棒与钢筋、箱梁预应力孔道之间严禁相互碰撞，以防止出现漏浆等现象；二是要对混凝土的和易性进行严格的把控，并要确保外加剂的减水率与设计要求相符；三是要在浇筑过程中做到每层均要提浆，确保泌水提至顶面，避免外观受损。

（5）泵送时，混凝土输送管路的起始水平段长度不小于 15 m。

（6）底板厚度按照预埋泄水管（PVC）高度来控制底板厚度，混凝土浇筑后，在混凝土初凝前，用 1 m 长刮尺进行底板表层找平，然后再进行抹面施工，保证平整度不超过 10 mm/m。

（7）桥面混凝土施工利用整平机进行整平、厚度及坡度控制；混凝土浇筑完成后，初凝前对桥面进行抹面处理，保证平整度不超过 3 mm/m。

混凝土施工是桥梁质量的保证，在施工中有非常详细的分工，混凝土搅拌成型后，浇筑前要检查各种设施，因为浇筑过程中不能移动位置，所以要检查预留孔道、端模板是否牢靠。浇筑顺序是自下往上进行的，从底板到腹板再到顶板。混凝土重力过大，因此，保证浇筑平台及支架结构的稳定性十分重要。需注意的是，浇筑预应管道还有锚垫板的牢固，并且还要保证支架、钢筋等的承受能力。一旦发展有可能出现移位或者倒塌的现象,一定要及时处理。在夏季施工要考虑混合料的温度超过 32 ℃ 后就有可能会因水分快速蒸发而出现裂缝甚至是倒塌的情况,保证在 32 ℃ 以下进行。

搅拌站能够实现连续生产,自动化的程度也很高,一旦发生质量事故不仅影响工期,还会引发安全问题,因此混凝土的搅拌、浇筑都要注意质量的控制。经过研究表明,对于混凝的质量控制来说,要加强对计量精度、原材料、配合比、运输以及坍落度等方面的质量控制,规范把握混凝土生产的各个流程的质量管理,严格将以上几个方面有效控制起来,使其完全处于受控状态被管理状态及时消除隐患生产出合格稳定的混凝土。

3. 混凝土养护

(1)混凝土浇筑后要对梁体芯部温度测量监控,保证梁体混凝土芯部与表层、表层与环境、箱内与箱外温差均不超过 15 ℃,超过时要及时进行洒水降温处理;控制梁体芯部温度不宜超过 60 ℃,梁端等局部尺寸较大的部位最高温度不应超过 65 ℃。

(2)梁场宜设置养护用水池,经常检测水温,保证养护用水温度与混凝土表层温度差不超过 15 ℃。

(3)混凝土浇筑完毕,梁体箱内和顶板采用蓄水养护,预张拉结束移出内模后,箱内采用自动喷淋养护;吊移至养护区后,采用自动喷淋养护,保证箱梁在养护期内始终处于湿润状态。

(4)冬期施工时,采用蒸汽养护。

3.3.2.7 预应力工程

1. 预应力张拉

(1)预应力施工宜采用智能张拉设备,张拉台车宜采用遥控式自动行走台车;张拉预应力钢绞线时,采用应力、应变和持荷时间控制的原则;张拉用千斤顶的校正系数不应大于 1.05,标定的有效期不应超过 1 个月,且不应超过 200 次张拉作业;千斤顶张拉吨位宜为张拉力的 1.5 倍左右,且不得小于 1.2 倍。

(2)箱梁试生产期间应对两孔箱梁进行管道摩阻、锚口摩阻、喇叭口摩阻等预应力瞬时损失测试，确定预应力的实际损失，由设计单位对张拉控制应力进行调整，正常生产后每 100 孔梁进行一次损失测试。

（3）预应力施工分为预张拉、初张拉和终张拉三个阶段；当梁体强度达到设计强度的 60% 及以上时，带模预张拉，内模松动但不移开，模板不得对梁体的压缩造成阻碍；预张拉完成后拆除内模；当梁体强度达到设计强度的 80% 及以上时，进行初张拉，初张拉完成后梁体方可吊移出制梁台座；梁体混凝土强度及弹性模量达设计值且混凝土龄期不少于 10 d 时进行终张拉。

（4）预应力施工限位板与钢绞线直径匹配，张拉顺序与梁图设计一致，严禁更改张拉顺序，张拉时左右同编号钢束对称、同步张拉。

（5）终张拉完成前，应采取措施避免锚具、钢绞线因接触雨水、养护水、施工用油等造成钢绞线锈蚀，在潮湿环境下终张拉龄期不宜超过 30 d。

（6）在终张拉时及 24 h 后，断、滑丝数量不得超过预应力钢丝总数的 0.5%，并不得处于梁的同一侧，同一束内断丝不得超过 1 丝，夹片错牙不得超过 2 mm。

2. 管道压浆

（1）管道压浆宜采用集上料制浆、真空压浆、行走为一体的智能压浆台车。

（2）终张完成 24 h 后，检查钢绞线断丝、滑丝情况，满足规范要求后进行割丝作业，割丝作业时钢绞线外露量控制在（35±5）mm；压浆作业要在终张拉 24 h 之后 48 h 之内完成。

（3）采用压浆罩对外露钢绞线及锚板进行封闭，利用锚垫板预留螺栓孔进行固定。

（4）压浆采用真空辅助压浆工艺，管道真空度稳定在 −0.06 ~ −0.08 MPa；压浆的最大压力不超过 0.6 MPa，当出浆浓度与进浆浓度一致时，关闭出浆口进行保压，应在 0.5 ~ 0.6 MPa 下持压 3 min。

（5）压浆顺序先下后上，同一管道压浆连续进行，一次完成。从浆体搅拌到压入梁体的时间不超过 40 min，且在使用前和保压过程中应连续搅拌。

（6）压浆作业应在梁体温度为 5~30 ℃时进行，压浆过程中要对浆体流动度进行检测，保证浆体出机流动度在（18±4）s 范围内。压浆及压浆后 3 d 内，梁体及环境温度不得低于 5 ℃。

3. 梁端封锚

（1）锚穴凿毛宜采用气动凿毛机，凿毛质量应符合规范要求。

（2）封锚前将锚穴内的杂质清理干净，利用一端带钩一端带有螺纹钢筋安装于锚垫板螺栓孔，与锚穴内钢筋网绑扎在一起。

（3）封锚混凝土采用补偿收缩混凝土，坍落度不宜大于 50 mm，搅拌站集中拌和；封锚作业时分层捣实，封锚混凝土要保持与梁端混凝土齐平，平整度不大于 2 mm/m。

（4）封锚混凝土养护要保湿、防风。

（5）养护结束后，采用聚氨酯防水涂料对梁端面腹板及底板表面进行防水处理，厚度不小于 1.5 mm。

3.3.2.8 文明施工标志标牌

梁场施工现场应采用封闭式管理，非工程相关人员严禁入内。各功能区须设置明显的标示标牌。施工现场标牌及标语：钢筋加工区、箱梁预制区、配电室等以及梁场内所有设备上设置安全警示标志，并在制梁场大门口醒目位置处，统一"五牌一图"。在制梁场主道上设置明显醒目的确保安全、质量、工期标语，环境保护、水土保持等宣传标语。安全帽、上岗证、安全监察人员袖标（牌）应统一样式或统一制作。做到施工组织有序，材料堆码整齐，设备停放有序，标识标志醒目，环境整洁干净，实现施工现场标准化、规范化管理。

1. 梁场施工现场醒目位置设置"五牌一图"

即用于反映建设形象、理念、要求、目标的"工程概况公示牌""管理人员名单及电话公示牌""消防保卫牌""安全生产牌""文明施工牌"及"施工现场平面布置图"。梁场分区位置安装分区牌，标明"制梁区""存梁区"等。

2. 钢筋加工场内材料储存区、加工区、成品区醒目位置设置区域标识

各类钢材、成品、半成品分类堆放整齐，满足防雨、防潮要求，并设标识牌；各种加工设备均挂设"安全操作规程牌"；用电设备挂设"安全操作、小心触电"警示牌；易发生机械伤害的场所应设置禁止和警示标志；进口处挂设"施工重地闲人免进"禁止标志。

3. 储料区内张贴仓库员工行为准则

操作人员岗位职责、岗位安全操作规程牌；醒目位置挂设"注意安全"警示牌；储料罐上用蓝字写出施工单位名称；库料区的砂石料按规定存放并设料区牌；施工现场的混凝土运输车、混凝土泵车、汽车吊、自卸汽车的运输车辆设置有停车区。

4. 所有施工人员均佩戴上岗证上岗，上岗证统一样式

施工人员进入施工现场一律要求戴安全帽，管理人员、工人、特种工分别戴不同颜色安全帽。

3.3.2.9 试验室标准化

工程质量是工程中控制的重点，而试验室是质量控制的关键，试验室工作做好了，工程质量才有保障。梁场必须建立独立的试验室，试验室应有单独的工作区域，院内有对质量方面的承诺和指导方针。金建制梁场试验室设主任办公室、高温室、集料室、化学室、混凝土室、计量室、胶材室、力学室、留样室、校订室等，试验室要保证正常供电，尽量避免停电、电压波动对试验结果和仪器设备的影响，试验室总用电量应根据总设备电用量来配置。各操作室应单独建立控制电源，养护室要做接地和漏电保护设施，室内照明要有足够的亮度。各操作室都应有供水、排水设施并考虑室外污水排放。试验室的整体布局要合理、科学、规范，各操作室的检测环境必须满足规范需要。检验工作流程和质量保证体系流程如图3-6和图3-7所示。

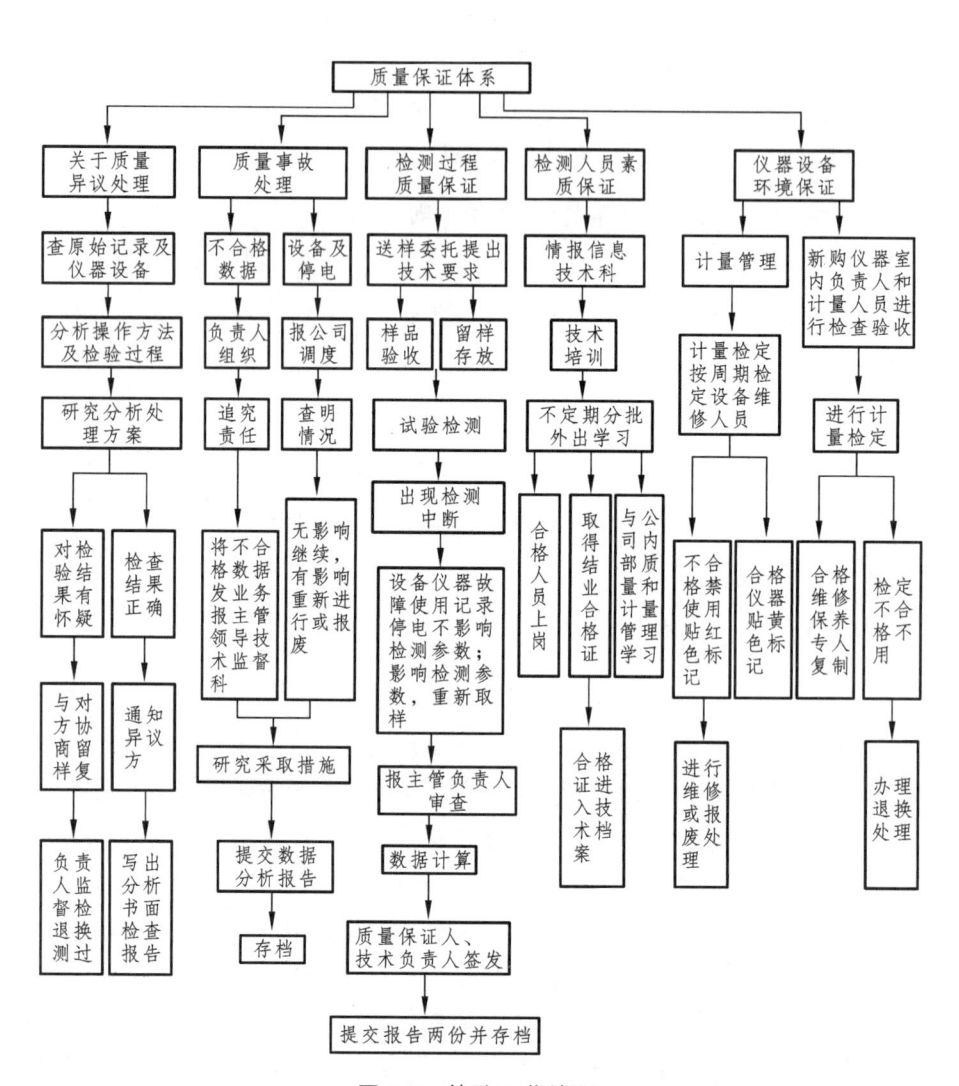

图 3-6　检验工作流程

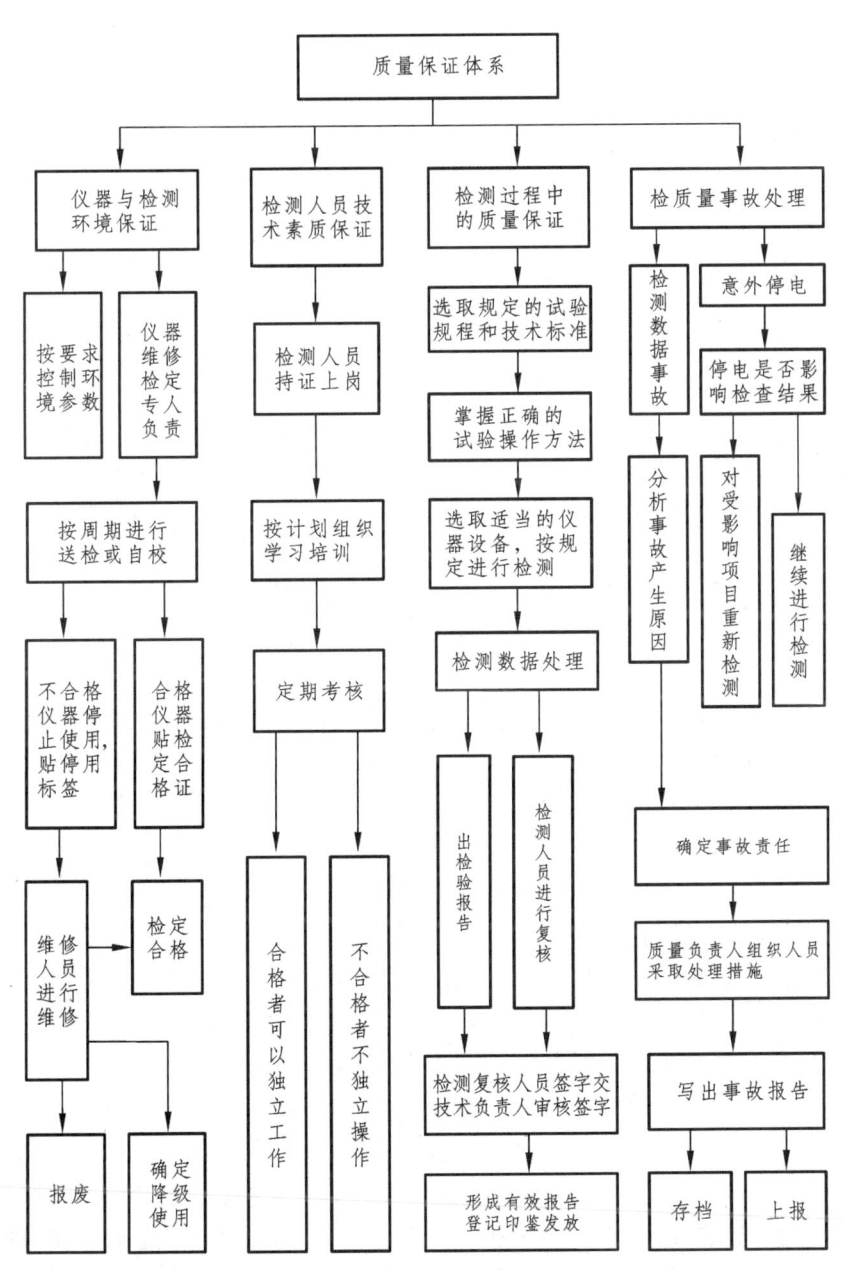

图 3-7 质量保证体系

1. 高温室标准化管理

1）沸煮箱操作规程

（1）采用试饼制作时将制成的净浆取出一部分分成两等份，使之成球形，放在预先准备好的玻璃板上（100 mm×100 mm），轻轻振动玻璃板并用湿布擦过的小刀由边缘向中央抹动，做成直径 70～80 mm，中心厚约 10 mm，边缘渐薄、表面光滑的试饼，放入养护箱内养护（24±2）h。采用雷氏法时，将净浆装入雷氏夹中，并用 10 mm 宽的小刀插捣 15 次，并抹平，盖上涂油的玻璃板将试件放入湿气养护箱内养护（24±2）h。

（2）将沸煮箱内充水 180 mm（以内箱体底部起算），将经过养护的试饼由玻璃板上取下平放在试饼架上。

（3）接通电气控制箱电源，启动"自动"开关，沸煮箱内的水于 30 min 沸腾，一组 3 kW 电热器自动停止工作。再煮 3 h 沸煮箱内全部自动停止工作。此时数字显示为 210 min，电气控制箱内蜂鸣器工作，煮毕将水由铜水嘴放出，打开箱盖待箱体冷却至室温，取出试件进行检测。

（4）如沸煮箱内充水温度低于 20 ℃，先启动电气控制箱上手动开关至"升温区"，将水升温至 20 ℃ 左右，停止"手动"开关，启动"自动"开关即可自动运行。

（5）沸煮前，水封槽内须盛满水，以保证作试验沸煮时起水封作用。

（6）沸煮箱内须用洁净淡水。

（7）加热器加热前须预添水 180 mm 高度，以防加热器过热烧坏，加热完毕，首先切断电源，然后放空箱内的水。

（8）加热器表面应经常洗刷去除积垢。

2）恒温干燥箱操作规程

恒温干燥箱如图 3-8 所示，操作规程如下：

（1）箱体安放在室内干燥及水平处。

（2）使用前检查电源电压是否与机箱额定工作电压相符。

（3）设定所需恒温点，如所需恒温点在 150 ℃ 以下，可将高、低温开关指向"低温"，在 150 ℃ 以上，可指向"高温"。

（4）待一切准备就绪，放入试品在箱内活动搁板上，必要时可旋开排气阀空隙约 10 mm，试品搁板的平均负荷为 15 kg。放置试品时切勿过密与超载，同时散热板上不能放置试品和其他东西，以免影响热空气对流。

图 3-8　恒温干燥箱

（5）接上电源，开启加热开关、鼓风开关，至红绿灯交替明灭，箱内温度即达到所需恒温温度。

（6）恒温时，可关闭一组加热开关，只留一组电热器工作，以免功率过大，影响箱子灵敏度。

（7）至规定时间或所需加热程度完毕，关闭鼓风开关、加热开关、电源开关，打开箱门，降温至室温时，取出试品。

3）箱式电阻炉操作规程

箱式电阻炉如图 3-9 所示，操作规程如下：

图 3-9　箱式电阻炉

（1）使用前，检查电阻炉周围有无易燃易爆物品或其他耐高温性差的物品；检查各接线头的连接是否良好、温度指示仪指针运动有无卡住等情况。

（2）旋动温度指示调节仪，将温度指示调节仪之设定指针调整至所需工作温度。

（3）将试样放入电阻炉内，关好炉门。

（4）检查各部接线正确无误后，合上电源，按动直键开关接通电源，此时，温度指示仪左边绿色指示灯亮。

（5）待温度指示调节仪指示针升至设定温度时，温度自动控制台使电炉断开电源，此时温度指示仪右边红色指示灯亮，炉温逐渐下降。当温度指示仪指示针退离设定温度值时，温度自动控制台使电炉接通电源，此时温度指示仪左边绿色指示灯亮。

（6）凡易燃、易挥发的物品，严禁放入箱内，以杜绝事故发生。

（7）电阻炉使用完毕，应及时切断电源、清理现场。

2. 集料室标准化管理

1）电子天平操作规程

（1）电子天平应置于稳定平整的平台上，调整四个底角螺丝钉使称处于水平位置，然后开启电源。

（2）开机显示结束后进入计重模式零位标志和公斤指示标志出现，可按模式键循环选择计重、计数、百分比三种工作模式。

（3）在计重模式用于设定上下限报警范围，计数和百分比模式用来重量取样。

（4）称台上没有任何物品，但显示出现微小重量出现，按置零键使重量归零，连续按置零键2~4s，背光被打开或关闭。

（5）将容器放在秤盘上，重量稳定后，按去皮键，重量显示为零。

（6）将物品放在电子天平上称量。

2）静水天平操作规程

（1）使用前观察水平仪，如水平仪水泡偏移，应调节脚螺栓使水泡位于水平仪中心。

（2）插上电源插座，接通电源（一般预热时间为 30 min），在进行首次称量之前进行校准。

（3）吊篮放于玻璃缸内，推至秤钩下方，吊篮挂于秤钩上（吊篮不得擦碰玻璃缸）。

（4）注水至水面高于水龙头后停止，然后将水龙头打开，等水龙头中无水溢出后，关紧水龙头。按"去皮/置零"键，将天平清零。

（5）将被测物放入吊篮内，然后打开水龙头，等水龙头中无水溢出后，将水龙头拧紧，即可测物体水中质量。

（6）称量结束后，将吊篮从秤钩上取下，晾干吊篮和玻璃缸。

（7）若被测物较大，可将吊篮从玻璃缸中取出，放入被测物后，再将吊篮（及被测物）放入玻璃缸内挂于秤钩上。

（8）注水时，水的液面一定要高于水龙头，让多余的水从水龙头中溢出，完毕后关闭水龙头。

（9）被测物一定要完全浸于水中。

（10）试验完，清干仪器，填写设备使用记录。

3）震筛机操作规程

（1）接上电源，把定时器手柄按顺时针方向旋到所需工作时间，定时器开始计时。

（2）按下绿色按钮，接触器吸合，电机工作，待定时器手柄逐渐回到"OFF"位置时，自动停止工作。

（3）不需要自动控制时，把定时器手柄按逆时针方向旋到"ON"位置，按下绿色按钮即可工作。

（4）中途停止，按下红色按钮。

3. 化学室标准化管理

水泥游离氧化钙快速测定仪操作规程如下：

（1）准确称取 0.5 g 试样，置于干燥的 250 mL 锥形瓶中。

（2）加入 30 mL 乙二醇溶液，轻摇锥形瓶，让试样分散。

（3）放入搅拌器，装上小型冷凝管，置于游离氧化钙测定仪上。

（4）开机后，显示定时时间（5 min），以较低的转速搅拌溶液。

（5）同时升温将电压表设置在 150~220 V 的位置上。

（6）当冷凝下的乙醇开始连续滴下时，按"启动"键，开始计时，温度电压表到 150 V 左右，稍增大转速。

（7）定时结束，自动音响提示，萃取完毕，按"复位键"，取下锥形瓶并用玻璃等盖好，或者稍后取下锥形瓶。

（8）用苯甲酸无水乙醇标准溶液滴至红色消失，并记下体积，重复加热，煮沸 10 min，滴定，至红色不再出现，记下体积。

（9）按"停止"键，关闭仪器总电源开关。

4．混凝土室标准化管理

1）标准稠度仪、凝结时间测定仪操作规程

（1）净浆拌和结束后，将拌制好的水泥净浆装入已置于玻璃底板上的试模中，用小刀插捣、轻轻振动数次，刮去多余净浆，抹平后迅速将试模和底板移到维卡仪上，将其中心定在试杆下。

（2）试杆降至净浆表面，拧紧螺丝，突然放松，记录试杆停止沉入或释放试杆 30 s 时试杆距底板之间的距离。整个操作应在搅拌后 1.5 min 内完成。以试杆沉入净浆并距离底板（6±1）mm 的水泥净浆为标准稠度。

（3）初凝时间测定：将圆模放在玻璃板上，将净浆放入圆模内，插捣、振动数次试件在养护箱养护 30 min。观察试针停止下沉或释放试针 30 s 时指针读数，当试针沉至距底板（4±1）mm 时，为水泥的初凝时间。

（4）进行第一次测定时应扶持金属棒，使它慢慢下降，以免试针撞弯。

（5）终凝时间测定：初凝时间测定完成后，立即将圆模同浆体以平移方法从玻璃板上取下翻转 180°，直径大端向上，放在玻璃板上，再放入养护箱养护。临近终凝每 30 min 测定一次，当试针沉入 0.5 mm 时，即环形附件开始不能在试体上留下痕迹时为水泥的终凝时间。

（6）到达初、终凝时，应重复测一次，两次结论相同才能确认。

2）混凝土贯入阻力仪操作规程

（1）用 5 mm 的筛从混凝土拌和物中筛取砂浆（或按混凝土中砂浆配合比称料搅拌均匀），将砂浆分别装入 3 只砂浆筒中。

（2）振捣（或插捣 35 次），使密实，砂浆表面低于筒口约 10 mm，编号，置于温度（20±3）°C 的环境中以待试验。

（3）从混凝土拌和完毕起，经 2 h 开始贯入度测试。测试前 5 min，再将砂浆筒底侧垫高约 50 mm，使筒倾斜，吸取表面泌水，测试时砂浆筒置于测试平台上，读记砂浆与筒重，作为基数。

（4）将测针端部与砂浆表面接触，按动手柄，徐徐加压经 10 s，使测针贯入砂浆深度 25 mm 时，读记表盘压力值，扣除砂浆和筒合重值即为贯入压力。

（5）每只砂浆筒每次测 1~2 点，此后每隔 1 h 测一次，或根据需要规定测试的间隔时间，测点间距大于 20 mm。

（6）在临近初凝及终凝时，适当缩短测试时间，加密测点。

（7）反复进行直至贯入阻力大于 28 MPa 为止。

（8）测试过程中需根据砂浆凝固情况，适当更换测针，具体见表 3-1。

表 3-1 不同贯入阻力下测针截面积

贯入阻力/MPa	0.2~3.5	3.5~20	20~28
测针截面面积/mm²	100	50	20

贯入阻力计算见式（3-2）。

$$P = F/S \tag{3-2}$$

式中　P——贯入阻力（MPa）；

　　　F——贯入深度达 25 mm 时的压力（N）；

　　　S——贯入测针断面积（mm²）。

（9）以 3 个测值的平均值作为试验结果。从中以贯入阻力为纵坐标，测试时间为横坐标，绘制贯入时间关系曲线，以 3.5 MPa 画两条平行横坐标的直线，直线与曲线交点横坐标值即为该混凝土的初凝与终凝时间。

（10）试验完毕，打扫机具及场地环境卫生。

3）混凝土振动台操作规程

（1）接通电源，放上空试模试运行，检查振动台是否有不正常的噪声。

（2）混凝土试模必须放置在振动台台面中心，对称以使负荷平衡。

（3）应将混凝土拌和物一次装入试模内，用抹刀沿试模内壁略加插捣并应使混凝土拌和物有富余。振动应持续到表面呈现水泥浆为止。

（4）工作完毕，振动台应擦拭干净。

（5）振动台变速箱内油面应经常保持在规定的平面上，偏心盖轴承应经常检查更换润滑油。

4）强制式单卧轴混凝土搅拌机操作规程

（1）注意拌和筒转向应符合筒上的箭头方向。

（2）机械运转中，禁止用任何物体伸入拌和筒内进行拨弄。

（3）严格按规定进料，不准超负荷。

（4）拌和完毕，关闭电源，及时在拌和筒内放入清水，将机械内外洗净。

（5）搅拌机周围应保持干净、整洁。

5）维勃稠度仪操作规程

（1）把维勃稠度仪放置在坚实水平的基面上，用湿布把容器、坍落度、喂料斗斗内壁及其他用具擦湿。

（2）将喂料斗提到坍落度上方扣紧、校正容器位置，使其中心与喂料斗中心重合，然后拧紧固定螺丝。

（3）把按要求取得的混凝土试样用小铲子分3层均匀地装入筒内，每层高度在捣实后大致为坍落度筒筒高的1/3，每层用捣棒插捣25次，插捣成螺旋形由外向中心进行。各次插捣均应在截面上均匀分布。插捣筒内混凝土时，捣棒可以稍稍倾斜。插捣底层时，捣棒应贯穿整个深度；插捣二层和顶层时，捣棒应插透本层并使之刚刚插入下面一层；浇灌顶层时，混凝土应灌满至高出坍落度筒，插捣过程中如混凝土沉落到低于筒口则应随时添加，使它自始至终保持高筒顶；顶层插完后，刮去多余的混凝土用抹刀抹平。

（4）把喂料斗转离，小心并垂直提起坍落度筒，此时并注意不使混凝土试件产生横向扭动。

（5）把透明盘转到混凝土圆台体顶面，放松测杆螺丝，小心地降下圆盘，使它轻轻地接到混凝土顶面。

（6）拧紧固定螺丝，并检查测杆螺丝是否已经完全放松，同时开动振动台和秒表，并关停振动台，记下秒表上的时间，读数精确至1 s。

6）混凝土压力泌水仪操作规程

（1）打开上盖，将需要测试的混凝土拌和物分两层装入试料筒内，用捣棒由外围向中心插捣25次，每一层捣完应用橡皮锤沿缸体外壁敲击5~10次，加上活塞，并将活塞的出气孔螺丝拧下，压下活塞至刚接触混凝土表面，拧紧出气孔螺丝，盖好上盖扳紧螺母，接好手动泵与千斤顶的快速接头。

（2）按顺时针方向拧紧手动回油阀，扳动手动泵手柄，15 s 内给混凝土试样加压至 3.2 MPa，并应在 2 s 内打开泌水阀门，同时开始计时，并保持恒压，泌出的水接入 150 mL 烧杯里，并应移至量筒中读取泌水量，精确至 1 mL。

（3）加压至 10 s 时读取泌水量 V_{10}，加压至 140 s 时读取泌水量 V_{140}，作为计算泌水率的基本数据。

（4）取得数据后，按逆时针方向拧松回油阀，使系统卸压，取下上盖和试料筒，将试料筒安放在脱模器（随机附件）上，盖好上盖，拧紧两个螺母。再按顺时针方向拧紧回油阀，给千斤顶加压至混凝土及活塞自动脱落，拆下上盖和试料筒，拧松回油阀，人工压回千斤顶活塞，一次试验结束。

5. 胶材室标准化管理

1）勃氏透气比表面积仪操作规程

（1）试验前检查仪器检查。漏气性检查：用胶皮塞塞紧圆筒口，抽气，关闭活塞，在 5 min 内液面是否下降。液面检查：观察气压计中颜色水静止时的液面，是否保持与测定仪器常数时的波面一致，否则须予以调整。

（2）水泥装入圆筒内的方法如下：将穿孔圆板安装于圆筒内，上面铺口张圆形滤纸。将称量好的水泥（精确至 0.001 g）放入圆筒内，在桌面上以水平方向轻轻摇动圆筒，使水泥层表面平坦，然后在水泥层上再铺一张圆形滤纸，以捣器均匀捣实试料至支持环紧紧接触到圆筒边并旋转一周为止。然后将捣器抽出。

（3）将圆筒中称量的水泥捣实后，打开仪器阀门。用抽气球抽气，使液面上升至第一指定高度。关闭阀门，当液面下降到第二指定高度时，开始计时，当液面徐徐下降到第三指定高度时，记下液面从第二到第三指定高度所需的时间及试验时的温度。

（4）使用完毕，应及时切断电源，清洗仪器。

（5）仪器常数有下列情况之一时，应该重新校正：一是圆筒内试料层体积改变时；二是应用滤纸的种类和质量改变时。

（6）每隔一季度至半年应该重新校正试料层体积，以避免由于圆筒磨损而造成的试验误差（使用滤纸改变时亦应重新校正）。

2）低温恒温槽操作规程

（1）向水箱加水，深度超过电热管 5 cm。

（2）接通电源，指示灯亮。

（3）温度设定：按住按钮（或钮子开关板向下方），然后左右调整设定按钮，温度显示数值为 20 ℃，松开按钮（或将钮子开关板向下方），温控仪即进行自动控制。

（4）将准备好的试品放入低温槽内，开户按钮开关压缩机开始工作，达到设定温度时开始计时。

（5）试验过程中应注意设备运转有无异常，如有异常应及时停机检查，等排除故障后方可再次投入使用。

（6）试验完毕，切断电源。

（7）该设备需定期运转，并做好设备的日常清洁维护和保养工作，做好使用记录。

3）电子分析天平操作规程

（1）开机时应取下秤盘上的物体，以防其重量超过开机清零范围。如按"清零"键后还不能归零，应调节电子天平水平。

（2）本仪器为精密仪器，称重时物体应小心轻放。

（3）使用时工作环境要无振动、气流、电源干扰。

（4）使用前要开机充分预热（一般为 15 min）。

（5）"开/关"键位开关机按键，"清零"键位置零按键，"去皮"位去皮按键，"单位"位单位转换键，"计数"位计数按键。

（6）该电子天平计数采样可分为 10、20、50、100 四种，当样本放在秤盘上后，天平显示样本的重量，按下"计数"键，显示样本的数量，再按"单位"键改变样本的数量，确定后再按"计数"键，即进入计数状态。需退出计数，回到称重状态，只需再按"计数"键即可。

（7）自校：自校时应选择精度较高的标准砝码，其重量应接近满称量或最常使用的称量。

（8）按住"清零"键开机，直至自检结束，显示出现"CAL"。

（9）确定秤盘上无物体后再按"清零"键，显示出现"000000"。

（10）放上标准砝码，再用计数键增加闪动位的数值，用单位键改变闪动的位置，确定后再按"清零"键。

4）电子天平操作规程

（1）接通电源按开关键打开天平开关进行预热，时间不少于 30 min。

（2）待天平稳定后，天平显示"0.0"进入称量状态。

（3）当天平出现称量明显偏差则称量前应进行校准。

① 清除盘上的物品，预热天平 1 h 后，按"去皮键"，直到出现"0.0"。

② 按"去皮键"约 5 s 后，天平显示为"-CAL-"时松手，显示闪跃"-500-"等校准砝码重量值。

③ 加载校准砝码。

④ 3～5 s 后，当天平显示为校准砝码值时，取下砝码，回"0.0"，校准完毕。

（4）将待称物品放在秤盘上，当稳定标志"g"出现时，表示读数已稳定，此时天平的显示值即为该物品的质量。

5）负压筛析仪操作规程

（1）打开电源，检查各部件是否已装好，注意使各接管口保持紧密状态。

（2）筛析试验前应把 45 μm 负压筛放在筛座上，盖上筛盖，检查控制系统，调节负压至 4 000～6 000 Pa。

（3）称取试样 10 g，精确至 0.01 g，置于洁净的负压筛中，放在筛座上，盖上筛盖，接通电源开动筛析仪连续筛析 3 min，在此期间如有试样附着在筛盖上，可轻轻地敲击筛盖使试样落下，筛毕，用天平称量全部筛余物。

（4）试验完毕后，关闭电源，清洁机器，注意清洁吸尘器和收尘器。

6）恒温恒湿养护箱操作规程

（1）向水箱加水，深度超过电热管 5 cm。

（2）温度设定：按住按钮（或扭子开关扳向下方），然后左右调整设定按钮，温度显示数值为 20 ℃，松开按钮（或将按扭子开关扳向下方），温控仪即进行自动控制。

（3）湿度设定：湿度显示与控制是采用干湿盒控制，当箱内湿度在 95% 以上时，湿度控制器自动停止加湿，调整湿度设定方法与恒温设定相同。

7）胶砂搅拌机操作规程

（1）接通电源，指示灯亮。

（2）用湿布擦拭搅拌锅和搅拌叶片。

（3）在砂罐内装入 1350 kg 标准砂一袋，搅拌锅内装入水 225 g、水泥 450 g，将搅拌锅装入支座定位孔中，顺时针转动锅至锁紧，扳动手柄使搅拌锅内上移动处于搅拌工作定位位置。

（4）电器操作分手动与自动两种：

① 自动：将钮子开关"1K"拨至自动位置，按下程控器启动按钮，即自动完成一次低速 30 s→再低速 30 s，同时自动加砂结束→高速 30 s→停 90 s→高速 60 s→停止转动的工作程序。整个过程（240±1）s，然后，搬动手柄使搅拌锅向下移动，逆时针转动搅拌锅至松开位置，取下搅拌锅。

② 手动：将钮子开关拨至手动位置，搅拌机即可转动，根据试验需要，可任意控制低速和高速的转动时间，任意控制加砂时间的早、晚、长、短。钮子开关"2K"控制低速和高速，钮子开关"3K"控制加砂和停。

（5）搅拌锅要轻拿轻放，不可随意碰撞，以防搅拌锅变形。

（6）每次使用完后彻底清除搅拌叶片与搅拌锅内、外残余砂浆，并清扫散落和飞溅在机器上的砂浆及脏污物，揩干防尘。

（7）每季传动箱内（打开传动箱盖）蜗轮付、齿轮付及轴承等运动部件添加黄油一次，支座与立柱导轨之间、升降机构之间经常滴入机油润滑。

8）雷氏夹测定仪操作规程

（1）检验雷氏夹弹性要求时将测定仪上的弦线固定于雷氏夹一指针根部，另一指针根部挂上 300 g 砝码，在左侧标尺上读数。

（2）测定膨胀值时将沸煮箱中取出的待试件的雷氏夹放于垫块上，指针朝上，放平后在上端标尺读数，然后计算膨胀值。

（3）定期检查左臂架与支架杆的垂直度和各紧固件是否松动。

(4)垫块上不得有锈斑污垢等物。

(5)用完后涂防锈油,并妥善保管,避免生锈和碰伤。

9)氯离子含量快速测定仪操作规程

(1)电极校准:

① 检查设备连接,打开软件。

② 清洗电极:将活化好的电极置于清洗瓶中,用去离子水清洗3次,清洗后的水倒掉。

③ 用滤纸小心拭干电极表面。

④ 打开测试软件,点击"工具"菜单下的"仪器校准"选项,确认标准溶液的个数为两种。

⑤ 用两个标准溶液校准电极时,依次选取 50~150 mL(根据容量瓶的大小)的 5.0×10^{-4} mol/L、5.0×10^{-3} mol/L NaCl 标准溶液置于事先清洗干净并且干燥的烧杯中,适量添加电极稳定液(1~2 mL),将电极由稀到浓的顺序插入标准溶液。

⑥ 完成两次校准测量后,校准曲线图中出现一条直线,即完成了电极的校准。

(2)试样液体浓度和氯离子克重的测重:

① 对校准后的电极进行三次清洗并用滤纸擦干。

② 打开试验图标,根据软件要求依次输入试样信息:试样名称、试样种类、试样质量(g)、溶液体积(mL)。此处所用试样质量即粉末试样的净重,溶液体积即为稀释用的水的体积。

③ 每个待测样品在测试之前,应该适量添加电极稳定液(1~2 mL),此步骤与电极标定之前,往标准溶液中添加电极稳定液同时进行,并且尽量保证一次实验过程中往每个溶液瓶中添加的电极稳定液的量相同。

④ 试样信息输入后,点击"确认"即可自动进行任务测量。等待3~5 min,测试完成。

⑤ 对于多个试样,软件可进行连续测量。测量之前要对电极进行3次清洗。

⑥ 试样测量时需要均匀晃动试样溶液,或将试样溶液放置在磁力搅拌器上搅拌测量。

⑦ 同一个测试对象不能连续测量。如果需要连续测量，需将溶液封闭静停 3 h 以上或磁力搅拌 30 min 以上。

要得到准确测量数据，在实际测量时，做好能使待测溶液的氯离子浓度不超过或相近于校准溶液的浓度范围。如用户待测溶液的氯离子浓度远离校准电极的标准溶液浓度范围，调整待测试样的原始质量与配入水的比例，使测量出的氯离子浓度范围包含在电机校准时的标准溶液浓度范围之内。

（3）氯离子含量的选取：取误差在 20% 以内的 3 个平行试样的平均值作为待测试样中的氯离子含量值。

10）水泥胶砂流动度测定仪操作规程

（1）接通电源，指示灯亮。

（2）用湿布擦拭跳桌台面，试模内壁，捣棒以及与胶砂接触的用具，将试模放在台面中央用湿布覆盖。

（3）将拌好的胶砂分两层迅速装入试模，装完第一层用小刀在相互垂直两个方向各划 5 次，用捣棒由边缘至中心均匀捣压 15 次，第二层胶砂装至高出截锥圆模约 20 mm，用小刀在相互垂直的两个方向各划 5 次，再用捣棒由边缘至中心均匀捣压 10 次，捣压时手扶稳试模，不要让它移动。

（4）捣压完毕，取下模套，用小刀抹平，并将圆模垂直向上提起，即刻开动跳桌，以每秒一次的频率，在（25±1）s 内完成 25 次跳动。

（5）流动度试验，从胶砂加水开始到测量扩散直径结束，应在 6 min 内完成。

（6）试验完毕，关闭电源，清扫台面。

11）水泥胶砂成型振实台操作规程

（1）操作前应拿掉定位套，检查各运动部件是否运动自如，电控部分是否正常。加注润滑油后开机空转，经检查及调整后，一切正常方可使用，每次使用前必须拿掉定位套。

（2）确认设备正常后，将空试模和模套固定在振实台上，立即用一个适当的勺子把已制备好的胶砂分两层装入试模，装第一层时，每个槽内约放 300 g 胶砂，用大播料器垂直架在模套顶部沿每个模槽来回一次将料层播平，接着振实 60 次；再装第二层胶砂，用小播料器播平，再振实 60 次。

移走模套，从振实台上取下试模，用一金属直尺以近似 90°的角度架在试模模顶的一端，然后沿试模长度方向以横向锯割动作慢慢地向另一端移动，一次将超过试模部分的胶砂刮去，并用同一直尺以近乎水平面的情况下将试体表面抹平。

（3）成型完毕，关闭电源，抹净振动台面，清扫现场。

12）水泥净浆搅拌机操作规程

（1）接通电源，指示灯亮。

（2）用湿布擦拭搅拌锅和搅拌叶片，称取规定比例水、水泥，按先后倒入搅拌锅内，将搅拌锅装入支座定位孔中，顺时针转动锅至锁紧，扳动手柄使搅拌锅内上移动处于搅拌工作定位位置。

（3）将开关拨至自动位置，按下小型开关，即自动完成一次"慢—停—快"转程序；若置开关于手动位置，则手动本位开关分别完成上述动作。

（4）搅拌完毕，旋转偏心槽手柄向下移动取下搅拌锅，轻拿轻放，以防搅拌锅变形。

（5）每次使用完毕后彻底清除，搅拌叶片与搅拌锅内外残余净浆，并清扫散落和飞溅在机器上的灰浆及脏物，擦干防尘。

（6）每次减速箱内涡轮付、齿轮付及轴承等运动部件加二硫化钼润滑脂一次，滑板与立柱导轨之间经常滴入机油润滑。

（7）工作完毕，关闭电源，清扫机具及场地环境卫生。

13）恒加载水泥抗折抗压试验机操作规程

（1）单击控制软件主界面"运行"按钮，活塞开始上升，若此时力值显示不为零，用户可以单击"清零"对当前力值进行清零。当试样受压达到控制的入口力值时试验机即按设定的加载速度对试样进行加压直至试样破碎，计算机会自动记录试验结果，并在主界面左下方的"试验结果"框中显示。

（2）计算机自动计算出平均力值及平均强度，并将全部结果存入数据库（如果是连续一组，则可以第一次点击"运行"后在设定的时间内按要求装好试样即可）。如果在未做完设定块数的试样的情况下希望结束一组试验，则点击"结束一组"按钮即可。

（3）如已经做完全部试验，应该依次停止油泵，关闭控制箱，单击"退出"按钮退出测控软件。

（4）如需打印，则点击"打印"按钮（事先连接好打印机），选择查询的方式及填好查询的内容，点击"查询"按钮即可查到试验结果，点击"开始打印按钮"。

6. 力学室管理制度

1）标准养护室恒温恒湿自控仪操作规程

（1）调整温湿度仪给定值，温度控制在（20±2）℃，湿度控制在95%以上。

（2）接通电源。

（3）利用空载情况下，对控制仪进行试运，当输出信号无误后，接好外负载（把制冷、加热、加湿的电源插头分别插入控制仪后身的插座上）即可正常工作。

（4）加湿器内严禁缺水，进水阀不应关闭，也不宜开得过大。

（5）试件放入、搬出前应关闭电源，检查符合要求后方允许启动电源，严禁带电搬取试件。

2）钢绞线专用试验机操作规程

（1）在电脑桌面上双击运行程序，选择好用户输入密码进入程序。

（2）工具栏上点击"新建试验"，创建所要的试验项。

（3）在试验参数栏对话框中，输入试验前参数，输入完毕，敲击键盘回车键。

（4）装夹试样，如是拉伸试验，装夹试样时先装夹上夹头，再装下夹头。详细办法见试验机说明书。

（5）一切准备工作结束，点击工具栏上"运行"按钮，机器开始自动加载。

（6）点击"运行"后，切换到试验过程界面，注意观察试验曲线变化。

（7）试样拉伸或人工停止，试验结束，程序自动计算试验结果并自动保存数据。

3）电动钢筋标距仪操作规程

（1）确定钢筋直线度，钢筋同轴偏差应不大于1 mm。

（2）调节高度手柄，把钢筋放入V形槽内（螺纹钢直线边向上），紧固好。

（3）接通电源，开启电源开关，电源指示灯亮。如果打印总成不在最左端位置，则把方向开关拨到左行位置，点击运行后，打印总成行至最左端而自动停止，工作指示灯灭。

（4）调节高度手柄，使锥尖距钢筋 2~3 mm。

（5）把方向开关拨到右行位置，电机正运，打印总成行至最右端，自动停止。

（6）提起锥尖，松开紧固螺丝，取出钢筋，打印完毕。

（7）把方向开关拨到左行位置，电机运行后，打印总成行至最左端自动停止，保持下一次工作的准备状态。

4）GW-40B 钢筋弯曲试验机操作规程

钢筋弯曲机如图 3-10 所示，操作规程如下：

图 3-10 钢筋弯曲机

（1）试验前，通过点动调整位置后，对当前的角度进行清零操作。

（2）根据试验要求设定正旋或反旋的角度值，此时系统完成试验前的所有设置准备工作。

（3）正向弯曲试验，将工作轴和弯芯套装在工作盘上，按"电动"按键将工作盘转置合适的位置，放入钢筋，由夹紧装置将试样夹紧，再按"正转点动"按键使正旋工作轴靠近并接近试样后，点击"启动"按键，试验机自动做正向弯曲，并实时显示当前弯曲角度值。当弯曲到设定角度值时，试验机自动停车。

（4）反向弯曲试验与正向工作原理相同，只是旋转方向相反。

（5）每做一次试验后，应当拿走工作轴，等下次试验开始放好试样后再插上。

（6）双极摆线针轮减速机箱采用锂基脂润滑，使用一个月后需要加一次齿轮润滑脂，之后每半年加一次润滑脂，若使用频繁每三个月加一次。

（7）使用过程中要保持试验机的清洁，严禁带电拆装或维修仪器的电控部分。

5）洛氏硬度计操作规程

洛氏硬度计如图3-11所示，操作规程如下：

图3-11 洛氏硬度计

（1）试件的测试面必须平坦，不得有油污、氧化皮、裂缝、显著加工痕迹、凹坑以及其他外来污物，试件两面应平行，试件的最小厚度应不小于卸除主负荷后压头压入深度的8倍。

（2）根据试件的硬度、材质选择试验用压头及总负荷，见表3-2。

表 3-2 试验用压头及总负荷

符号		压头种类	总负荷 N/kgf	洛氏硬度值 HR 测量范围	应用
标尺	硬度				
A	HRA	金刚石圆锥	590（60）	70~85	薄板、表面淬火钢等
B	HRB	1.588 mm 钢球	980（100）	25~100	低、中碳、退火钢等
C	HRC	金刚石圆锥	1470（150）	20~67	淬火钢、调质钢等

注：KVM 锚具锚环—HRC24~34；夹片—HRC58~64。

（3）将试件放在试样台上，转动手轮，使试件上升与压头接触，继续缓慢地转动手轮，使指示器的指针开始顺时针方向转动，直到地转动手轮，使指示器的指针开始顺时针方向转动，直到短针在红点上，长针指在"0±5"位置为止，调节刻度盘，使长针指"0"位置。这时，压头利用弹簧压缩的方法加在试件上的负荷为 98 kN，为初负荷。将加荷手柄缓慢地向后推，将主负荷加到试件上，加荷时间为 4~6 s，指针（长针）由转动到停止，长针停止后，持续 1 s，再将卸荷手柄向前推，返回开始位置，此时指示器上长针所指的数字，即为该材料的洛氏硬度值，记录。回转手轮，使试样台下降，取下试件。

（4）每个试件或制品上的试验次数不得少于三次，并应记录每次读数或采用读数范围作为钢材硬度值。试件上相邻压痕中心及任一压痕中心距试件边缘之距离均不得小于 3 mm。全部试验应在（20±10）℃ 的温度下进行。

（5）检测完毕，打扫机具及场地环境卫生，盖上机具防尘罩。

6）万能材料试验机操作规程

（1）试验前应检查试验机是否完好，油箱内的油是否添足。确认机器处于正常工作状态后方可使用。

（2）接通电源，启动油泵，再启动工作台，使工作活塞上升、下降约 100 mm，活动 2~3 次。试验时使工作活塞上升 5~10 mm。

（3）根据试样形状、尺寸把相应的钳口块装入上、下钳口座内。

（4）将试样一端夹于上钳口中。试压试件必须放在承压板的中心位置。

（5）开动移动横梁升降电机，调整下钳口至适当位置，将试样另一端夹在下钳口中，试压试件时上、下承压板与试件受压面必须全部贴实，方可加荷试验。

（6）点击启动按钮，按试验要求的加荷速度加载。直到试件达到极限强度，强度曲线下降时记录读数。读数完毕后松开上下钳口，取下试样，然后点击工作台回位。

（7）在试验过程中如有异常声音，应停机检查，待故障排除后，方可重新开机试验。

（8）试验完毕后，应将压力机恢复到原始状态，并关闭电源。将机器及工作台等处清扫干净。

7）压力试验机操作规程

（1）总开关接通电源，仪器预热 15 min 以上。此时显示的力值，为传感器的静态零点输出，按置零键予以消除。

（2）开动油泵，拧开送油阀，使油缸升起 10 mm。将试样放在下压板上，对准中心。

（3）输入试样组号（试样编号）。

（4）加荷按试验要求的加荷速度。在试样即将接触上压板时置零，消除系统误差。继续加荷，直至试件破裂。

（5）试件破坏后，关闭送油阀，停止油泵电机。

（6）重复（4）（5）步骤做完本组编号内的所有试件。

（7）记录或打印荷载数值。

（8）拧开回油阀，使下压板下降，取出压碎的试件。

（9）检测工作全部完毕后，降下下压板，关闭油路，断掉电源，打扫试验机及室内环境卫生。

7. 校顶室标准化管理

千斤顶校验安全操作规程：

（1）千斤顶校验前应先检查油泵、千斤顶、压力表、应力环（传感器）是否符合技术要求，压力表是否按规定进行校正和标定。

（2）油泵的油箱应清洁无杂物，用油应符合规定要求，油泵阀门开闭良好，不阻塞、无漏油。

（3）千斤顶应保持清洁，支承圆锥处，小活塞应居中，回油后活塞能自动退回原位。千斤顶在最大压力下停息 5 min，压力下降幅度不得超过 3%。

（4）检查连接油泵和千斤顶的油管有无裂纹，接头是否牢固，高压软管使用时，其弯曲半径不应小于 200 mm。

（5）油泵的操作应徐徐加压，缓缓回油，平稳、无冲击，不得猛摇急放，以免损坏油压表、油泵和千斤顶。

（6）千斤顶加载应平稳、均匀、缓慢，在卸载时，应慢慢打开回油阀，使油压缓缓下降。

（7）千斤顶校验时，反力架周围严禁站人，并对危险地区加以防护。认真观察压力环读数并做好记录，每个千斤顶每档读数应校验 3 遍。

（8）在千斤顶负压的情况下，不得拆卸油顶和油管路，也不得拧动任何部位螺丝。

（9）油泵运转时，若有不正常现象，应即停车。

（10）千斤顶各油缸应回顶到底，放置室内加罩防尘，按规定对整机进行保养。

（11）千斤顶外露工作表面应擦拭干净，外表应保持清洁，搬运时应防止碰撞。

（12）卸下油管后的油泵及千斤顶的进出油口应分别用防护套封住，防止灰尘等物进入。

3.3.3　高速铁路梁场信息标准化管理平台

以 BIM 技术为支撑，结合建设和施工的管理需求，围绕三维导航、进度管理、安全环保管理、综合管理和系统管理五大模块。以质量管理为主线，将物资管理、试验管理、混凝土搅拌站、工序管理、出库管理、统计分析紧密结合。同时对梁场生产进度、安全环保等方面进行管控，实现施工工序、安全质量、运营维护的结构全生命周期管理。《铁路梁场综合管理平台 2.0》如图 3-12 所示。

图 3-12 《铁路梁场综合管理平台 2.0》界面

1. 平台特点

（1）三维梁场导航，更加形象。接入视频监控，实时记录梁场生产动态，实现远程监控现场操作工人是否违规作业。

（2）数据共享、真实及分析功能。试验数据自动采集，保证数据真实性。物资、试验、搅拌站、预制生产数据环环相扣，实现数据共享利用。与微机电液伺服压力试验机、数显电子秤等设备进行数据对接，实现试验数据自动采集，保证数据真实性。同养试块、标养试验，温度自动采集汇总。统计分析，为用户分析生产数据、外形尺寸、试验数据的正态分布情况。试验样品、试件采用二维码管理模式，方便灵活。

（3）系统智能提醒功能。辅助梁场生产管理决策，具备人性化的物资库存提醒、试验龄期提醒、留样到期提醒等功能。

2. 主要措施

（1）管理措施。指导性施组与实际生产数据对比，根据需求，新增按月度、开工累计完成工程量为维度，将指导性施组与实际生产量进行对比，跟进梁场生产进度；三维梁场导航，将各个生产区域与实际真实数据互相关联，可视化反映梁场当前真实情况；梁场生产过程视频监控，生产区接入视频监控，实时记录梁场生产动态，实现远程监控现场；预制箱梁在场内采用二维码管理模式，随时通过手机扫码方式进行资料填写和追溯，方便灵活。箱梁出场后和运维期使用 RFID，获取每榀梁的生产和架设信息；系统智能提醒功能，人性化的材料库存提醒、试验龄期提醒、留样到期提醒等辅助梁场生产管理决策；施工日志填写功能，部分字段通过关联数据源和保存功能可自动填至表中，减小填写人员的工作量；物资管理、试验管理、搅拌站、自动张拉、自动压浆、自动喷淋、自动静载数据环环相扣，实现数据共享利用，一次录入，多次复用。

（2）质量控制。试验室称量设备与平台进行数据对接，称量完成后数据自动记录至试验记录表中；配备 360°、可旋转视频监控接入管理平台，当开始做试验检测时，调整视频拍摄角度，点击开始拍摄记录该试验过程视频，录制试验过程视频。查看该试验报告时，同时也能观看试验过程视频；温湿度采集设备与平台进行数据对接，随时随地在平台中获取当前温度、湿度信息；试验室弹性模量试验采用微机电液伺服压力试验机、数显千分表，与平台进行数据对接，实现混凝土静力受压弹性模量试验数据自动采集，减少试验人员，确保试验质量；自动喷淋设备向平台传输台位信息、每天温度、湿度数据和喷淋间隔数据自动记录。

（3）安全生产。运架设备预警，设备安全装置失效，系统后台启动二次保护。龙门吊、搬运机、提梁机、架桥机与系统进行联动，当大型设备的主要安全装置（走形限位、起升限位、制动）失效后，后台系统可自动预警并立即自动远端控制。

第 4 章

高速铁路智慧梁场规划

第 4 章
高速铁路智慧梁场规划

高速铁路预制梁场规划应本着安全适用、技术先进、经济合理,满足施工流程需要,兼顾运、架设备的安装和拆除的原则。

高速铁路预制梁场整体规划时应结合所在区域(铁路线路)的工程经济、技术、自然条件等进行设计,应满足生产、运输、防洪、安全、卫生、环境保护、节能和职工生活设施的需要,应结合铁路线路具体情况和承担施工任务企业实际大型施工装备拥有状况、工程经验、地质、地形、地貌等方面因素,进行多方案综合的技术经济比较后,选择经济可行,技术合理的最优方案。

4.1 预制梁场规划的重要性

随着全国各地的铁路建设工程如火如荼地进行,预制梁也成为建设铁路的必需品,因此为预制梁场选择一个合适的位置是开展铁路建设或者其他大型工程建设的非常重要的一部分。

这种大型工程一般耗费了巨大的资金投入,牵扯到诸多方面的成本,会对当地产生较大的影响,因此在预制梁场规划的时候不仅需要考虑到内部因素,还要关注许多外部影响,具体如下:

(1)预制梁场属于整个工程项目的一部分,是工程推进过程中非常重要的一个环节,每个环节之间环环相扣,彼此限制。预制梁场位置的确定不仅会影响其他的预制梁场,还会影响到整个工程的建设进度以及资金投入。所以说预制梁场位置需要结合工程整体对预制箱梁的需求进行合理规划。

(2)预制梁场作为铁路工程的辅助工程,必须随着铁路建设进度进行相应的调整,因此,一般情况下预制梁场和铁路一样呈线性分布,需要穿越不同的地理环境,适应不同的地形地貌,日常施工需要长时间长距离的原料运输活动,并且大部分工作都是工序的持续性重复,需要各个行为主体的亲密合作才能完成。

(3)预制梁场的建设通常需要投入近亿资金,占据几百亩(1 亩 ≈ 666.67 m^2)的土地,因此会牵扯到诸多方面,干系重大。

(4)因为预制梁场是为了推进工程建设而搭建的辅助设施,在使用结束后如果没有用作站场、货场等计划的时候，需要在完成其使用价值的时候进行拆除和土地复垦，这些工作也需要一定的资金支持。

（5）预制梁场建设位置以及建设过程都必须严格遵守所有相关要求。

（6）预制梁场一旦建成就必须保证其每日都有工作任务，避免空闲造成巨大的资源浪费。

4.2 高速铁路智慧梁场规划原则

4.2.1 预制梁场规划原则

预制梁场总体规划阶段应包括梁场选址，确定制梁台座数量、存梁台座数量、主要大型设备配置、梁场平面布置形式、预制梁出场方式等内容。施工设计阶段主要进行基础设施和配套工程设计，包括制存梁台座、静载台座、搅拌站、轨道线路、配套设施等的细部设计。

预制梁场主要由保障区半成品加工区制梁区、存梁区、装梁区、办公区和生活区等组成，其布置应符合下列原则：

（1）预制场规划设计时应充分考虑给排水系统、供电系统、供热系统和场内运输系统等。

（2）存梁区应综合考虑制梁周期、架梁进度和架桥机调头等因素。条件许可时可选用双层存梁方式。

（3）办公区和生活区应符合《建设工程施工现场消防安全技术规范》（GB 50720—2011）及《铁路建设项目现场管理规范》（Q/CR 9202—2015）等的规定，办公区宜设置信息化管理中心。

（4）箱梁运输便道的设置应满足运梁车的净空及载重要求，提梁上桥区域应满足拼装架桥机及运梁车作业空间的要求。T梁运输专用线的接轨点不应设置在运营线路上。

（5）搅拌站、锅炉房宜靠近制梁台座设置，并远离办公区和生活区。

（6）变压器设置的安全距离应符合相关规范规定。

（7）预制场规划设计应满足节能环保的要求，节约集约使用临时用地，临时设施宜采用拼装式结构和低碳节能设备。

（8）梁场排水口宜设置净水设施。

4.2.2 梁场设置原则

预制梁场规划应本着安全适用、技术先进、经济合理,满足施工流程需要,兼顾运、架设备的安装和拆除的原则。预制梁场整体规划时应结合所在区域(铁路线路)的工程经济、技术、自然条件等进行设计,应满足生产、运输、防洪、安全、卫生、环境保护、节能和职工生活设施的需要,应结合铁路线路具体情况和承担施工任务企业实际大型施工装备拥有状况、工程经验、地质、地形、地貌等方面因素,进行多方案综合的技术经济比较后,选择经济可行,技术合理的最优方案。

在进行梁场设计时,梁场由于大多是临时设施,特别是大型建设项目中的梁场在场地建设上占地巨大,投入大量的生产设备,但是作为临时设施来说,在能够完成作业量的情况下能够尽量节省投资,这是梁场进行设置的基本考虑因素。

1. 梁场布置保证合理

梁场在布置时应该按照经济实用、方便施工、相对独立、安全环保、便于管理的原则进行。经济实用指的是梁场在布置时应该花费最小的费用完成最大的功效。方便施工指的是梁场在设计时要认真组织规划,不能因为节约成本而影响到了工程的进度。相对独立指的是梁场在作业过程中,其本身就是一个小型的工厂,在内部所有的管理制度和规章都是健全的,梁场的管理由梁场自己负责。安全环保是指梁场在布置时应该充分考虑其对周围环境的影响,要考虑到作为临时设施在使用结束后土地资源的再利用问题。

2. 设计梁场时避免资源浪费

为了节约土地资源等,梁场在设计时应该使各部分之间尽量紧凑,减小不必要的土地浪费,在进行梁场设计时,最好按照制梁的工序进行,同时还要考虑到制作完成后梁的转移和存放等问题。梁场作为一个小型的工厂,其物流量是很大的。梁场内部各个作业区的员工都各有分工,一般不会在各个作业区之间流动,并且在梁的制作过程中基本是靠机械化设备对其进行转移,所以梁场一般是按照梁的施工作业顺序进行布置。梁作为大型的物件,对其还要充分考虑运输通道的问题。

3. 预留大型设备进出场通道

在预制梁的使用过程中，工程规模的不断扩大促使了大型箱梁的大规模使用，大型箱梁一般采用后张法施工。在大型箱梁的制梁和运输过程中，大型设备的使用是必不可少的，所以在梁场的布局中要充分预留大型设备的通道。在设计时还要对制梁的周期、制梁的需求量等相关因素进行考虑，在不同的约束条件下设计的梁场可能会有所不同，在资源紧缺时设计的梁场可能需要增加场地规模和设备投入。然而，在约束较宽松的情况下，情况可能会好很多。因此，需要根据具体情况进行仔细分析和确定。

4.2.3 预制梁和存梁台座设计原则

高速铁路箱梁预制场需要投入大量的工程设备，建设相应的场地需投入大量的费用，但大部分预制梁场是桥梁工程的附属加工厂，很多是临时性工程。因此，为保证预制每个箱梁的质量和预制梁的生产效率，合理规划建设场地和预算建场费用，本着安全适用、技术先进、经济合理总原则，在满足整体建设工期要求前提下，各参与整个项目的单位必须对箱梁预制场进行科学、系统地设计规划，以求达到"制梁效率高、质量高和建设梁场成本低"之目的。客运专线双线后张法简支箱梁的施工技术特点主要有：每榀 900 t 重，吊装运输困难，需要采用专用吊装运输设备和专用的运梁通道，对制梁存梁台座需要做地基加固处理；质量标准要求高，要满足强度、刚度和工后变形控制的要求；施工技术难度大、质量标准高的特征导致发生相关的施工成本费用高。而具体的施工费用成本多少需要在制梁之前进行一个初步预算，在制梁过程中面对实际情况的变更和突发费用的产生则需具体问题具体分析。但整个质量工程耗资较大，仍需在节约成本的前提下保证工程质量。

下面将就梁场存梁和制梁台座的数量、梁台座的设计原则几个方面进行论述高速铁路箱梁预制场的规划。

1. 确定制梁、存梁台座数量

在预制梁场选址和整体设计规划之前，首先要确定生产制梁和存梁台座数量，根据两大部分梁台座数量规模确定梁场占地面积等。制梁场台座数量确定原则是根据单个台座制梁效率和合同总制梁数量、工期等来确定的,其公式见式(4-1)和式(4-2)。

$$X = G/Y \tag{4-1}$$

式中　G——合同制梁数量;
　　　Y——有效制梁工期;
　　　X——每月制梁数量。

$$N = X/\eta \tag{4-2}$$

式中　N——台座数量;
　　　η——单台座预制一孔梁循环周期,天。

存梁台座数量上要根据计划开始制梁日期到开始架设日期之间需存梁数量和架梁期间最大存梁数量来确定。

2. 预制梁场台座布局原则

制梁台座布置既与箱梁从制梁台座到提升桥面时出移方法和机械设备密切相连,还与预制时方向宜尽量和架设时有联系,存在着多种布置方式。在每一种布置方式中,箱梁移出台座的方式在众多台座的排列组合中占据主导地位。当前,一般存在两种出梁方式——龙门吊机出梁和移梁台车出梁。

(1)移梁台车横移出梁。

制梁台座的排列布置形式呈现一字形,初张拉箱梁制作好之后,进行外侧模拆程序,随后纵向水平移动到下一台座所腾空横移的方向,由移梁台车将箱梁从台座上顶起并横移至存梁台座上,但是箱梁装车需要配备龙门吊机来辅助完成整个横移出梁的过程。如图4-1所示。

移梁台车的类型共有为两种,根据驱动和走行方式进行划为滑移式和轮轨式。滑移式目前以MGB滑块在磨光钢板或不锈钢板上相对滑动,驱动方式是以水平千斤顶为动力。轮轨式是以轮对在钢轨上通过电动或液压马达驱动方式行走。

(2)450 t轮轨龙门吊机提升纵移出梁。

双列布置的台座类型以经济节约性见长。需要两台450 t轮轨式龙门吊机共同协作,横跨两列制梁台座旁,然后将箱梁直接提吊出台座放置到存梁台座上。如图4-2所示。

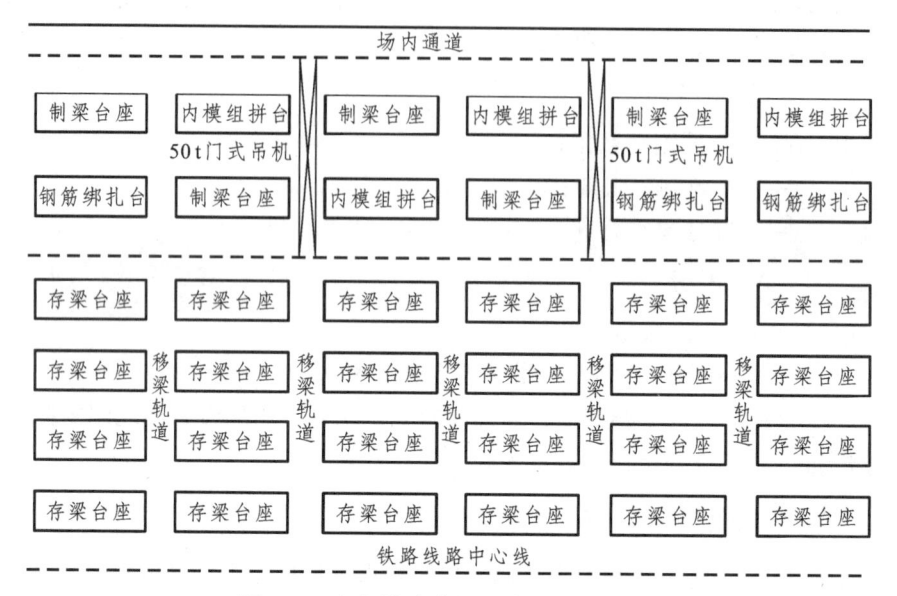

图 4-1　台车横移出梁一字形台座布置

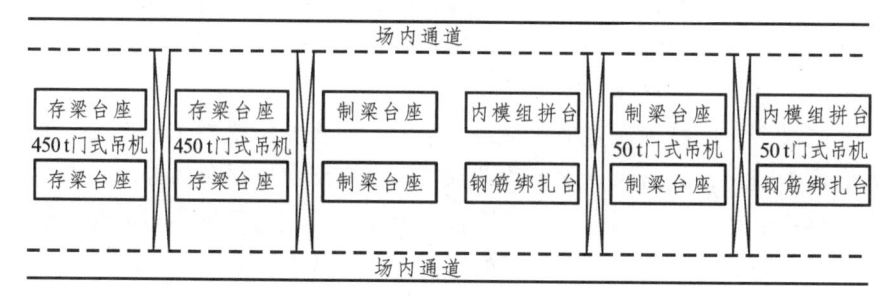

图 4-2　搬运机纵移出梁台座布置

（3）450 t 轮轨式龙门吊机提升纵、横移出梁。

由于考虑到当前吊机的制造能力和使用的经济性，制造出 450 t 轮轨式龙门吊的纵横出梁形式。该机的纵横移搬运机跨度为 36 m。为考虑经济因素，每挡内布置两列制梁台座，如图 4-3 所示，将整体绑扎好的梁体钢筋由 1 台双天车龙门吊通过吊架吊装到模板内，内模可整体水平拖移入模。

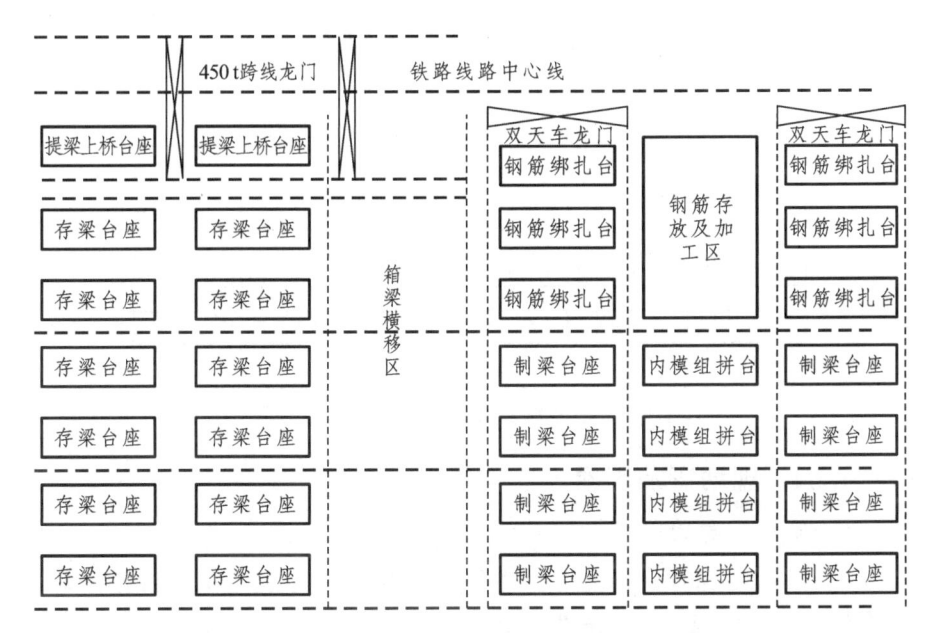

		450 t跨线龙门	铁路线路中心线			
提梁上桥台座	提梁上桥台座		双天车龙门 钢筋绑扎台		双天车龙门 钢筋绑扎台	
存梁台座	存梁台座		钢筋绑扎台	钢筋存放及加工区	钢筋绑扎台	
存梁台座	存梁台座	箱梁横移区	钢筋绑扎台		钢筋绑扎台	
存梁台座	存梁台座		制梁台座	内模组拼台	制梁台座	
存梁台座	存梁台座		制梁台座	内模组拼台	制梁台座	
存梁台座	存梁台座		制梁台座	内模组拼台	制梁台座	
存梁台座	存梁台座		制梁台座	内模组拼台	制梁台座	

图 4-3　轮轨搬运机纵横移出梁台座布置

（4）按其出台对象的质量分以 900 t 搬运机提升横移出梁。

如图 4-4 所示，台座的布置形式多种多样，可采取单列、双列及更多列布置。初张拉箱梁制作好后，900 t 龙门吊机提升直至纵跨制梁台座，完成箱梁提吊出台的程序，并直接将箱梁存置到存梁台座上。由于不同台座中箱梁的质量不一，在提吊不同重量的箱梁时，龙门吊机需要借助千斤顶的力道进行 90°转向，完成目标横移后再将轮胎转回原来状态复归原位即可。需要注意的是 900 t 搬运机净跨要求大于梁长，其走行可为轮胎或轮轨式龙门吊机，以轮胎式搬运机较为普遍。

图 4-1~图 4-4 分别展示了梁场制作过程中不同的台座布局形式和重量对梁场的运用影响。尤其需要注意在梁场进行出梁活动时应具备的因素和考虑到的实际情况，从而制定出科学合理的出梁方式和方法，减少出梁的危险性因素和破坏性相关因素。再加上吊机的辅助性，才能更好地完成准确无误地完成出梁任务。

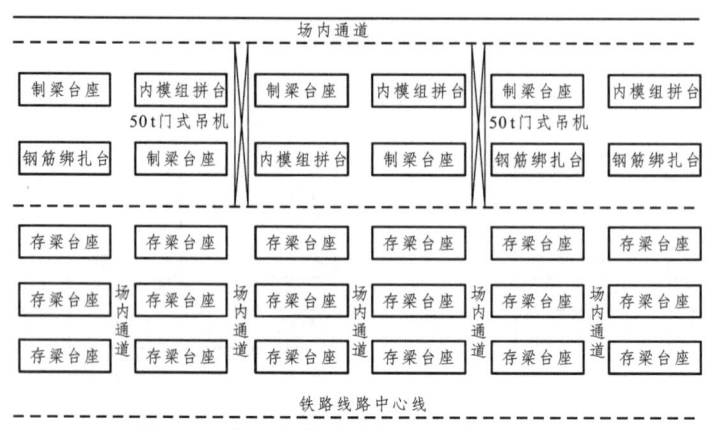

图 4-4　搬运机横移出梁双列式台座布置

4.2.4　规划影响因素

1. 布置方案的选择

根据制梁数量和工期要求，结合修建线路情况，运、架梁设备，梁场所在地地形、地貌、地质条件，箱梁制造程序和工艺要求等因素，综合考虑采用横列式（图 4-5）或纵列式（图 4-6）布置方案。

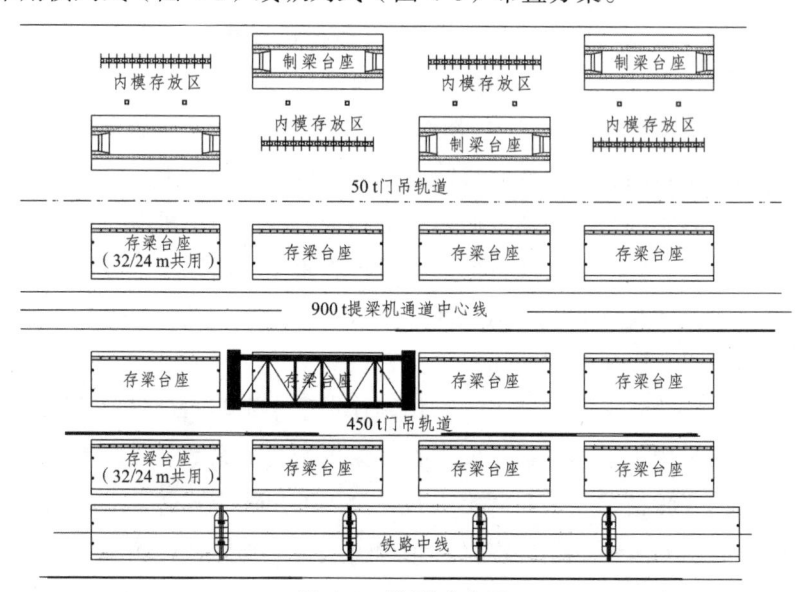

图 4-5　横列式布置

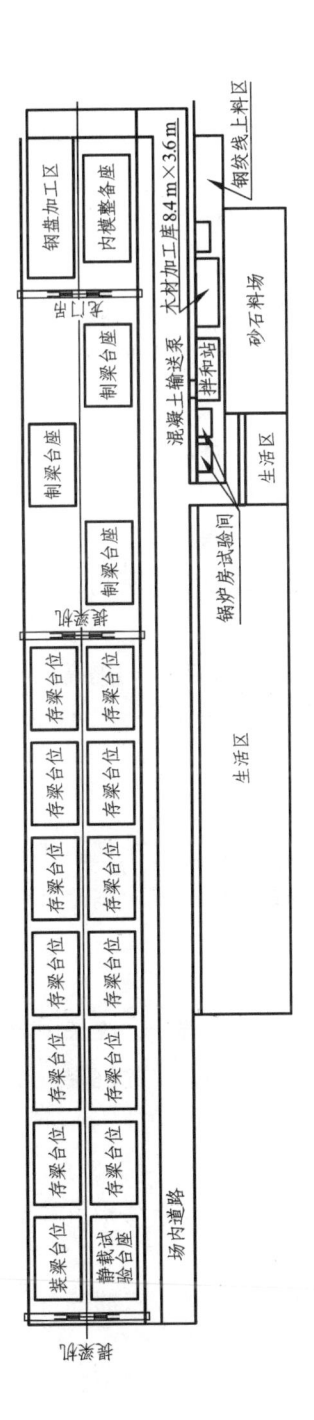

图 4-6 纵列式布置

2. 场地的选择

预制梁场地选择应遵循经济性、安全性、环保性、方便管理的原则，应选择在交通便利，地质条件好，施工用水、用电接通便利，基础处理费用低，场地布置满足工艺需求的场所。

（1）永临结合的原则。

尽可能利用站场和其他铁路永久用地区域，或将预制场设在当地规划区永久建设用地上，以减少租地和临时工程费用。

（2）征地拆迁及复垦量小。

预制梁场宜选在占用耕地少，拆迁量小以及工程完工后复垦量小的地区，以减少复垦工程费用。

（3）宜在桥群集中地段设置预制梁场。

一般选择在桥群重心附近以减小运梁距离，以确保桥梁均衡生产。

（4）运梁距离较短。

较短的运输距离可确保桥梁运输安全，提高架梁施工速度，降低运输费用，箱梁运梁距离宜控制在 20 km 以内；采用火车运梁方案时，应结合总体方案综合考虑。

（5）交通方便。

预制梁场位置应尽量与既有公路或施工便道相连，以利于大型设备和材料进场；道路上有咽喉控制设施时，其应满足大型施工车辆及大型制、提、运梁设备的运输车辆通行要求。

（6）地质状况好、地基处理工程量小。

较好的地质可以减小地基处理工程量，降低工程费用，比较容易满足制梁过程中对制、存梁台座等结构物提出的沉降、变形等要求，尤其针对大吨位箱梁效果更为明显。

（7）桥、隧位置关系。

预制梁场选址中还应考虑现浇梁、连续梁及隧道工程等因素的影响。

（8）技术经济比较。

预制梁场的选址应结合技术、经济、工期等各方面因素综合考虑，并进行多方案的经济技术比较后，择优确定。

3. 工艺要求

按照选定预制梁场的布置方案，结合提梁、运梁设备和制梁流程方案设计梁场布置，结合梁场拟采用工艺，进行整体规划。

4. 运梁距离

较短的运输距离可以确保桥梁铺架指标的实现，运距一般为 15 km 以内，较为经济。当 T 梁采用工程列车运输、铁路架桥机架设时，运输距离不受此影响。

4.3 高速铁路智慧梁场的生产布局

在梁场的功能区划中，主要将梁场分为了制作加工区、存放区和原材料存放区、钢筋制作加工区、混凝土加工区以及生活区等几个部分。其中，混凝土加工区对于一些小型的制梁场不一定非要配备，在工程量较小时可以几个梁场集中使用一个，但是大型建设项目的制梁场由于工程规模大，工程量大，因此一般都配备有独立的混凝土加工区。在这几个功能区中，制梁区无疑是整个梁场的核心，它集中了梁场几乎所有的制梁设备和制梁工序，在整个梁场的布局中是处于核心，因此合理的布置制梁区，对于梁场整体的布置至关重要。由于预制梁是在梁台上生产的，制梁区的核心又是梁台的规划。在厂区规划设计时，应该将与制梁密切相关的其他功能区布置在制梁区的周围位置，这样是便于原材料的搬运以及半成品之间的转运工作，例如钢筋加工区就应该紧靠制梁区布置。

在梁场中，由于生产的是预制梁，预制梁在生产工序结束后并不能马上使用，根据建筑材料的特性其需要进行一定时间的养护，使预制梁达到设计的要求时才能安装。并且由于预制梁生产的周期性，为了不影响工程的进度，在生产上一定要提前进行，所以预制梁场内部的存梁区就是必不可少的了。特别是大型建设项目，其大型预制梁更是需要更多的土地资源进行存放，在存放时的运输吊装和叠放显得尤为重要。原材料的存放区在梁场内也是必不可少的。由于预制梁和建筑工程是高资源消耗型的生产，在生产过程中需要用到大量的物资和设备，因此合理地安排材料的存放区，对于生产过程中的材料的运输和搬运会起到很积极的效果。在梁场内，便利的运输通道不仅是原材料流通的通道，同时也是半成品和成品相互转运的基础，合理地设置梁场内的交通通道，可以使生产更加便利，同时也可以节省土地资源。

所有的预制梁场的根本目标都是以最小的消耗最快地完成工程任务。因此梁场布置时，应该根据梁场所处环境的不同，结合以下几个方面来进行：

1. 满足工程实际需要

既然作为一个梁场，其存在的目标的就是进行预制梁生产，因此在梁场的生产过程中，满足工程的实际需要是梁场存在的根本目的。梁场的布局在很大程度上也决定于所供给工程的进度，所处环境的影响，也跟天气等自然因素有关，在充分节约资源的情况下合理的安排生产，使生产能够满足工程的需要。

2. 符合工厂化布局

在对梁场进行布局时主要还要在整体上对其进行把握，工厂化布局是一个系统，一个环节出问题就可能影响整个的生产活动，因此在布局上要从全盘进行考虑，从生产工艺流程出发，在布局上尽量做到最优。在工厂内部，在材料和半成品的运输上，要对运输路线进行合理的设计，在整体把握的基础上对交通路线进行规划，尽量做到运输距离的最短，特别要注意避免二次搬运和倒流作业情况的出现。在空间考虑上，要对梁场的空间尽量做到充分利用，除了主要的生产地点外，要根据梁场的地理位置和地形因素，合理的进行布置，特别是在对生活区的布置上，在一定程度上生活区要为生产区让路，例如人员宿舍和澡堂等设施应该插空布置，尽量不要占用大量的场地资源。

3. 考虑多重影响因素

在布局时还要考虑厂区内的流动性和安全等因素。在厂区内保持道路的畅通和工艺的流动性是非常重要的。这就要求在布置时要考虑到生产过程的连续性和畅通性，不要出现道路堵塞等情况，要做好充分的应急预案。

同时在安全方面，要特别注意水电气等的安全使用，避免因使用不当而造成损失，影响工程的生产和进度。

4. 优化梁场费用

预制梁场的费用构成主要是由土地使用的费用、临时设施的建设费用和厂区机械设备的费用几大部分组成。对于一个工程量一定的梁场来说，机械设备等费用是几乎不能优化的，能够优化的一个很大方面主要是梁场规模。将梁场的规模尽量缩小，不仅可以节约大量的土地费用，同时还可以合理的组织施工，也减少了其他费用的产生。而预制梁场的规模很大程度上是由制梁区决定的，在制梁区中占主导地位的就是梁台的面积，因此在工程量既定的前提下合理的对梁台进行优化，可以达到很好的优化效果。

4.4 高速铁路智慧梁场施工规划

4.4.1 电力规划

电力规划时，首先应对所有用电设备进行统计计算，并将变压器设置于大负荷用电设备附近。预制箱梁场搅拌站和生产区设置 1 台 1 000 kVA 专用变压器，专用变压器纵向埋设电力主管道贯穿制梁区、存梁区至发梁区，制梁区、存梁区内纵向电力管线埋地布置于区域中部，且每列制梁台座或存梁台座处均设置 1 个一级配电箱供电。

1. 变压器房的布置

（1）变压器布置要求紧凑合理，便于设备操作、搬运、检修、巡视，尽量采用自然采光和自然通风。

（2）变压器房、配电室的门应向外开。相邻配电室之间有门时，该门应该双向开启或向低压方向开启。

2. 用电负荷的计算及布置

（1）电力供应首先要确定总用电量，以便选择合适的发电机、变压器，一般采用地方电网供电。

（2）根据生产周期内，日最高生产任务量需用设备、办公、生活用电量进行计算，并按照 1.10~1.15 倍安全系数计算。工地施工用电量，采用估算公式进行计算，见式（4-3），采用三相五线制。

$$S_{总} = 1.10 \times \left(\frac{\sum P_1 k_1 k_2}{\eta \cos \varphi} + \sum P_2 k_3 \right) \quad (4-3)$$

式中　$S_{总}$——施工总用电量，kV·A；

　　　$\sum P_1$——整个工地动力设备的额定输出功率总和，kW；

　　　$\sum P_2$——整个工地照明用电量总和，kW；

　　　η——动力设备的平均效率，取 0.85；

　　　$\cos \varphi$——平均功率因数，采用 0.7；

　　　k_1——动力设备同时使用系数，采用 0.85；

　　　k_2——动力负荷系数，采用 1.0；

　　　k_3——照明设备同时使用系数，采用 0.9。

（3）根据估算施工总用电量来选择变压器，其容量应等于或略大于施工总用电量。在使用过程中，一般使变压器用电负荷达到额定容量的 80% 左右为宜。

（4）梁场一般按照生活区、办公区、制梁区、存梁区、保障区、提梁上桥区（装车区）分区域设置供电系统，并在每个区域内根据设施的重要性和生产对其依赖的程度设置不同的配电柜，使得每个供电系统都可以独立运行，即使同一个区域内某个电路出现问题，也不至于影响区域供电，更不会影响到整个梁场供电系统的正常运行。

4.4.2　给排水规划

给水、供热规划时，首先通过计算确定临时用水和用热量，再计算给水与供热管道规格，最后进行平面布置设计。给水、供热平面布置时，按照管线集中布置原则，与供电线路保持安全距离进行平行布置。

制梁场通常需要较大的场地面积，而且属于临时工程。排水规划主要是为了收集雨水和满足施工养护用水的需要，通过设置适当的排涝能力以降低非必要的成本。预制箱梁场宜在制梁区与存梁区间设置一条纵向排水主沟,沟底排水纵坡宜≥1‰,两侧区域沿提梁机走行通道设置排水支沟,将积水汇集至排水主沟引排至场外既有排水沟内。

1. 工地施工用水量 Q_1 的计算

梁体预制施工阶段施工用水量大,Q_1 主要以混凝土工程量为计算依据,根据每天确定混凝土施工实物工作量进行计算,并按照 1.5 倍的数量考虑富余系数(不含混凝土养护用水量,该用量按照混凝土养护用水定额 400 L/m^2 计算)。

2. 施工机械用水量 Q_2 的计算

根据生产周期内,日最高生产任务量需用设备数量,结合其用水量进行计算,并按照 1.05~1.15 倍施工用水系数计算 Q_2。

3. 生活区用水量 Q_3 的计算

根据生产周期内,施工现场高峰期施工人数,并按照定额 25L/人计算,并按照 1.50~2.00 倍生活用水系数计算 Q_3。

4. 预制梁场总用水量 Q_4 的计算

计算总用水量还需要增加 15%,以补偿不可避免的水管漏水损失,见式(4-4)。

$$Q_4 = 1.15 \times (Q_1 + Q_2 + Q_3) \tag{4-4}$$

5. 梁场临时给水管网的布置

(1)临时给水管网的布置,取决于梁场的平面布置。一般按照生活区、办公区、制梁区、存梁区、保障区分区域设给水系统。每个系统都可以独立运行,又能保持系统间的相互联系,以保障用水安全和灵活。

(2)一般情况下,在搅拌站区域根据生产周期内,日最大生产任务量需水量,设置蓄水池,以满足生产、生活所需用水。

(3)一般情况下输水主管采用直径 100 mm 管道,并应采取保温、防渗措施,保证冬季施工需要和减少渗漏。

(4)施工用水必须经过水质化验,符合要求后,方可使用。施工用水应从水质、水量大小、水压及供水设施等几个方面综合考虑。

4.5 特殊地形地质高速铁路智慧梁场规划设计要点

4.5.1 复杂地形梁场整体规划

通过梁场选址原则对梁场场址进行选择确定后，应根据现场地形地貌考虑提、运梁条件，在尽量确保土方填挖平衡的基础上首要确定场区内各区域标高，根据填挖放坡宽度最终确定梁场实际有效面积。根据梁场各功能区域内结构物荷载特点，将梁场搅拌区、制梁区内对地基承载力及地基沉降有着较高要求的结构物设置于挖方地段；对于非承重结构的区域，可设置于填方地段。

4.5.2 膨胀土地质大型临时基础设计

膨胀土具有胀缩特性，膨胀土吸水后体积膨胀。如膨胀受阻即产生膨胀力，在其上的建筑物就会隆起，失水体积收缩，造成土体开裂，并使其上建筑物下沉，因此在遇膨胀土地段时设置梁场大型临时基础时，基底为了防止受水浸泡导致基础承载能力下降破坏，在膨胀土地段（挖方）设置扩大基础时，必须在基础底部设置石灰改良土封水层，同时在基础底部外围设置透水层引水，防止雨水或生产用水渗入基础底部降低基础承载能力。当遇采用膨胀土填方地段考虑土方填筑现场施工的不确定因素，大型临时基础可设计采用钻孔灌注桩、载体桩等深基础形式。

第 5 章

高速铁路智慧梁场设计

高速铁路智慧梁场合理设计对高速铁路梁场的建设和运营具有重要的意义和价值。制梁场设计应本着施工流畅、安全实用、技术先进、经济合理的总原则，以满足制梁速度快、效率高、技术设备先进合理的目标，同时以控制建场成本为目的统筹规划设计。高速铁路智慧梁场应合理划分梁场的建设区域、确定选址及设备（工装）选型，并对箱梁预制施工技术进行设计与管理。合理设计的高速铁路智慧梁场设计具有提高施工效率、提升工作安全、保护环境、提升管理水平和优化服务质量等诸多优势。

5.1 高速铁路智慧梁场规模确定

5.1.1 梁场区域划分

预制梁场一共由6个区域构成：生产区包括制梁区、存梁区、提梁区，其中制梁区包括制梁台座、内模存放台座、钢筋绑扎台座，存梁区包括存梁台座、提梁通道和检测台座，提梁区包括临时存放台座及龙门吊轨道；混凝土拌和及料场区包含了砂石料场、筛洗区、搅拌站等；辅助生产区内主要包括存煤场、锅炉房、发电机房、混凝土输送车等设备存放区、变压器等；钢筋加工存放及绑扎区；生活及办公区等。如图5-1所示为某高速铁路的某梁场平面布置图。

整个梁场的规划与布置是根据箱梁的施工工艺进行的。布置时需要遵循以下原则：

（1）尽量规划使各区域功能单一，避免交叉施工带来的干扰，必要情况下重要的功能区预留一部分场地以备不时之需。

（2）台座间距、道路宽度、工装布置的设计要充分考虑将选用设备的外形尺寸、各项参数、性能。

（3）考虑到制梁区模板、混凝土等的施工的繁杂性，钢筋绑扎台座和加工棚的设置要尽量避开。

（4）为了保障办公效率和施工人员的劳动生活条件，生活区和办公区尽应量设在靠近存梁台座一侧，以减弱生产区施工时产生的噪声对梁场工作人员的身心影响。

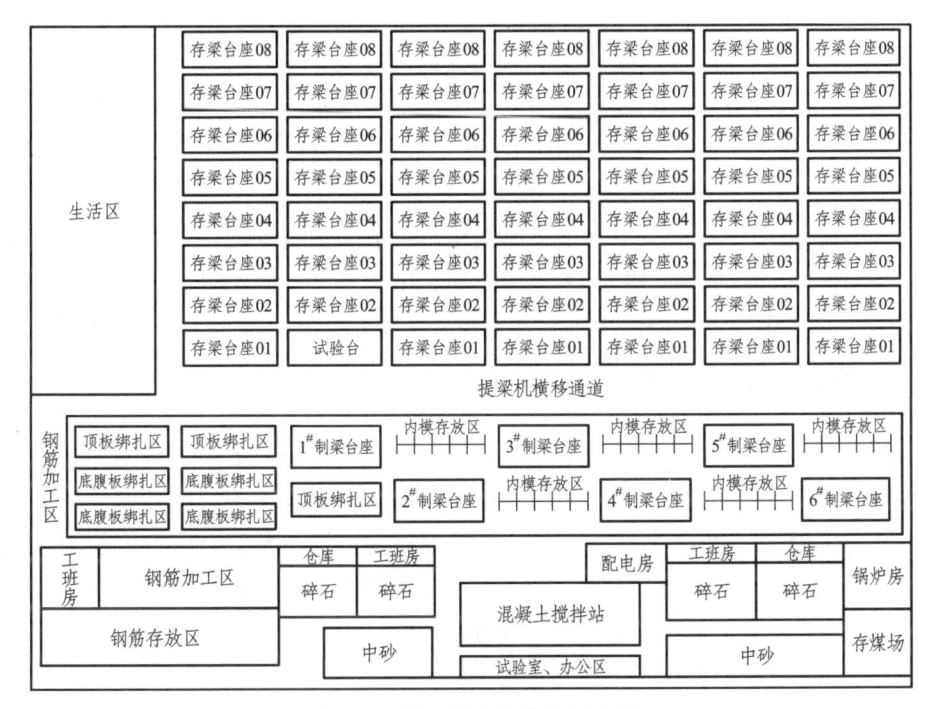

图 5-1　高速铁路梁场平面布置

（5）梁场在设计时要为现场拼装运梁车及架桥机保留足够位置。

（6）从节约成本和方便施工的角度，水井及水泵设置在搅拌站附近，方便施工大量用水，出于安全考虑变压器应尽量设在边角地带，锅炉房设在制梁台座的中部以减小蒸汽养护的热力管线长度和供气压力。

5.1.2　梁场设计规模影响因素

影响梁场规模的因素非常多，大到整个工程施工环境，小到施工环境的地质情况。通常情况下，梁场规模设计时需要考虑的因素一共有 8 个，包括梁场的制梁任务、制梁工期、架梁工期、制梁周期、模具的周转周期、制梁提前期、架梁速率、运架距离。

制梁任务是指梁场在规定的时间内，需要完成集中预制的简支箱梁的榀数。制梁任务是在编组整个施工项目施工组织设计时已经明确的。同时制梁的工期也是在此时进行了确定的。制梁工期一般是根据该预制梁场需要负责施工里程的工期减去架梁工期进行倒推的，一般情况下梁场的制梁工期都会相对紧凑。架梁的工期需要考虑整个架梁的速率。而架梁速率又和运距有关，在一台运梁车和一台架桥机的设备条件下，可以达到在25 km范围内平均一天一榀箱梁的架设任务。

制梁周期是指在一个制梁台座上预制完成一副箱梁后，将其移至存梁台座上进行终张拉等工序所需要的时间，由于简支预制箱梁的工艺越来越成熟，并且作为常用跨度中的标准箱梁，预制的工序也进行了严格的规范，所以其预制周期一般是确定的，没有太大的变化，在制梁台座上的时间一般为6~7 d，在存梁台座上的时间一般为45 d左右。因此，一榀箱梁的预制周期为52 d。模具的周转周期也是固定的，只是如果采用不同的方式，周期会有所不同；但周转周期与箱梁预制的工艺本身无关，如外模，如果是采用固定式外模，那么外模的周转周期就是箱梁在制梁台座脱模前的时间，即为5 d。制梁提前期，一般是指开始架设与箱梁开始预制之间的时间差。因为箱梁的预制需要一定的周期，所以需要提前预制，制梁提前期至少包含一个制存梁的周期。

上述因素之间并不是独立存在的，而是相互影响的。制梁任务和制梁工期相关，架梁速率和运架距离相关，架梁任务、架梁工期、制梁工期也是在考虑制梁周期、模具的周转周期的基础上制定的。制梁提前期又是在考虑上述多个因素的条件下确定的。也就是说上述因素是互相影响的，但其中存在影响梁场规模的主要因素，也就是制梁任务和制梁工期，其他的因素已有较成熟的经验值，或者基于这两个因素可以确定的。

5.1.3 各区域面积分析

在梁场的规划设计之前必须确定制梁台座、存梁台座的数量，其次根据出梁方式和运梁方式综合考虑进行梁场的规划设计。梁场制梁区域为整个梁场的设计核心，其他区域则是根据制梁区域配套设计。在5.1.2小节中分析了影响梁场规模的因素，找出了其中较为核心的因素，在本小节中通过对各个区域进行分析，进一步验证上述分析的正确性，并且用函数表述各个区域的面积和核心影响因素之间的关系。

5.1.3.1 制梁区

1. 制梁台座

制梁台座是指用于预制箱梁进行制作的地方，一共有两种不同的布置形式，纵列式和横列式。横列式是指铁路线路与台座的长度方向相互垂直，这就使得运梁车需调头，箱梁在上桥架设前需水平旋转 90°，这种方式更适合线路离梁场较远的情况。而纵列式则是制梁台座的长度方向与线路相互平行，这种梁场适合距离线路较近的情况。

制梁台座所占的面积是由制梁台座的种类以及数量决定的。一般集中现场预制的箱梁种类多为长 32 m 和 24 m，其中 24 m 的数量较少，一般都在 32 m 的台座上通用制作。制梁台座的数量应该满足梁场制梁效率的需要，而制梁台座数量的设置跟成本有直接的关系，这是因为制梁台座的数量和模具的套数直接匹配，一套模具需要的花费极大。因此，制梁台座的数量需要根据需求严格设置，目前较为广泛的设置方法如下：

（1）求出制梁场的平均制梁效率 θ，见式（5-1）。

$$\theta = D/T \tag{5-1}$$

式中　D——梁场的整个制梁任务；

　　　T——梁场的制梁周期。

（2）求解单个制梁台座的制梁效率 η_{11}，见式（5-2）。

$$\eta_{11} = 1/T_1 \tag{5-2}$$

式中　T_1——单榀梁在制梁台座上的制梁周期。

（3）最终得出制梁台座的数量 q_{11}，见式（5-3）。

$$q_{11} = \lceil \theta/\eta_{11} \rceil = \lceil D \cdot T_1 / T \rceil \tag{5-3}$$

其中"$\lceil \ \rceil$"表示向上取整。

2. 模板存放区域

模板一般由外模、底模、端模、液压内模组成。外模在制梁过程中的使用方式分为外模固定式、外模拆装式，主要是在外模与制梁台座的不同匹配情况下使用，不单独存放。底模与制梁台座为一对一的匹配方式，底模通常情况下安装在制梁台座上。内模一般为分节组装或整体式内模，在制梁前需要拼装整备，整体式内模在出内模的过程中更加容易抽出。端模是在初张拉之前进行拆除，内模在初张拉之后进行拆除。在一榀梁的施工周期中，内模的使用率低于外模。模板存放区主要考虑内模的存放。

内模数量一般是根据制梁台座的数量进行确定的，只要制梁台座有空闲就需要保障能够制梁。因此，制梁台座的数量与内模的比例通常为1∶1，考虑到内模在制梁的周期中有空闲，为了提高内模的利用率，可以适当减少其数量，或与外模采用1∶1、1∶2、2∶3等比例方式。

（1）模具数量的计算方式可以采用以下的方式，见式（5-4）。

$$\eta_{12} = T_1 / T_2 \tag{5-4}$$

式中　T_1——单榀梁在制梁台座上的制梁周期；
　　　T_2——模具的周转周期。

（2）求解内模需求的数量 q_{12}，见式（5-5）。

$$q_{12} = [q_{11} / \eta_{12}] \tag{5-5}$$

3. 钢筋绑扎台座

钢筋绑扎台座是用来绑扎制作底腹板钢筋笼以及顶板钢筋的。钢筋绑扎台座数量是根据梁场的制梁效率以及钢筋笼制作的工时确定的。一般情况下，制梁采用吊入式内模的方式时，钢筋绑扎是分为底腹板和顶板的。底腹板的绑扎工时是48 h，顶板36 h，那么同时进行施工，需要的时间为48 h。绑扎钢筋绑扎台座的套数的确定方法如下：

（1）η_{13} 表示单个钢筋绑扎台座的效率，T_3 为钢筋绑扎所需要的工时，见式（5-6）。

$$\eta_{13} = T_1 / T_3 \tag{5-6}$$

（2）q_{13} 为钢筋绑扎台座的数量，见式（5-7）。

$$q_{13} = [q_{11} / \eta_{13}] \tag{5-7}$$

4. 制梁区所占面积

假设单个制梁台座的面积加上周围附属通道的面积为 a_1，单套内模存

放所占的面积为 b_1，单个钢筋绑扎台座及其附属通道的面积为 c_1，整个制梁区域的所占的面积 S_1，见式（5-8）。

$$S_1 = a_1 \times q_{11} + b_1 \times q_{12} + c_1 \times q_{13} \tag{5-8}$$

5.1.3.2 存梁区

1. 存梁台座

由于箱梁在制梁台座上预制完成后还不能马上进行运输和架设，需要将其移动到预制梁场的存梁区域，混凝土必须同时满足强度达到设计强度的 100% 和弹性模量达到 100% 这两个条件才能进行终张拉，因此，最少需要的存梁台座数量 M，见式（5-9）。

$$M = T_4 \times \theta \tag{5-9}$$

式中　T_4——箱梁移至存梁台座上后最少的存放时间；

　　　θ——梁场制梁效率。

大型箱梁预制场实际设计制梁台座数量比理论上最小需求量略有富裕，是为了减少制梁速率和架梁速率之间存在差异所带来的后果。假设增加富裕量的百分比为 c，那么梁场存梁台座的数量见式（5-10）。

$$q_{21} = T_4 \cdot \theta (1+c) \tag{5-10}$$

2. 检测台座

梁场一般设置一到两个检测台座用于箱梁终张拉之后各项参数的检查和验收。检测台座的大小和单个存梁台座一致，不单独进行考虑，将检测台座的数量合并到预留量中进行计算。

3. 提梁机横移通道

提梁机横移通道一般设置在制梁区和存梁区之间或在存梁区中间，用于提梁机进行横移和变轨等。提梁机横移通道的设计需满足所选设备的参数要求和梁场的布置，在存梁区进行统一考虑。假设单个存梁台座和周围通道的面积为 a_2，该区域面积公式见式（5-11）。

$$S_2 = a_2 \cdot q_2 = a_2 \cdot T_4 \cdot \theta \cdot (1+c) + b_2 \tag{5-11}$$

5.1.3.3　提梁区（龙门吊轨道及临时存放台座）

提梁区一般包括龙门吊轨道以及临时存放台座等，主要用于成品梁的装运，以及运梁车的辅助调头区域。提梁的方式有两种：一种是提梁上桥装车直线运梁，需配置两台 450 t 龙门吊；另一种为梁场装车爬坡上桥运梁式，其可利用后台路基运梁上桥，运梁的安全性高、成本低，适用于梁场离桥梁较远的地方。根据不同的提梁方式，提梁通道可设置在存梁台座的中部或者一侧，采用吨跨龙门吊提梁上桥时可设置在存梁台座的中部，采用运梁距道上主线路基可设在存梁台座靠近桥梁的一侧。提梁上桥式的龙门吊轨道以及临时存放台座一般靠近桥墩设置，运梁上桥的道路一般也不在梁场内部设置，所以提梁区的面积与设备的使用面积有关。具体计算见式（5-12）。

$$S_3 = b_3 \tag{5-12}$$

5.1.3.4　混凝土搅拌及料场区

混凝土搅拌区和料场区主要是用于预制箱梁大量需求的浇筑混凝土的生产，主要包括了混凝土搅拌站和砂石料场的堆放区，其中材料堆放区需要加盖顶棚，在冬季生产时，为了达到混凝土的拌和温度，除了使用热水拌和外，还需要将砂石进行预热。混凝土的拌和比例以及温度和运输距离都与预制箱梁的预制质量息息相关，所以该区域也是非常重要的一部分。

1. 混凝土搅拌站

在梁场的设备配置中，一般每浇注一孔梁使用两台半径不小于 18 m 的布料机和一台 HBT80 混凝土输送泵。若想减少上孔梁浇注完成后到下孔梁倒运时间或同时浇注 2 孔梁，则需按 1∶2 的比例增加混凝土拖泵和布料机数量。混凝土的运输方面一般 2 台混凝土输送泵配置 5~6 台搅拌运输车，其中配置两台在输送泵旁放料，两台搅拌运输车在搅拌站接料，备用 1 台或 2 台在拖泵间机动。

高性能耐久性混凝土的供应速度和质量都会对预制箱梁产生极大的影响，因此梁场会自建混凝土搅拌站，并且对混凝土的质量进行严格的检验。客运专线施工技术中明确规定一片梁需要在 6 h 内浇筑完成，以保证浇筑的质量。高速铁路预制梁场的混凝土搅拌站一般采用2HZS120~180主机，并将每盘料搅拌时间控制在120~150 s，以保证梁场混凝土供应。一孔箱梁需要的混凝土为320 t左右，所以搅拌站实际生产能力必须大于60 m³/h。如果同时供应多片梁的混凝土浇筑，则需成倍增大产能，同时做好机器的故障维修时间的混凝土保障。在箱梁的浇筑过程中，浇筑的质量、浇筑的速度以及温度都非常的重要，混凝土运输及浇筑设备的配置对其有直接影响。

混凝土搅拌站的设施设备配置都是和梁场的生产效率有关，为了满足浇筑的需求配备一定数量的设备，而每台设备的占地面积又是固定的，因此，混凝土搅拌站的面积与梁场的制梁效率成正比例关系。混凝土搅拌站的占地面积 S_{41} 计算公式见式（5-13）。

$$S_{41} = \theta \cdot a_{41} \cdot c_{41} / b_{41} \tag{5-13}$$

式中 a_{41}——每榀梁需要的混凝土体积；

b_{41}——每台混凝土搅拌站的效率；

c_{41}——每台混凝土搅拌站所占的面积。

2. 料场区

梁场的料场一般是用来堆放砂石的，一般存放的量满足一定的生产天数，其作业面积仍和梁场的生产效率成正比例关系。计算方法为：假设每榀梁需要的砂石原材料的量为 a_{4n}，$n = 2, \cdots, n$；满足的生产天数为 T_{42}；每种原材料的占地比率为 b_{4n}，$n = 2, \cdots, n$；可得料场区的占地面积 S_{42}，见式（5-14）。

$$S_{42} = \sum_{n=2}^{n} \theta \cdot a_{4n} \cdot T_{42} / b_{4n} \tag{5-14}$$

由此，混凝土搅拌站以及料场的面积 S_4 见式（5-15）。

$$S_4 = S_{41} + S_{42} \tag{5-15}$$

5.1.3.5 钢筋加工存放及绑扎区

钢筋加工存放区一般包括原材料堆放区、钢筋加工区、半成品堆放区、钢绞线堆放区。钢筋加工区域及绑扎的面积与制梁的效率成正比例关系。计算面积为：假设这 4 个区域中的钢筋对于每榀梁的供应量为 a_{5m}，$m=1,\cdots,4$；每个区域中每种材料的占地面积比率为 b_{5m}，$m=1,\cdots,4$；每个区域中材料存放满足需求的天数为 T_{5m}，$m=1,\cdots,4$；可得钢筋加工存放及绑扎区的面积，见式（5-16）。

$$S_5 = \sum_{m=1}^{4}(\theta \cdot T_{5m} \cdot a_{5m}/b_{5m}) \tag{5-16}$$

5.1.3.6 辅助生产区

辅助生产区一般包括存煤场、锅炉房、发电机房、混凝土输送车等设备存放区、变压器、材料库、机加工棚、上水系统、污水处理系统、试验室。辅助生产区的面积也和梁场的制梁效率正相关。假设梁场的辅助生产区 S_6 的面积与制梁效率呈以下关系，见式（5-17）。

$$S_6 = a_6 \cdot \theta + b_6 \tag{5-17}$$

5.1.3.7 生活及办公区

生活及办公区主要包括宿舍、食堂等一些生活配套的设施，办公区主要是用来负责日常梁场生产运作的办公区，这些区域也与梁场的制梁效率成正相关。这是因为不管是生产人员和管理人员的配备都与制梁场的制梁效率成正比例关系。假设梁场的辅助生产区的面积与制梁效率呈以下关系，见式（5-18）。

$$S_7 = a_7 \cdot \theta + b_7 \tag{5-18}$$

5.1.4 梁场总体面积计算

影响梁场面积的主要因素为制梁任务和制梁工期，不仅从理论上分析如此，从梁场的各个区域进行分析或从目前已有的梁场单个功能区的面积计算函数中也可以得出该结论。以上梁场各个环节的分析，每个区域都与梁场的制梁效率成正比例关系。那么梁场的总体面积 S 的计算见式（5-19）。

$$S = \sum_{n=1}^{7} S_n \tag{5-19}$$

由于大部分的梁场区域面积都和制梁效率线性相关,将各个区域进行整合,可以将梁场的面积合并,见式(5-20)。

$$S = a \cdot \theta + b \tag{5-20}$$

以上的梁场总体面积公式为通过理论分析而得到的结论,实际上在梁场的施工过程中,还有一些中尚未考虑到的细节,因此,梁场制梁效率的系数需要进一步修正。通过收集不同高速铁路线路的梁场相关资料得到了部分的数据,对这些数据进行整理,并结合以上的理论分析,对梁场的面积进行模拟。

通过回归分析进行模拟,回归分析是为了研究事物之间的相互关系而对所观察的数据进行统计和处理的一种数理统计的方法,它可以研究两类或两类以上变量间的关系。

一元线性回归是回归分析的基础,如果回归分析中只包括一个自变量和一个因变量则是一元线性回归。一元线性回归的预测模型见式(5-21)。

$$\begin{aligned} Y_i &= a + bX_i \\ b &= \frac{\sum_{i=1}^{n} X_i Y_i - nXY}{\sum_{i=1}^{n} X_i^2 - n\bar{X}^2} \\ a &= \bar{Y} - b\bar{X} \end{aligned} \tag{5-21}$$

式中　Y_i——因变量 Y 的第 i 个观察值;

X_i——自变量 X 的第 i 个观察值;

n——观察值的个数,亦称样本数据个数;

$\bar{Y}$——n 个因变量观察值的平均数;

$\bar{X}$——n 个自变量观察值的平均数。

对收集的预制梁场相关数据进行回归分析可得以下结果:

(1)通过收集客运专线中 30 个预制梁场的相关数据,将制梁效率和制梁场面积通过散点图进行绘图,如图 5-2 所示,两者之间存在一定的线性相关趋势。

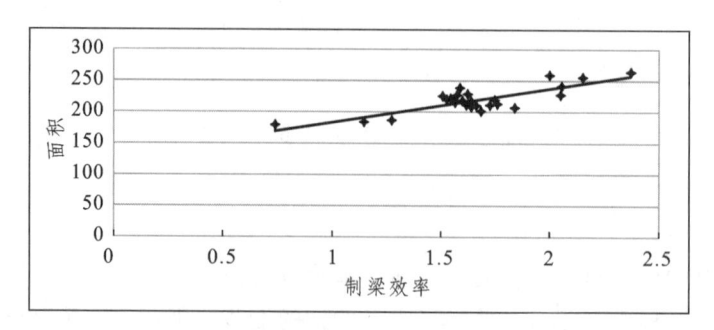

图 5-2 梁场规模回归分析

（2）为了验证变量之间是否具有线性相关，需要求解相关性系数，相关性系数的计算公式，见式（5-22）。

$$R = \frac{\sum (X_i - \bar{X})(Y_i - \bar{Y})}{\sqrt{\sum (X_i - \bar{X})^2 \sum (Y_i - \bar{Y})^2}} \quad (-1 \leq R \leq 1) \quad （5-22）$$

当 $R = 0$ 时，仅表明因变量与自变量之间不存在线性相关关系，但并不排斥 X 与 Y 之间存在其他关系。

当 $|R| = 1$ 时，因变量和自变量完全相关，X 与 Y 的关系变为确定性关系。

当 $-1 < R < 0$ 时，表明因变量随自变量增大而减小，两者呈负相关。

当 $0 < R < 1$ 时，表明因变量随自变量增大而增大，两者呈正相关。

当 $0.75 < R \leq 1$ 时，X 与 Y 高度相关。

通过公式求解得出：$R = 0.8536$，R 的值超过了 0.75，是强相关。

（3）为了验证变量之间线性关系是否明显，即相关性系数的客观性，需进行相关系数显著性检验，显著性水平一般为 0.05，有样本数据 30 个，因此自由度为 28。通过查找相关系数显著性检验表得出：

$$r_{0.05(2|5)} = 0.3809, \quad r_{0.05(30)} = 0.3494$$

$$r_{0.05(30)} < r_{0.05(2|8)} < r_{0.05[2(5)]},$$

又　　　　$R = 0.8536$

则 $R > r_{0.05(2|8)}$，满足显著性检验的要求。

（4）通过上面的显著性检验说明制梁效率和制梁场面积适宜建立一元线性回归模型，将制梁效率设置为自变量，制梁场面积设置为因变量，计算见式（5-23）。

$$y = 53.856x + 130.26 \qquad (5\text{-}23)$$

（5）为了检验直线关系的可靠性，还需对一元线性回归方程进行 τ 检验，见式（5-24）。

$$\tau = \frac{R\sqrt{n-2}}{\sqrt{1-R^2}} \qquad (5\text{-}24)$$

得 $\tau = 8.6695$。查找 τ 分布表中自由度为 28，显著性水平值为情况下的值为 0.05 情况下的值为 1.701，即 $\tau > \tau_{0.05/2}$，满足回归模型检验的要求。

因此，梁场模拟的一元线性回归是满足检验要求的，并且与理论分析的函数式是一致的，最终梁场规模设计函数式，见式（5-25）。

$$S = 53.856\theta + 130.26 \qquad (5\text{-}25)$$

在该模拟函数中，θ 的取值不是无限范围的。θ 是制梁任务与制梁周期的比，但是由于外部地理环境的限制，以及其运输成本的控制，θ 是有一定的取值范围的，从目前的梁场施工经验来看，制梁场生产速度一般不会超过 3 榀/天，极少有超过 4 榀/天，所以梁场规模模拟函数自变量的取值范围为（0，4]。所以梁场规模的测算函数见式（5-26）。

$$S = 53.856\theta + 130.26(0 < \theta \leqslant 4) \qquad (5\text{-}26)$$

总结并测算出的预制梁场规模设计函数，一方面是对整个梁场规模的模拟，为预制梁场的设计作参考，另一方面为选址研究提供便利。因为梁场的选址通常是以整个梁场为一个研究对象的选址模型中涉及梁场的面积通常也是梁场的总体面积，不是单独的某个区域。

5.2　高速铁路智慧梁场选址

梁场的选址是梁场建设的前奏，梁场选址严重影响施工的工期和经济性。选址需要考虑多方面因素，努力使梁场位置经济合理，省地环保。

由于高速铁路建设中大量采用桥梁结构，就必须有足够多的梁场进行生产预制，所以梁场的数量和分布成为一个具有重要研究意义的问题，数量过多造成产能过剩，不经济不合理；如果数量过少，不能满足工程建设的需要，同样会带来严重的后果；分布不合理会使箱梁的运输和架设出现障碍。

梁场选址时需要考虑桥群集中地段进行设置，同时在可能的情况尽量缩短运梁距离，以保证预制梁的运输安全、提高架梁进度，降低运输费用。合理选择梁场的装车方式，架梁前的控制及阻碍工程必须先期完成。在运架梁线路里程范围内若有现浇梁、路基等妨碍运梁车前行的工程，必须在架梁前完工。运输制梁材料以及大型设备的通道必须通畅。地质状况良好，尽量减少梁场主要结构物的地基处理费用。征地拆迁少，复耕量小，尽量考虑永临结合。待选场址内应取电取水方便，并不宜有高压电线通过。考虑防洪排洪，确保雨季施工安全。

同时梁场的规模设计问题也是不容忽视的一个重要步骤，如果前期没有合理考虑梁场的布局以及需求供应问题，可能在规模设计的过程中要么过大地设计梁场的生产量，造成土地征用成本、梁场的建设成本，以及后期的复垦复耕费用增加。也可能出现梁场的规模设计过小，造成产能不足，延误工期，如果梁场面积过小，生产过程中再进行征地会带来相应程序上不必要的重复，增加工程的建设成本。

5.2.1 梁场选址的影响因素分析

梁场的选址应该从经济因素和技术条件两方面进行考虑，从目前已经开工的各高速铁路的梁场设计情况来看，经济因素对于梁场选址的影响强于技术因素的影响。具体从以下几个方面进行考虑：

（1）统筹规划：应全面考虑桥跨与梁型布置、工期、运架速度、地理环境、地质状况及桥跨两端路基工程等因素进行梁场选址，一般选择在桥群重心或两端附近。同时在可能的情况下尽量缩短运梁，以保证箱梁运输的安全，以及箱梁架设的工期，减少相应的费用。

（2）临时工程量小：客运专线箱梁对制梁台座和存梁台座的承载能力和不均匀沉降均提出了很高的要求。因此，制梁场的位置应尽量选在地质状况好的地方，以减小土方工程和基础加固工程量，降低工程费用。另外，运梁车的最大爬坡坡度一般不超过，必要时可通过展线，将梁场布置在条件比较好的地方。在满足工期的前提下，尽量减少征地拆迁，以及工程竣工后的土地复垦工程，情况允许可以考虑永临结合。

（3）交通方便：制梁场的位置应尽量与既有公路或施工便道相连。由于箱梁的预制需要大量的原材料和工装设备，同时梁场运作、箱梁的架设都需要超大型的机械，梁场的选址要考虑交通便利，利于大型制梁设备和大量制梁材料进场。

（4）箱梁的装车方式也与选址有一定关系，梁场装车爬坡上桥运梁式的成本低于提梁上桥装车直运梁式，但后者能够适应更复杂的地形。同时箱梁的运输道路要尽量畅通，架设过程中的现绕梁、路基等阻碍性工程应该提前完成。

（5）预制箱梁总数在600~700孔时，设置梁场的数量是1还是2，以及设备套数的投入需综合经济和技术分析后确定。并且运梁时桥面工程不能展开，会很大程度上影响整个工程的工期，因此一个梁场的供应里程范围应该限定在一个合理的区域内。

（6）场地内要有方便的水源，并且避开高压线。

（7）地形要尽量能够防涝排洪，确保在雨季能够安全进行施工。

传统的选址方法是根据相关因素进行定性的分析,通过经验进行选择。没有将多种因素进行系统的考虑，这样可能会导致顾此失彼的情况发生；或者通过简单的加权整合，实际上也是一种定性分析；梁场的选址中缺乏定量分析，系统规划。

5.2.2 梁场选址需求点及备选点的确定

5.2.2.1 梁场需求点的确定

梁场的需求点也就是需要架设箱梁的地方，当整条高速铁路线路设计确定时，桥梁的分布以及桥梁的结构类型也就确定了。从设计当中首先确定需要架设箱梁的地方,将需要连续架设箱梁的地方一般看作一个需求点，再将整条线路大的需求汇总也就是需求集合。

5.2.2.2 梁场备选点的确定

梁场的备选点是计划中可能作为梁场建设的地方，备选点的确定是根据一般梁场建设的经验进行确定的，一般选择在桥群的重心或两端，根据需求点的位置以及需求量来确定。

（1）预制梁场的修建必须以一定的规模为前提条件，达不到规模集中预制，只会带来更高的成本，而对工程建设的辅助作用大大减小。根据预制梁场的修建经验：当需求量达到300榀时，才能有效减少工程成本；当规模达到600~700榀时，就要考虑是否需要修建两个梁场。因此，在备选点的确定时，先将需求进行累计，每达到300榀时，将这段里程中一定数量级的需求点作为备选点的场址。

（2）为了使运梁架梁的效率保证在一定范围内，成品梁的运输距离最好不超过25 km的运输半径，因此，在原来备选点的基础上，每25 km进行选择，如果有上述量级的需求点则作为备选点，如果没有则选择需求量最大的点作为备选点。以25 km为标准是为了保障梁场只单向运输时的运距也在规定的范围内。

（3）通过这两个条件选择出数个备选点，如果某些需求点不能满足棉的数量级，并且又不包含在的范围内时，需要将这些需求点的需求量以最小的成本分配给就近的预制梁场，或单独修建梁场避免过大距离运输。

（4）由于需求点是近似为点进行处理的，那么在具体选址的时候可以在选定的备选点处，按照引道及其附近梁场、桥下梁场的选择次序进行具体选定。

5.2.3 梁场选址模型建立

5.2.3.1 问题描述

梁场的选址涉及不同原材料的供应商、运架工程的位置以及本身选址场地的一些因素。通过定量分析与计算备选点到原材料供应商以及运架工程的运输费用、建设费用、土地复垦以及运营等相关费用，建立模型，从已知的备选点中求解出最合理的预制梁场数量及分布。

5.2.3.2 模型设计

$$\begin{aligned}\text{Min} &\sum_{m=1}^{m'}\sum_{p=1}^{p'}\sum_{n=1}^{n'}\sum_{q=1}^{q'}\left[a_{m(nq)}\cdot K_{pn}\cdot y_{m(mq)}\cdot x_m\cdot d_{m(nq)}\cdot \sum_{l=1}^{l'}(z_{mpl}\cdot D_{pl})\right]+\\ &\sum_{m=1}^{m'}\sum_{p=1}^{p'}\sum_{l=1}^{l'}(z_{mpl}\cdot D_{pl}\cdot d_{ml}\cdot x_m\cdot \beta_{ml})+\sum_{m=1}^{m}(z_f+j_f)\cdot\left(a\cdot\left(\sum_{p=1}^{p'}\sum_{l=1}^{l'}x_m z_{mpl}D_{pl}\right)/\mu(T)+b\right)+\\ &\sum_{m=1}^{m'}\left[s_d\cdot\left\langle\left(\sum_{p=1}^{p'}\sum_{l=1}^{l'}x_m z_{mpl}D_{pl}\right)/\mu(T)\right\rangle+s_g+s_{vf}\cdot\left[\left(\sum_{p=1}^{p'}\sum_{l=1}^{l'}x_m z_{mpl}D_{pl}\right)/\mu(T)\cdot T_1\right]+\\ &s_{vf}\cdot\left[\left[\left(\sum_{p=1}^{p'}\sum_{l=1}^{l'}x_m z_{mpl}D_{pl}\right)/\mu(T)\cdot T_1\right]\cdot T_2/T_1\right]+o_f\cdot\left[\left(\sum_{p=1}^{p'}\sum_{l=1}^{l'}x_m z_{mpl}D_{pl}\right)/\mu(T)\cdot T_1\right]/2\right]\cdot x_m+\\ &\sum_{m=1}^{m'}f\cdot\left(a\cdot\left(\sum_{p=1}^{p'}\sum_{l=1}^{l'}x_m z_{mpl}D_{pl}\right)/\mu(T)+b\right)+\sum_{p=1}^{p'}\sum_{l=1}^{l'}\sum_{n=1}^{n'}\sum_{q=1}^{q'}(c_{nq}\cdot K_{pn}\cdot D_{pl})\end{aligned}$$

(5-27)

使

$$x_m\cdot z_{mpl}\cdot d_{ml}\leqslant M_1 \tag{5-28}$$

$$\sum_{m=1}^{m'}\sum_{p=1}^{p'}\sum_{l=1}^{l}x_m\cdot z_{mpl}\cdot D_{pl}\geqslant M_2 \tag{5-29}$$

$$\sum_{p=1}^{p'}\sum_{l=1}^{l}x_m\cdot z_{mpl}\cdot D_{pl}\leqslant M_3 \tag{5-30}$$

$$\sum_{p=1}^{p'}\sum_{l=1}^{l'}x_m\cdot z_{mpl}\cdot D_{pl}\geqslant M_4 \tag{5-31}$$

$$\sum_{p=1}^{p'}\sum_{l=1}^{l'}x_m\cdot z_{mpl}\cdot D_{pl}\geqslant \sum_{p=1}^{p'}\sum_{l=1}^{l'}D_{pl} \tag{5-32}$$

$$\sum_{l=1}^{l'}x_m\cdot z_{mpl}\cdot D_{pl}\geqslant \sum_{l=1}^{l'}D_{pl} \tag{5-33}$$

$$\sum_{m=1}^{m'}\sum_{p=1}^{p'}\sum_{l=1}^{l'}x_m\cdot D_{pl}\cdot z_{mpl}\cdot y_{m(nq)}\cdot K_{pn}\leqslant P_{nq} \tag{5-34}$$

$$a\cdot\left(\sum_{p=1}^{p'}\sum_{l=1}^{l'}x_m\cdot z_{mpl}\cdot D_{pl}\right)/\mu(T)+b\leqslant B_m \tag{5-35}$$

$$\sum_{m=1}^{m'}\sum_{p=1}^{p'}\sum_{l=1}^{l'} x_m \cdot z_{mpl} = \sum_{m=1}^{m'}\sum_{p=1}^{p'}\sum_{l}^{l'} z_{mpl} \qquad (5\text{-}36)$$

$$x_m \cdot d_{gcm} \leqslant M_5 \qquad (5\text{-}37)$$

$$x_m, y_{m(nq)}, z_{mpl} = 0 \text{ 或 } 1 \qquad (5\text{-}38)$$

本模型设计中：

式（5-27）为设计模型的目标函数是运输费用、复垦费用、建设费用、梁场的运营费、生产材料的费用求和最小；

式（5-28）约束条件表示的是成品梁的运输不能超过一定的距离；

式（5-29）约束条件表示梁场总的生产量要大于等于总的需求；

式（5-30）、式（5-31）约束条件表示单个梁场的生产量要在一定的范围之内；

式（5-32）约束保证单个梁场的生产量满足需求量；

式（5-33）约束条件保证不同品类的梁需求得到满足；

式（5-34）原材料供应商的原材料满足制梁需求；

式（5-35）表示梁场备选点的面积满足最小需求；

式（5-36）保证一个需求点只能由一个梁场来满足；

式（5-37）保证梁场呈线性分布；

式（5-38）表示变量本身取值的约束。

模型求解的 x_m 值组成的矩阵确定梁场的建立位置，如果其值为 1，则在对应的备选点建立梁场，否则不建；成品梁的供应匹配情况由值组成的矩阵确定，如果其值为 1，则由点向点供应成品梁，否则不供应。每个梁场的供应量由求解结果 $\sum_{p=1}^{p'}\sum_{l=1}^{l'} x_m \cdot z_{mpl} \cdot D_{pl}$ 确定；原材料的供应情况由 $y_{m(nq)}$ 组成的矩阵确定，其值为 1 表示第 n 种材料的第 q 个供应点将第 n 种原材料供应至备选点 m 处，单个梁场的单种原材料需要的供应量由 $\sum_{p=1}^{p'}\left(K_{pn} \cdot \sum_{l=1}^{l'}(z_{mpl} \cdot D_{pl})\right)$ 来确定，每个制梁场的制梁效率为 $\left(\sum_{p=1}^{p'}\sum_{l=1}^{l'} x_m \cdot z_{mpl} \cdot D_{pl}\right)/\mu(T)$，即该梁场的制梁数量除以这些预制梁的要求工期。

5.2.3.3 参数与变量设计

1. 相关参数

（1）n 表示制梁需要的第 n 种材料，$n=1,\cdots,n$；q 表示每种材料的第 q 个供应点，$q=1,\cdots,q$；P 表示供应点的集合，P_{nq} 表示第 n 种材料的第 q 个供应点的供应量；C_{nq} 表示第 n 种材料在第 q 个供应商处的单价。

（2）m 表示第个备选点，$m=1,\cdots,m$，B 表示的是备选点的面积集合，B_m 表示第 m 个备选点能使用的面积，GC 表示备选点对应的线路中心里程点的集合。

（3）p 表示第 p 种梁，$p=1,\cdots,p$；K 表示某种梁需要某种材料重量的集合，K_{pn} 示单榀 p 种梁需要第 n 种材料的多少。

（4）l 表示第 l 个需求点，$l=1,\cdots,l$；D 表示需求的集合，D_l 表示第 l 个需求点的需求量，D_{pl} 表示第 l 个需求点对 p 种梁的需求量。T 表示工期的集合，T_l 表示需求点的工期要求，$\mu(T)$ 表示计算几个需求点的相应工期，如果几个需求点的工期都是相同时间段，那么 $\mu(T)=T_l$；如果工期不在相应的时间段，那么 $\mu(T)=$ 工程最晚结束时间工程最早开始时间。

（5）α_{nqm} 表示原材料运输段的运价，β_{ml} 表示成品梁运价，运价是根据道路的路况来进行定价的，其中如果有特殊工程的地方是不允许通过运梁车进行运梁的，此时的成品梁的运价会被赋予一个极大值，从而阻止运梁车从此通过。d_{nqm} 表示原材料供应点 nq 到备选点 m 的距离，d_{ml} 表示备选点 m 到需求点 l 的距离，d_{gc} 表示备选点 m 到线路中心点 gc 的距离，gc 仅代表一个变量。

（6）M_1 表示运架距离的上限，M_2 表示需求的总量，M_3 表示单个梁场生产的总量上限，M_4 表示单个梁场生产的总量下限，M_5 表示备选点到线路中心点的距离。

（7）a，b 分别表示 5.4 节中用来计算梁场规模函数的参数 a 和 b。

（8）目标函数包括 4 个部分：运输费用、建设费用、运营费用和复垦费用。其中建设费用 F_B 主要包括：征地拆迁费、建造费、购买机器和设备的相关费用；运营费用 O_B 主要包括人员工资、设备使用费、电费、水费等项目；复垦的费用也主要和梁场的面积有关。

（9）征地拆迁费和梁场的面积有关，z_f 表示每亩征地的费用；j_f 表示梁场建设平均每亩的费用，此处将梁场的建设费用做平均处理；s_f 表示机器及设备费用，由两部分组成，生产方面的设备和制梁效率有关，在 0-4 的生产效率中有些和生产效率成倍数关系，有些设备满足生产效率的变动。假设随制梁效率变动的每套生产设备的费用为 s_d，不变的设备费用为 s_g，内模的单价为 s_{nf}，外模的单价为 s_{wf} 运营费用进行简化处理，主要和制梁效率有关，重点考虑人力成本，相关系数为 o_f。

（10）对复垦费用进行简化处理，假设平均每亩复垦费用为 f。

（11）"⌈ ⌉"表示向上取整，"〈 〉"根据制梁效率来确定相应变动设备应该配置的倍数。

（12）制梁运梁的设备都采用统一设备，因此针对不同的种类的梁在设备的配备以及数量上采取同一标准，成品梁的运价也采用同一标准。

2. 相关变量

（1）χ_m 为 0-1 变量，表示在备选点是否建立梁场。当 $\chi_m = 1$ 时，表示在备选点 m 处建立梁场；当 $\chi_m = 0$ 时，表示不建立。

（2）$y_{m(nq)}$ 为 0-1 变量，表示是否从原材料供应点 nq 处采购原材料至备选点 m 处。在这个变量中，nq 作为一个变量记号处理，即对应第 n 种材料的第 q 个供应点。

（3）z_{mpl} 为 0-1 变量，表示是否从梁场备选点 m 处运送 p 种成品梁至需求点 l 处。

3. 相关假设

（1）设备遵循一场一运一架的方式进行购置。

（2）运营费用不考虑库存费用，箱梁预制后根据需要会在较短时间内进行装运架设，不考虑库存的费用。

（3）复垦费用的单价采用均价计算。

（4）假设所有的备选点的相关信息都是已知的，排除了不适宜建造梁场的地质地形。

（5）梁场的建设提前期不能太长，满足箱梁静置后的相关参数即进行架设。

（6）架设一定距离内的工程速率是匀速的。

（7）所有需求点的信息是已知的。

（8）所有的需求点只能由一个备选点满足其需求。

（9）每个备选点有三种材料的供应商，且每种材料只能由一个供应商满足，但一个供应商能供应多个备选点；一个成品梁需求点只能由一个供应点供应，一个供应点可以供应多个需求点，供应点和供应量由模型求解得出。

4. 模型的特点

（1）模型除了一般设施选址的 0-1 模型的基本条件外，还结合梁场的特点进行设计。

（2）考虑到运输的复杂和困难，将运输费用进行分段处理，分配送路段处理，其中如果线路中有特殊工程将运费设置为无限大值。

（3）由于工程呈线性分布，那么预制箱梁的需求点也是呈线性分布，为了简化研究，将需求里程路段的中心点位置作为需求的代表位置。

（4）目标函数进行了更细致的分析，其中考虑了梁场的复垦费用；建设费用也根据梁场进行了变化，改变了传统的固定的建设费用情况，将建设费用分为固定部分和变动部分，其中变动部分又分为随梁场规模变动的部分和随梁场制梁效率变动的部分，这样更加符合实际情况的需要；运营费用也和预制梁场的制梁效率进行了关联。

（5）对预制梁场箱梁预制完成后的成品梁的运输距离进行了约束，进一步减小成品梁在运输过程中的风险，并对单个梁场的规模进行了限定，以防止过小规模而进行的梁场的建设，反而增大了工程的建设成本。但针对具体的工程需要具体考虑，如果某标段较为分散且量较小也需酌情进行梁场的设置。

5.2.4 基于遗传算法的梁场选址

上述的选址规划模型是 0-1 整数规划模型，其节点数目多，数据大，采用运筹学上的人工计算方式并不可取。另外可以借助 LINGO 软件进行计算，LINGO 是用于构建或求解线性、非线性和整数优化模型的工具，计算简便且速度快，但模型中涉及多个大型矩阵，并且具有判断运算。当具体案例的变量个数及约束条件的个数超过了 LINGO 普通版本的限制时，用 LINGO 进行求解不仅编写代码较为烦琐，并且不能求解出结果，因此采用对矩阵处理具有高效的 MATLAB 编程进行求解。由于遗传算法对可行解表示的广泛性、群体搜索性、在多峰的情况下不易陷入局部最优困境的特性,并且早有研究,在已有文献中运用该算法进行的求解得到了较好的结果,所以拟采用遗传算法通过 MATLAB 编程对模型进行求解。1975 年,Holland 教授还在对人工自适应系统和自然系统研究的基础上提出了遗传算法的基本定理。遗传算法因其实用、高效、鲁棒性强的特点,被广泛应用,并得到了改善。

5.2.4.1 遗传算法设计

遗传算法的设计:遗传算法包括编码、选择、交叉、变异 4 个过程。

1. 编　码

编码的方式有多种,包括格蕾编码、二进制编码方法、自然数编码、浮点数编码等方法,应该根据具体的研究问题进行设计。本次设计采用自然数编码的方式进行求解,因为自然数编码简单易读,为解码提供了更大的便利。

(1)将原材料供应点按砂、石、钢筋进行分类排序。

(2)将梁场选址备选点从自然数 1 开始排序。

(3)将需求点从自然数 1 开始排序。

(4)一条染色体一共包括 5 段,第一段为所有的备选点,编码数的产生通过随机产生,填充在自然数对应的位置上;第二段、第三段、第四段为原材料的供应关系编码,对应备选点的情况,随机产生三种材料供应商的序列号;第五段为需求点的供应关系编码;对应在每个需求点的位置产生一个上述备选点的序列号。

(5)举例:假设有 3 个备选点,3 组原材料供应点,分别供应三种材料,另有 3 个需求点。随机编码的一个例子为:123112213132132,该编码则表示三个备选点都选为梁场建设点;三个备选点的砂材料的供应点分别是第一组的第一个、第一个、第二个,石材料的供应点分别为第二组的第二个、第一个、第三个,钢筋的同理推之;同时箱梁的供应情况为,第一个需求点由第一个梁场供应,第二个需求点由第三个梁场供应,第三个需求点由第二个梁场供应。

2. 选 择

选择是指在父代种群中选择适应能力强的个体复制到下一代的个体当中。选择的方式有很多种，比如随机竞争、"轮盘赌"选择、无回访随机选择、最佳保留机制等。"轮盘赌"选择是属于回放式的采样法，在经典的"轮盘赌"选择中，某个个体进入下一代的概率的大小，由其适应度值占整个种群适应度综合的比例决定。但"轮盘赌"选择和随机竞争的选择误差相对于最佳保留机制大，另外无回访随机选择虽然误差小，但操作较为困难。采用两种选择方式，最佳选择保留机制和随机竞争进行选择，先通过"轮盘赌"选择的方式进行成对选择，然后再将其中适应度最高的个体结构复制到下一个算子中，同时将本代中适应度最高的个体完整复制到下一代中。

3. 交 叉

交叉在生物学中是指两个同源染色体通过交配后重新形成新的染色体。交叉的方法也有多种，主要分为单点交叉、两点交叉、多点交叉、均匀交叉。单点交叉是标准遗传算法的一个算子。两点交叉是指指定两个交叉点，并且将这两个点之间的基因片段进行交换。多点交叉由单点和两点的概念引出，并且均匀交叉也属于多点交叉的范畴。单条染色体的基因位比较多，编码较长，所以可以采用多点交叉技术。由于算法在前期优化速度较快，采取较高的交叉概率，能够更大空间的寻找最优解，晚期为了减小波动宜采用较低的交叉概率。

4. 变 异

遗传算法中的变异是指，根据变异概率确定某个基因座上的基因由其等位基因进行替换，一般变异的概率较小。变异的方式也有多种，比如基本位突变、有效基因突变、自适应有效基因突变等。采用基本位变异的方式进行求解，是因为其简单并易于操作，主要通过指定的变异概率随机确定一位或多位的基因进行变异，变异概率与交叉概率呈反向动态操作。

5. 适应度函数

用来度量个体适应环境程度的函数称为适应度函数，通过该函数的评价，再通过选择操作就可以使适应度高的个体遗传到下一代，适应度低的个体就会被淘汰，一般适应度函数是和目标函数相结合的。适应度函数采用目标函数的倒数进行求解。

6. 参数控制

另外在遗传算法中还有一些控制参数需要设定，算法初始种群中的个体数，交叉的概率、变异的概率，另外算法的终止条件非常的重要，可以有两种方式进行遗传迭代的终止，比如以遗传的代数为终止条件或者某代个体中的最优适应度值达到需要条件。

5.2.4.2 遗传算法流程图设计

遗传算法需要通过循环进行遗传迭代，具体设计的流程如图 5-3 所示。

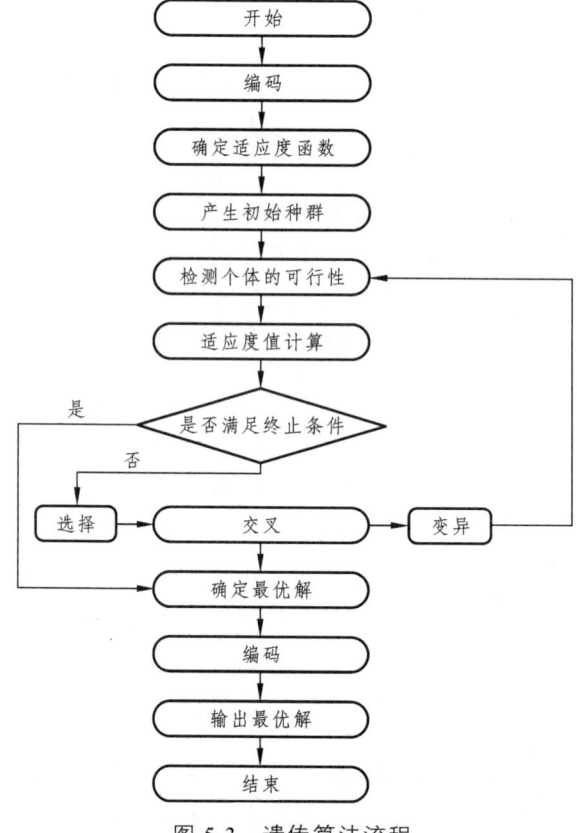

图 5-3 遗传算法流程

5.3 高速铁路智慧梁场箱梁预制工艺流程

预制梁场的布置是根据箱梁的施工工艺流程进行的。后张法预应力施工采用外模固定式时，第一步需要在相应的钢筋绑扎台座上绑扎顶板钢筋和底腹板钢筋，同时清理外模，涂脱模剂并安装支座。底腹板钢筋绑扎完成后用龙门吊在外模中吊入带预应力管道抽拔棒的底腹板钢筋骨架，完成端模的下半部分的安装。此时将内模吊入已经调整好位置的底腹板钢筋骨架内，然后在底腹板模骨架上吊装顶板钢筋骨架并进行绑扎联结，安装端模的上半部分后进行检查调整，准备进行混凝土的浇筑。混凝土在个小时内完成浇筑，并且依次完成箱梁的静停、蒸汽养护、拆端模、松内模撑杆、初张拉、收内模、出内模等工序。再由移梁机将半成品梁移至存梁台座上存放完成以后的工序。而外模拆装式只是相应的多了拆外模、整备外模、安装外模的工序。如果梁场对应的工期比较松，制梁的数量比较少可以采用此种方式，一套外模可以配套多个制梁台座。

对于内模的使用方式来讲，主要有内模爬入式，内模吊装式。内模调入式则是指将内模调入底腹板钢筋笼骨架中，再吊装顶板钢筋将其绑扎成型。内模爬入式主要是指底腹板钢筋笼和顶板钢筋整体绑扎成型后，吊入台座，再使内模整体爬入钢筋笼。内模吊入式是目前较为常用的一种方式，两种方法对工期的影响不大。同时根据梁场使用不同的机械设备，将半成品梁移至存梁台座上的方式也各有不同。目前移梁的方式分为移梁台车横移出梁，龙门吊整体出梁。移梁台车移动一榀梁需要两套横移台车。台车的质量轻、体积小，设备本身投入的费用较小。但是使用移梁台车移梁的时候，每移动或架设一副梁的时候，其他同列箱梁均需被依次挪动。并且每个制梁台座必须配备两条轨道，轨道的强度和精度要求高，地基处理费用也相应增高，不能适用于双层存梁。另外一种方式就分为 900 t 轮轨式提梁机、900 t 轮胎式提梁机、2×450 t 轮轨式提梁机。900 t 轮轨式提梁机可满足制梁效率为 2 榀/天的梁场，行走轨道的数量较横移台车少，对通道的强度及精度、地基处理费用都较横移台车小，一般情况下只适合吊梁横向移动，可双层存梁。900 t 轮胎式提梁机效率比轮轨式更高，可满足 4 榀/天的制梁效率，且对通道的要求比 900 t 轮轨式提梁机更低，可横向、纵向移动。设备投入费用较 900 t 轮轨式提梁机高。2×450 t 轮轨式提梁机一般用于纵向布置制梁场，可吊梁纵向移动，并能用于双层存梁。

后张法预应力梁的施工工艺具体如图 5-4 所示。

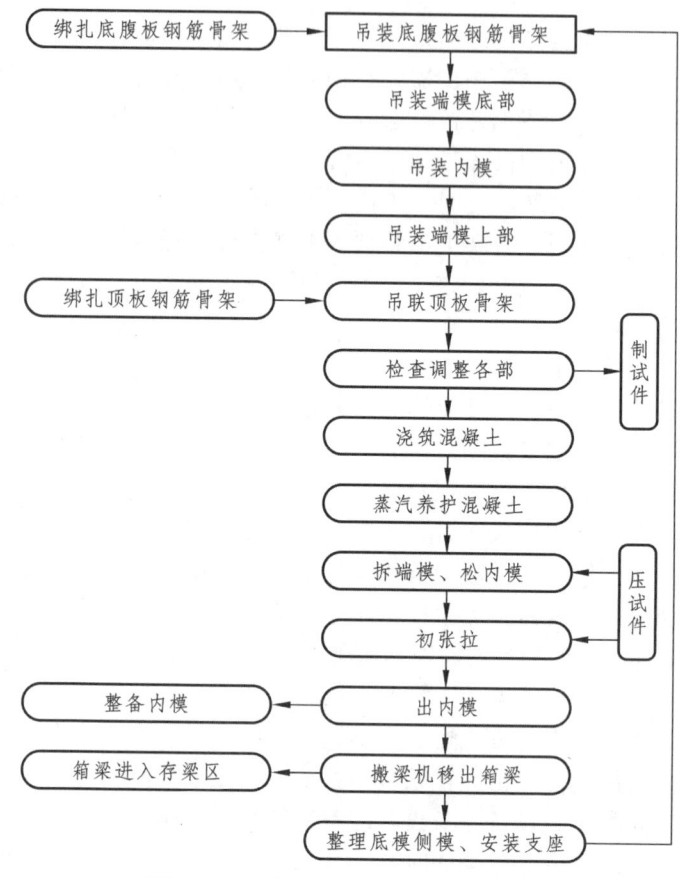

图 5-4　后张法预应力箱梁工艺流程

5.4　高速铁路智慧梁场设备（工装）选型

5.4.1　混凝土设备选型

5.4.1.1　铁路预制简支梁对混凝土设备的要求

《高速铁路预制后张法预应力混凝土简支梁》中，对混凝土灌注工艺进行了下列规定：

（1）混凝土胶凝材料总量不应超过 500 kg/m³，水胶比不应大于 0.35。混凝土原材料配合比、拌和、灌注应符合《铁路混泥土》（TB/T 3275）的有关规定。

（2）混凝土配料应采用自动计量及自动投料装置，粗、细集料中的含水率应及时测定，并按实际测定值确定施工配合比；不应在拌和物出机后加水。

（3）在配制混凝土拌和物时，水、水泥、掺和料、外加剂的称量应准确到 ±1%，粗、细集料的称量应准确到 ±2%（均以质量计）。拌和机自动计量装置应即时显示称量误差。

（4）箱梁应采用泵送混凝土连续灌注、一次成型，灌注时间不宜超过 6 h 或不应超过混凝土的初凝时间。T 梁灌注总时间不宜超过 3.5 h。

（5）泵送时输送管路的起始水平段长度不宜小于 15 m，除出口处外，输送管路其他部分不应采用软管或者锥形管。输送管路应固定牢固，且不应与模板或钢筋直接接触。泵送过程中，混凝土拌和物应始终连续输送。高温或低温环境下输送管路应分别采用湿帘或保温材料覆盖。其余技术指标应符合《混凝土泵送施工技术规程》（JGJ/T10）的规定。

《高速铁路预制先张法预应力混凝土简支梁》（TB/T 3433—2016）第 3.3.7 条对混凝土施工工艺进行了下列规定：

（1）混凝土胶凝材料总量不应超过 500 kg/m³，水胶比不应大于 0.35。混凝土原材料配合比、拌和及灌注应符合《铁路混泥土》（TB/T 3275）的有关规定。

（2）混凝土配料应采用自动计量及自动投料装置，粗、细集料中的含水量应及时测定，并按实际测定值确定施工配合比；不应在拌和物出机后加水。

（3）在配制混凝土拌和物时，水、水泥、掺和料、外加剂的称量应准确到 ±1%，粗、细集料的称量应准确到 ±2%（均以质量计）。拌和机自动计量装置应即时显示称量误差。

（4）箱梁应采用泵送混凝土连续灌注、一次成型，灌注时间不宜超过 6 h 或不应超过混凝土的初凝时间；T 梁灌注总时间不宜超过 3.5 h。

（5）泵送时输送管路的起始水平段长度不宜小于 15 m，除出口处外，输送管路其他部分不应采用软管或者锥形管。输送管路应固定牢固，且不应与模板或钢筋直接接触。泵送过程中，混凝土拌和物应始终连续输送。高温或低温环境下输送管路应分别采用湿帘或保温材料覆盖。其余技术指标应符合《混凝土泵送施工技术规程》（JGJ/T10）的规定。

《铁路混凝土》（TB/T 3275—2011）第 8.1.1 条、第 8.3.2 条、第 8.3.3 条、第 8.3.5 条分别对混凝土施工做了要求。

第 8.1.1 条：混凝土应采用搅拌站集中搅拌，混凝土制品应实行工厂化生产。

第 8.3.2 条：混凝土的搅拌应满足如下要求：

（1）应采用强制式搅拌机搅拌，搅拌机的性能及维护应满足《建筑施工机械与设备 混凝土搅拌机》（GB/T 9142）的要求。

（2）各种原材料计量设备的最大允许偏差应符合下列规定（按重量计）：胶凝材料（水泥、矿物掺和料等）±1%；外加剂±1%；粗、细集料±2%；拌和用水±1%。

（3）搅拌时的投料顺序宜为：先投入集料、水泥和矿物掺合料，搅拌均匀后，加水和液体外加剂（粉体外加剂应与矿物掺合料同时加入），直至搅拌均匀为止。水泥的入机温度不应高于 70 °C。

（4）搅拌时间应以自全部材料装入搅拌机开始搅拌至搅拌结束开始卸料所用时计，混凝土连续搅拌时间应根据配合比和搅拌设备情况通过试验确定，但最短搅拌时间不宜少于 2 min。

第 8.3.3 条：混凝土的运输应满足如下要求：

（1）运输设备的运输能力应适应混凝土凝结时间和浇筑速度的需要，保证浇筑过程连续进行。

（2）运输设备应具备防止混凝土发生离析、漏浆、泌水以及防晒及防冻等功能。

第 8.3.5 条：混凝土的振捣应满足如下要求：

（1）振捣设备的类型、振捣频率和振捣强度应与混凝土的结构类型和工作性能相适应。

（2）振捣时间和振捣半径以混凝土振捣密实为原则确定，避免过振或漏振。

5.4.1.2 混凝土生产过程中对设备的要求

1. 混凝土生产设备的要求

混凝土生产过程是预制梁体质量控制的关键环节,控制效果的好坏直接表现在拌和物的均匀性、施工性、强度保证率和生产成本的高低上。高强度、高耐久性的高性能混凝土,对混凝土设备要求更高,为生产出高质量的混凝土,缩短混凝土搅拌、运输时间,满足快速施工需求,为此要求混凝土设备硬件要过硬,搅拌、输送的混凝土质量要符合拌和物匀质性指标和计量误差要求。

2. 混凝土生产过程两个关键环节——计量和搅拌

(1) 计量方面,除要满足设备可靠、定期检修外,操作者和质检人员还应加强监视,及时分析打印报表,一旦发现误差超出或虽在允许范围内,但连续或稳定负(正)偏差,应及时查找原因,及时排除。

(2) 搅拌是整个生产过程中核心环节,在该环节任何一个小的错误或失误都会给后续的工序带来麻烦。混凝土搅拌站的生产属于连续性生产线,生产任务量相对比较集中,为保证拌制出符合施工需求的高性能混凝土,采用卧轴式主机。

(3) 环保要求。在生产混凝土过程中会产生大量粉尘、噪声,因此,在环境保护方面要做到整机在全密闭环境中工作,最大限度地减小粉尘与噪声污染;搅拌主机和粉料称量斗应采用密闭气袋式除尘或强制除尘装置,粉料罐顶部采用 WAM 收尘机,过滤面积大,除尘效率高达 99.9%;气动系统各排气口装有消声器,搅拌机配原装进口减速机。

5.4.1.3 混凝土设备的选用

箱梁灌注采用泵送混凝土工艺,T 梁灌注采用吊斗工艺。简支梁预制混凝土设备主要包括搅拌站、混凝土输送泵、混凝土运输设备等。

1. 搅拌站的选用

(1) 性价比的选择。应根据混凝土方量,生产集中程度,配备与之相配套的搅拌机组。根据生产能力、质量、节能、环保及自动化控制等方面,结合价格、维修和售后服务等方面选取,搅拌设备选型上应该注重费效比。

（2）生产能力的选择。高性能混凝土要求搅拌的时间长（每盘搅拌时间为 90~150 s），搅拌机组的实际生产率一般为理论生产率的 40%~60%。箱梁场搅拌站必须设双 HZS120 型以上搅拌机组（可根据生产高峰期临时增加），T 梁场搅拌站设置 HZS90 站即可（实际可根据生产任务量调整）。

（3）混凝土搅拌车的选型应与搅拌站的搅拌能力适应，考虑到线下施工需求时，可结合适合施工地点的地形，一般平原地带应选择 9 m³、12 m³ 的车型，交通不便的山区应选择 6 m³、7 m³ 的车型。

（4）箱梁场搅拌站必须设双 HZS120 型以上搅拌机组，配 4 辆以上混凝土运输车（可根据生产高峰期临时增加）。

2. 泵送设备的选用

（1）根据单跨箱梁混凝土方量、标准规范要求的单跨箱梁灌注时间、施工条件、灌注工艺选用混凝土输送泵。输送泵的选用还要结合混凝土的拌制量、浇筑灌注工作面的情况选用。

（2）一般选用配备 2 台 HBT90 型拖式混凝土输送泵，并备用 1 台；并选与之配套的布料半径为 19 m 的水平式布料机（布料机的布料半径与梁体桥面宽度有关，也可结合线下工程具体情况选用扬臂折叠式布料机）；布料机的选用必须考虑到在布料半径范围内无死角，如图 5-5 和图 5-6 所示。考虑到线下施工需求，也可结合工程特点采用 37 m、42 m 汽车泵。

图 5-5 布料机

图 5-6　布料机灌注作业

（3）生产场地的协调

应结合施工场地具体的情况进行搅拌站的平面布置，结合设备资源和施工方案，确定泵送方案。

从节约成本角度考虑，箱梁预制、墩台施工共用一套搅拌站时（运距大于 300 m 及以上），则采用混凝土运输车灌注方案：搅拌站＋混凝土运输车＋混凝土泵＋布料杆。仅从箱梁预制角度考虑（运距在 300 m 及以下，箱梁数量低于 300 跨）时，则可以采用直接泵送灌注方案：搅拌站＋混凝土泵（在混凝土搅拌站下）＋输送管道＋布料杆。此种方案目前现场较少采用。

3. 其他设施

（1）备用电源。为防止停电造成混凝土生产中断，酿成质量事故，每个搅拌站必须配备与混凝土生产机组相匹配发电机 1～2 台。

（2）冲洗设备。配备集料清洗设备，控制集料的含泥量和泥块含量，清洗能力应该与生产能力相匹配。并应在搅拌站入口设置车辆冲洗机和清洗槽，防止车辆将泥土带入搅拌站。

（3）锅炉和制冷制备。为保证冬、夏期施工的正常进行，控制混凝土入模温度，搅拌站应购入与生产能力相配套蒸汽锅炉和制冷制备。锅炉应选择能耗低、环保的锅炉，合理布置蒸汽养生管道，做好管道的保温，提高养护棚密封程度，降低热量损失。

5.4.2 制梁工装（设备）选用

5.4.2.1 预制简支梁主要工装设施

根据《预应力混凝土铁路桥简支梁产品生产许可证实施细则》（XK17-004）及生产实际，简支梁预制主要工装：制梁台座、存梁台座、制梁模板、钢筋绑扎胎具、钢筋吊具、防雨棚、混凝土养护装置、静载试验装置等。

5.4.2.2 主要工装选用

1. 制梁台座

（1）制梁台座分为先张梁台座和后张梁台座两种。制梁台座是预制简支梁的重要设施，是整个梁场的核心，所有设施均以制梁台座为中心展开布置，如图 5-7 和图 5-8 所示。制梁台座不仅承载模板安装和拆卸、钢筋安装、灌注梁体混凝土的质量，也承受着预应力钢筋在梁体制作时的全部张拉力。因此要求制梁台座必须具有足够的强度、刚度、稳定性，当预制大截面、大吨位箱梁时，还要求制梁台座不能产生大于 2 mm 的不均匀沉降，以确保梁体质量。

图 5-7 后张箱梁制梁台座

图 5-8　后张 T 梁制梁台座

（2）制梁台座一般采用钢筋混凝土结构，混凝土强度等级采用 C20。考虑到张拉后，制梁台座两端受力，为防止台座沉降变形，一般在制梁台座端部采取截面加大或者其他措施进行处理。

（3）制梁台座设计时，应本着满足使用、经济合理、技术先进、安全可靠的原则进行。应根据地质情况确定制梁台座的结构及基础处理方式，根据生产进度指标确定制梁台座的数量，根据采用工艺确定制梁台座布置方式。

2. 存梁台座

（1）预制梁在制梁台座上完成初张拉后（先张梁放张后），即可移至存梁台座上，并在存梁区做好简支梁的后续工序施工，并为架梁做好准备。存梁台座设置以便于施工、满足梁体存放质量为原则。要求台座各支点平整，保证存梁支点高差满足要求，防止梁体由于支点高差过大产生开裂，同时要求梁体存放悬出长度应满足规范和图纸要求。

（2）存梁台座如图 5-9 和图 5-10 所示，数量应根据存梁数量、架设进度、预制梁存放时间、生产效率等因素综合确定。存梁台座一般采用钢筋混凝土结构，混凝土强度等级采用 C20。

图 5-9 箱梁双层存梁台座

图 5-10 T梁双层存梁台座

（3）存梁可以采用单层存梁形式或多层存梁形式。存梁形式与移运梁设备、场地地质情况、施工工艺有关，现场应根据具体情况而定。

3. 制梁模板

（1）模板是简支梁预制过程中重要的工装，一般采用分块加工、现场整体拼装使用。预制T梁模板由底模板、侧模板、端模板组成。预制箱梁

（异形梁）模板由底模板、侧模板、端模板、内腔模板组成。

（2）模板设计、加工、安装必须满足预制梁施工的强度、刚度、稳定性和安全操作要求。采用分块设计组装成整体的构件形式，模板各段间的连接应便于现场安装、拆除和转场使用；组装构件满足道路交通的运输要求；使用功能满足梁场规划、施工工艺和生产能力要求；周转次数不少于 200 次。

（3）由于梁体预施应力后会产生上拱，且在存梁期间随着混凝土的收缩、徐变又会使梁体产生一定程度拱度，为保证预制梁面的平整度，保证线路运营后的平顺性，在底模铺设、模板制作时应设置一定的反拱，一般反拱值按照二次抛物线设置。

（4）由于梁体预施应力后随着混凝土的收缩、徐变，梁体长度、跨度会产生发生变化，为保证预制梁体尺寸满足规范规定，一般在底模铺设、模板制作时设置一定量的预留压缩量。压缩量按照梁体底部、顶面分别设置，通过分块计算设置，模板整体拼装成型后实现。

（5）预制箱梁模板：由底模、外侧模、内模、端模组成，一般采用端模包裹侧模的连接方式。

底模结构形式一般采用固定式。底模分块制作，整体安装使用，采用 12 mm 优质 Q235A 面板与 16*槽钢组焊成框架式结构，沿纵向按抛物线预设反拱，根据设计要求预留反拱度及压缩量。底模通过焊接或螺栓与制梁台座条基相连，安装好的模板平整度需达到设计要求，底模在使用过程中不应发生变形和基础下沉现象。

外侧模采用大刚度、整体式模板，与制梁台座配套设计。现场一般有固定式和侧向整体滑移式两种。侧模采用工厂分段加工，现场螺栓连接组装后，焊接成整体使用，接缝处错台小于 1 mm，侧向弯曲小于 3 mm/m。面板采用 8 mm 厚的 Q235A 钢板，主桁架应采用 160*工字钢；加强肋采用 160 槽钢，间距不大于 300 mm。

内模一般采用液压可收缩，整体安装、整体拆除方式。箱梁预制场内模多采用"上支式结构形式"的模板结构。内模支撑及连接应牢固，并确保在浇筑混凝土时无上浮现象，大梁与支撑整体采用压板形式，保证大梁与支撑连成整体，内模隔墙段与端模通过螺栓连成整体（连接孔采用长腰孔连接），保证内模在使用过程中无侧移、上浮现象。

端模应具有足够的刚度，并应满足多次拆装后平整度及刚度满足预制箱梁的技术要求，端模面板采用12 mm厚Q235A钢板。

（6）预制T梁模板：由底模、侧模、端模组成。一般采用端模包裹侧模的连接方式。

底模板结构形式一般采用固定式。底模分块制作，整体安装使用，采用12 mm优质Q235A面板与16#槽钢组焊成框架式结构，沿纵向按抛物线预设反拱，根据设计要求预留反拱度及压缩量。底模通过焊接或螺栓与制梁台座条基相连，安装好的模板平整度需达到设计要求，底模在使用过程中不应发生变形和基础下沉现象。

侧模板采用大刚度、整体式模板，与制梁台座配套设计。现场施工采用分块吊装式和整体式两种。整体式又分为固定式、侧向滑移式两种。外侧模采用工厂分段加工，根据工地现场实际工艺情况确定使用方式。侧模板在设计、制造时应预留反拱值和预留压缩量，侧模面板采用8 mm厚的Q235A钢板。

侧模板支撑立柱选用16#工字钢并加封8 mm钢板进行加固，针对桥面拆模时需安装千斤顶位置处的立柱，需要进行双16#工字钢加固，确保该位置处立柱不因经常使用而产生疲劳变形，该立柱具体位置，应满足模板安装过程中工人操作扳手拧动空间需要，该位置处面板连接边必须进行加固，以免造成因为该部位多次重复使用而形成疲劳破坏和变形。

为确保T梁外观质量得到进一步改善，T梁横隔墙处模板应采用数控折弯成型，保证隔墙处面板拐角光滑过渡，并在制作模板时增大横隔墙内、外口和上、下口坡度，便于制梁完成后梁体的脱模。

侧模板与底模板连接方式目前主要有两种：一种是通过对拉螺杆连接和通过扁担梁上的楔块紧固。通过对拉螺杆连接可确保在混凝土浇筑过程中，底模与侧模配合紧密，不漏浆。另一种是通过扁担梁上的楔块对侧模与底模进行紧固连接的方法，其操作简便、成本低，但不适合跟液压驱动系统一起使用。

端模应具有足够的刚度，并应满足多次拆装后平整度及刚度的要求，应在端模后部设置预应力预留管道橡胶管导向滚杆，以保证预留管道质量和减少施工中对橡胶管损坏，端模面板采用12 mm厚Q235A钢板。

4. 钢筋绑扎胎具

根据《高速铁路预制后张法预应力混凝土简支梁》《高速铁路预制先张法预应力混凝土简支梁》，为保证预留管道、预应力筋及钢筋位置符合规范要求，保证钢筋绑扎连接精度，避免钢筋绑扎中间距不均匀、错筋、漏筋等现象发生，提高生产效率，钢筋绑扎均在专用绑扎胎具上进行。

（1）箱梁钢筋绑扎。

分为底、腹板钢筋与顶板钢筋分体绑扎方式和底、腹板与顶板钢筋整体绑扎两种方式如图 5-11 和图 5-12 所示。目前现场主要采用整体绑扎方式。

图 5-11 箱梁底、腹板、顶板钢筋分体绑扎

图 5-12 箱梁底、腹板、顶板钢筋整体绑扎

（2）T梁钢筋绑扎。

由于受结构截面限制，T梁只能采用底、腹板钢筋与顶板钢筋分体绑扎方式，如图5-13和图5-14所示。

图5-13　T梁底、腹板钢筋绑扎

图5-14　T梁底、腹板、顶板钢筋绑扎

5. 钢筋吊具

钢筋骨架绑扎完成后，通过如图5-15所示的专用吊具进行吊装。吊具应有足够的强度和刚度，并具有保证钢筋骨架在吊运过程中不会发生变形、扭曲的能力，吊具起吊时挠度不应大于1/250。

吊点的设置应按照钢筋骨架变形量最小、连接方便的原则进行。起吊钢筋笼的吊点间距纵向不大于 2.5 m，横向不大于 3.0 m。吊钩固定后由专人检查吊点和连接钢丝绳，确保全部吊点均匀受力，连接牢固，如图 5-16 所示。

图 5-15　箱梁钢筋吊具

图 5-16　箱梁钢筋吊装

6. 防雨（遮阳）棚

根据《高速铁路预制后张法预应力混凝土简支梁》《高速铁路预制先张法预应力混凝土简支梁》，夏期浇筑混凝土时应采取防雨、防晒、降温措施。为保证预制梁体混凝土施工质量，工地现场一般采用可移动式防雨（遮阳）棚。

7. 静载试验台

（1）铁路预应力混凝土简支梁静载弯曲抗裂试验，是检验桥梁产品在试验荷载作用下的工作情况，判断桥梁结构刚度抗裂度是否满足设计要求，是对预制简支梁产品结构、受力性能进行最终检测试验的主要内容，是检验桥梁使用性能这一关键项点、综合指标的重要技术手段，是发现桥梁制作质量问题的最重要的标准之一。

（2）根据《预应力混凝土铁路桥简支梁静载弯曲试验方法及评定标准》，试验时需具有试验台座、加力架、千斤顶、油泵、标准油压表或压力传感器等加力设备和计量仪器，其工作能力控制在 1.5~2.5 倍最大试验荷载之间。

（3）静载试验台分为传统重力地锚式和自平衡反力式两种，如图 5-17 和图 5-18 所示。一般情况下，箱梁多以自平衡反力式试验台应用居多；T 梁静载试验台两种方式均有应用。

图 5-17 传统重力式静载试验台

图 5-18 自平衡反力式静载试验架

5.4.3 核心智能装备配置

1. 钢筋数控加工系统

应用 BIM 技术，将钢筋半成品模型导入至智能钢筋自动剪切机、智能斜面式钢筋弯曲机、智能钢筋弯箍机等钢筋数控加工设备。设备自动解析钢筋的使用部位、加工数量、加工尺寸、角度等数据，按照导入数据进行钢筋加工，具备高效、精确、安全、节约的优点，实现 102 种型号钢筋的数控自动化加工率达到 95% 及以上，每天可生产 3 榀箱梁所需的 150 t 钢筋，同时加工人员从 36 人减少至 10 人。钢筋数控加工车间见图 5-19。

图 5-19 钢筋数控加工车间

2. 预应力自动张拉系统

自动张拉系统包含预应力自动同步张拉设备及其计算机控制系统，主要由预应力智能张拉仪、智能千斤顶、自带无线网卡的笔记本电脑、高压油管等组成。

采用预应力同步自动张拉施工技术，变人工操作为机械自动控制，设备操作一键启动，实现预应力张拉、持荷、锚固全过程自动控制功能。自动测量、同步控制、数据准确、及时校核，实现张拉力与张拉伸长值的双重同步控制，预应力钢绞线实际应力控制精确、误差小；计算机实时获取千斤顶油压、伸缩位移信息等数据，并实时传输至控制器进行分析，监测两端千斤顶张拉力是否平衡；实现多顶同步张拉，减少施工周期，提高工作效率，同时减少人工投入（1孔箱梁只需配置5~6人）；张拉过程数字信息化，所有数据自动采集传送到计算机，并智能分析处理数据，异常时自动停机并报警，具有自动校核功能，提高控制精度，保证预施应力效果，同步自动张拉施工；改变传统的质量管理模式，实现远程监控，全过程系统自动运作，施工规范，张拉报表自动生成，数据真实、准确，便于质量管理、质量追溯，提高管理水平。自动张拉系统见图5-20。

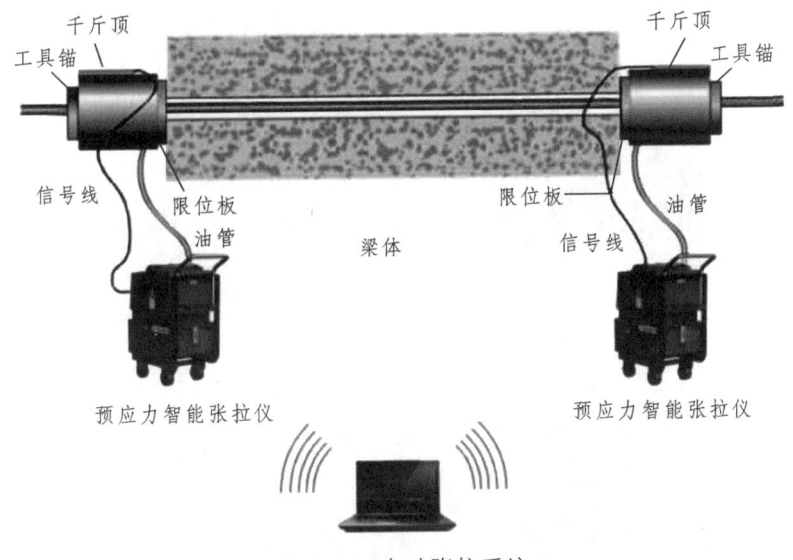

图 5-20　自动张拉系统

3. 预应力管道自动压浆系统

系统主要由制浆、抽真空、压浆、辅助等四大硬件部分和控制系统及数据系统组成。制浆设备具备自动上料、称量配料、高速制浆、低速储浆功能；辅助部分能够实现压浆系统的自我诊断、自我保护、报警预警、自清洗、断电保护和续电工作以及环保除尘的功能；数据系统实现了自动压浆施工的信息化管理，包含数据存储、数据查看、数据分析统计、图表展示、数据传输等内容；控制系统通过 PLC 可编程控制模块和程序，实现对自动压浆系统的整体控制和协同工作、现场人机交互和远程管理，是压浆施工操作和管理自动化、信息化、网络化的核心和中枢。

压浆采用智能系统，通过计算机控制，有效保证孔道内浆体饱满和密实，确保压浆质量。在压浆设备上配置吸尘集尘装置，有效减少粉尘排放，改善工人作业环境。自动压浆系统实现了铁路桥梁压浆施工全部工序的协同控制和连续作业，提高了工效和质量，推动了铁路桥梁施工自动化装备技术的发展。自动压浆系统见图 5-21。

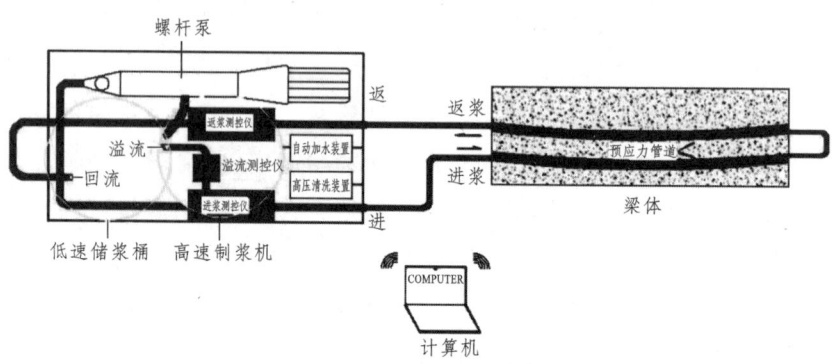

图 5-21　自动压浆系统

4. 静载试验自动加载系统

铁路桥梁静载试验自动控制装置综合采用自动控制技术、传感器技术、机械技术、计算机网络技术及系统集成技术，实现桥梁静载试验的自动化、信息化，解决了试验过程自动同步加载、动态平衡、荷载准确技术；实现裂缝及挠度的自动检测及判定。采用免打孔自平衡式反力架结构，节段拼装式预应力钢结构，满足 40 m、32 m 箱梁共用。试验加载和荷载检测一体设计，同步平衡加载，保证加载及持荷阶段的安全稳定。静载试验自动加载系统见图 5-22。

图 5-22 静载试验自动加载系统

5. 箱梁混凝土自动养护系统

采用高压水泵、感应测温、自动控制器的自动喷淋养护系统，配合使用物联网和大数据信息化手段，按温度自动控制进行洒水间隔调整。数据自动上传平台，记录自动生成，可实现远程操作、实时养护、自动喷淋等功能。其喷出的水雾均匀，达到全天候、全方位、全湿润的"三全"养护质量标准，养护效果极为显著，同时减少洒水工人 6 人，比常规养护节约用水 40%。

6. 主筋全定位绑扎

采用"胎具式、量具式、参照式"3 种定位工装进行整体钢筋绑扎，实现 102 种箱梁主筋全定位绑扎，整体吊装入模，使钢筋定位准确、线形美观，保证工程质量。

7. 箱梁自驱式液压内模

采用无线遥控技术伸缩控制和电驱行走机电设备配合替代传统卷扬机拖拉工艺,实现箱梁液压内模的快速安拆。采用整体龙骨结构液压内模,变形小、结构稳固,液压管路简明布置,好维护、故障少,采用固定和移动托架的电驱系统自动行走,自动移位、液压系统遥控操作,操作方便,安全更有保障,而传统内模进、出模型采用卷扬机拖拽方式,安全隐患较大。自驱内模见图 5-23。

图 5-23　自驱内模

8. 预应力钢绞线自动穿束、抽拔设备

针对铁路箱梁采用的成品束钢绞线,采用链条卡瓦式穿束台车,直线拖动、受力均匀,保证钢绞线束顺直无缠绕,钢绞线与两端锚孔一一对应,确保有效应力满足设计;抽拔台车由走行、横移、升降、拔管机构组成。采用 2 对条形轮夹紧、旋转抽拔橡胶管,出口后仍继续夹紧,完全避免了卷扬机或装载机拔管时高速反弹的安全风险。抽拔夹紧力均匀分布于橡胶管,减小橡胶管损伤,延长其使用寿命。同时拔管台车自行至制梁台座,可安全、快速完成所有橡胶管拔出。通过应用自动穿束抽拔设备可实现 2 人即可完成抽拔橡胶棒、穿束钢绞线、机械化切割钢绞线等工作,提高工作效率,降低人工成本。

9. 关键提、运、架设备

MG500 提梁机、1000 t/40 m 级搬运机、1000 t/40 m 级槽型低位运梁车、1000 t/40 m 步履式架桥机 4 台设备为集成了 GNSS 定位、油耗传感器、视频监控、胎压监测传感器、雷达等的信息化、智能化设备，采用纠偏、导航系统和落梁自动 4 点联动联调定位技术，可实现精准喂梁、精准落梁。实现跨度 20~40 m 高速铁路简支箱梁的架设，对不同跨度的简支箱梁具有很好的通用性，并满足大跨度简支梁运梁过隧和隧道口架梁等特殊工况需求。运架设备见图 5-24。

（a）1 000 t 级箱梁搬运机　　（b）500 t 提梁机

（c）槽型低位 1 000 t 运梁车　　（d）JQS1000 型架桥机

图 5-24　运架设备

第 6 章

基于 BIM 技术的高速铁路梁场智慧建造平台架构研究

为提升高速铁路预制梁场制梁信息化和标准化程度，采用"一个设计、一个系统"的一体化理念，构建基于 BIM 技术的智慧建造平台系统，接入人、机、料、法、环信息，打破梁场建设管理的时空限制，实现预制梁场的高效、绿色、安全的制造过程，提高预制梁的质量，降低预制梁的能耗。

6.1 高速铁路梁场系统总体设计方案

6.1.1 智慧梁场系统总体框架设计

智慧梁场系统总体框架设计既要考虑预制梁场规模、结构形式、功能定位、管理方式的多样性，还要考虑新技术、新算法的迭代升级，因此，智慧梁场总体框架应具有开放性和可扩展性。智慧梁场总体框架如图 6-1 所示。

基于现阶段预制梁场典型案例，提出智慧梁场系统"$1+N+1$"总体框架，即"1 个梁场信息管理平台，N 个梁场智能子系统，1 个梁场分析决策平台"。"1 个梁场信息管理平台"是指智慧梁场生产协同管理平台，以预制梁生产规范和管理细则为基础，以进度计划为主线，以任务单为驱动实现生产过程中的计划、进度、质量、安全、人员、设备、原材料等要素的在线协同管理和数据流通。"N 个梁场智能子系统"是指预制梁场辅助生产和管理的多套智能硬件系统，包括智能设备和智慧工地两个方面。智能设备是生产工艺升级的重要依靠，如智能钢筋加工设备、智能混凝土搅拌站、智能模板、智能布料机、智能张拉设备、智能压浆设备等；智慧工地是管理方式升级的主要手段，包括环境监测子系统、人员与机械监测子系统、智能视频监控子系统、二维码子系统等。"1 个梁场分析决策平台"是指基于数据驱动的可视化分析决策平台，集成管理数据和生产数据，分析数据关联性，挖掘数据价值，辅助生产决策，提升生产过程能效和资源利用价值。

6.1.2 梁场信息管理平台

智慧梁场管理平台对制存梁台座以及梁体赋予唯一编码，并以此为纽带对梁体生产计划、进度、质量、安全、人员、设备、原材料、文档等各个要素进行信息化管控，实现管理流程电子化、管理痕迹清晰化。

```
智慧梁场系统
├── 1个梁场信息管理平台
│   ├── 计划/进度管理
│   ├── 质量安全管理
│   ├── 人员/设备管理
│   ├── 原材料/文档管理
│   └── 其他管理模块
├── N个梁场智能子系统
│   ├── 智能设备
│   │   ├── 智能钢筋加工设备
│   │   ├── 智能混凝土搅拌站
│   │   ├── 智能模板
│   │   ├── 智能布料机
│   │   ├── 智能养护设备
│   │   ├── 智能张拉设备
│   │   ├── 智能压浆设备
│   │   └── 其他智能设备
│   └── 智慧工地
│       ├── 环境检测子系统
│       ├── 人员与机械检测子系统
│       ├── 智能视频监控子系统
│       ├── 二维码子系统
│       └── 其他智慧工地应用
└── 1个梁场分析决策平台
    ├── 成本分析
    ├── 进度分析
    ├── 质量提升
    ├── 安全保障
    └── 其他数据应用

数据流动通道
```

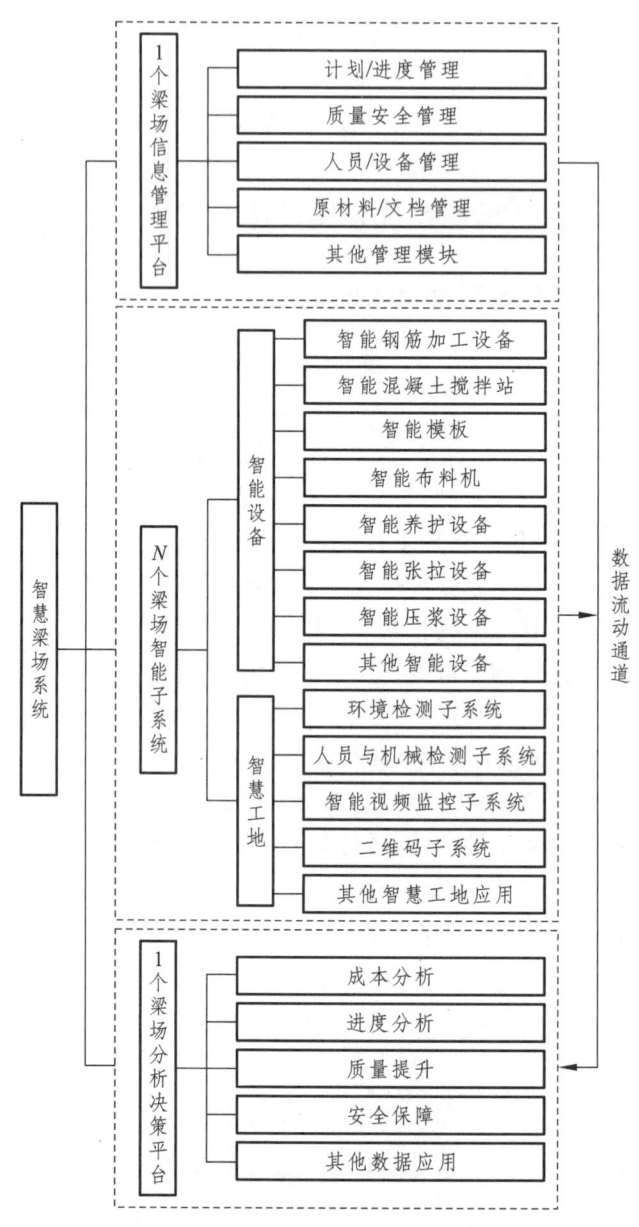

图 6-1 智慧梁场总体框架

1. 计划管理

预制梁生产进度受模板、原材料、制存梁台座、现场架设进度等多方面影响，因此，预制梁生产计划应基于各项约束动态调整。计划管理模块的首要功能是满足计划的线上编制、调整、审核及发布，其次是基于多约束的智能排产算法进行动态调整，以辅助现场决策，如图 6-2 所示。

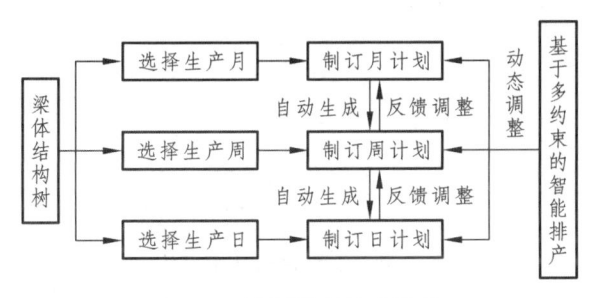

图 6-2 计划管理技术路线

2. 进度管理

进度管理分为梁场预制进度和现场架设进度 2 个维度。梁场预制进度可采用智能视频技术，对各生产工艺进行智能识别，及时更新工序进度；现场架设进度则通过存梁区梁体运出状态判断现场架设进度。在不考虑现场实际架设进度状况下，梁体运出存梁区则默认现场架设完成。通过进度管理模块精准掌握制梁、架梁进度，直观分析内在关联，从而对生产要素进行科学调配，提高预制梁场整体生产效率，如图 6-3 所示。

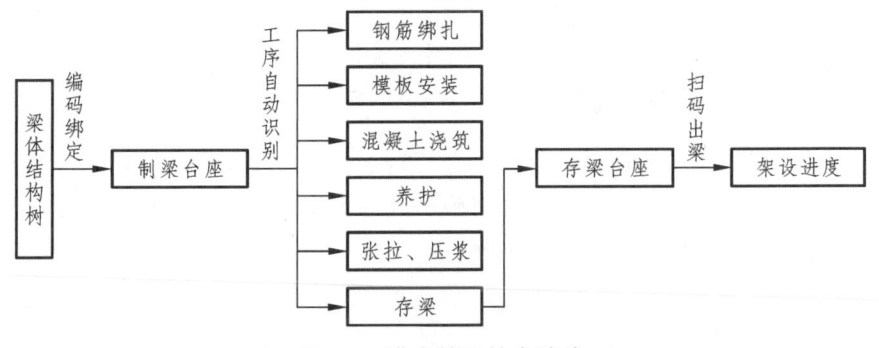

图 6-3 进度管理技术路线

3. 质量管理

质量管理通过工序卡控流程，确保每一道工序按照规范的控制措施进行质量控制，确保责任落实到人，确保过程资料留痕，形成有效管理措施，如图 6-4 所示。

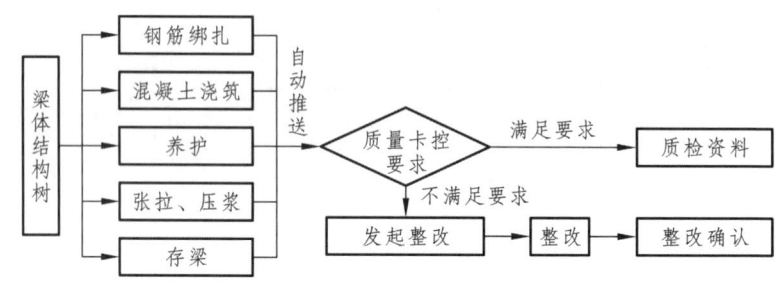

图 6-4 质量管理技术路线

4. 安全管理

现场管理人员在移动终端上记录安全问题或安全隐患，并推送至相关人员检查整改，整改完成后再次确认，完成检查闭合流程。同时，充分利用现场视频监控进行人员、机械设备的不安全行为和安全隐患的实时智能识别，并将结果自动推送给相关管理人员，如图 6-5 所示。

图 6-5 安全管理技术路线

5. 人员和设备管理

基于二维码和图像识别等技术进行施工人员和设备进出场登记，形成施工人员、设备唯一档案库，并将施工过程与施工人员、设备进行关联，实现施工人员、设备全过程精细管理。

6. 原材料管理

通过二维码技术，结合智能地磅，追踪钢筋、砂石料、水泥等原材料从计划申报、材料进场、检验、入库、出库、半成品加工到浇筑等全过程信息，实现对原材料的数量、质量、检验，以及施工队伍等精细化管理，管理技术路线如图 6-6 所示。

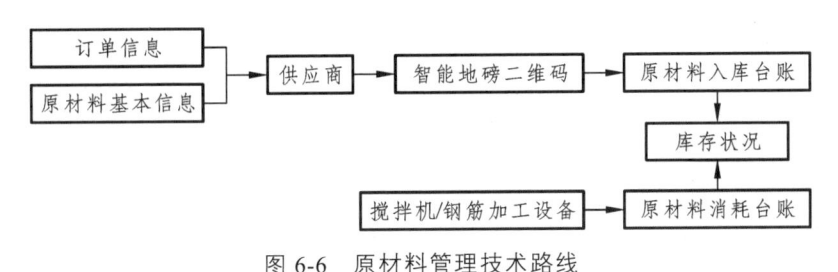

图 6-6 原材料管理技术路线

7. 文档管理

将梁场施工过程的批复资料、报告文件、质检资料、施工图纸等电子版资料进行分类管理，建立图纸管理库，通过图号与计量台账实现连接。

6.1.3 梁场智能子系统

梁场智能子系统是指预制梁场辅助生产和管理的多套智能硬件系统，包括智能设备和智慧工地两方面。智慧梁场系统通过数据接口与梁场智能子系统集成通信，实现对智能化子系统数据的读取和指令下发。

6.1.3.1 智能设备

智能设备集中应用在预制梁各施工工序中，实现施工工艺智能化。

1. 钢筋智能加工

钢筋智能加工是通过网络控制技术、机器视觉技术，利用可编程机器人实现材料智能化加工的过程，加工技术路线如图 6-7 所示。在预制梁生产领域，目前较为成熟的技术路线为：通过嵌入钢筋建模软件快速建立钢筋 BIM 模型，利用专业 BIM 软件进行碰撞检查对钢筋模型进行优化；随后利用规划算法和分组函数进行套料优化并生成用于生产的下料单；将下料单转换成钢筋设备可识别的格式（例如 XML 格式）导入钢筋加工设备接口程序并开始钢筋加工。

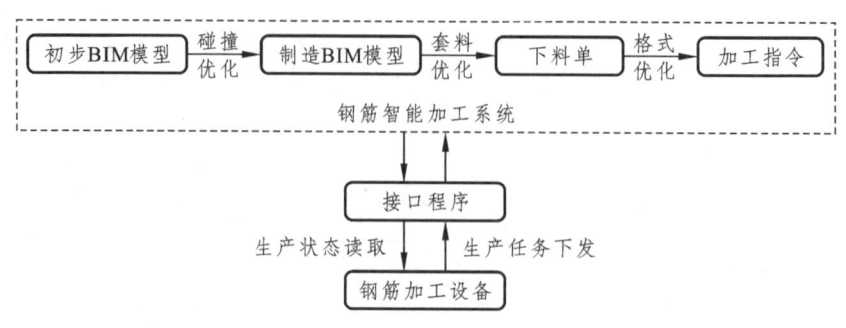

图 6-7　钢筋智能加工技术路线

2. 混凝土智能生产

混凝土智能生产是采用先进的物联网、云计算等技术，完成原材料智能检测、配比自动下发、混凝土搅拌、混凝土运输签收等系列操作，并在生产环节出现不符合规定的要求时进行自动处置，最终实现搅拌站精细化自动管控。

3. 智能模板

智能液压模板是通过智能控制系统实现外模自动走行定位、自动调平、自动整体抬升、平移等功能，内模自动撑开、下倒角自动旋转、自动走行等功能。智能液压模板一般还配备监测系统，包括激光测距传感器、水平倾角传感器、拉绳位移传感器等，通过PLC（可编程控制器）控制模板保障模板安装效率和精度。

4. 智能布料

智能布料是利用智能化设备将混凝土均匀浇撒在预制构件模板上并进行自动振捣的过程，智能布料机一般由控制系统、布料系统、振捣系统以及监测系统组成。控制系统给出指令信号对布料及振捣设备进行精确控制；布料系统根据指令浇筑时间在预制构件模板内均匀浇筑；振捣系统根据指令起点位置及相关振捣参数对混凝土进行振捣；监测系统则对布料机压力、流量、重量等参数以及振捣频率进行监测，并反馈回控制系统。

5. 智能养护

预制梁场智能养护系统一般由高压水泵、感应测温、自动控制器等组成，技术路线如图 6-8 所示。配合物联网和大数据信息化手段，自动感知梁体与环境温度、湿度，按照智能喷淋算法及养护规范，实现无人化、智能化、精细化的喷淋养护，提高养护质量，降低养护成本。

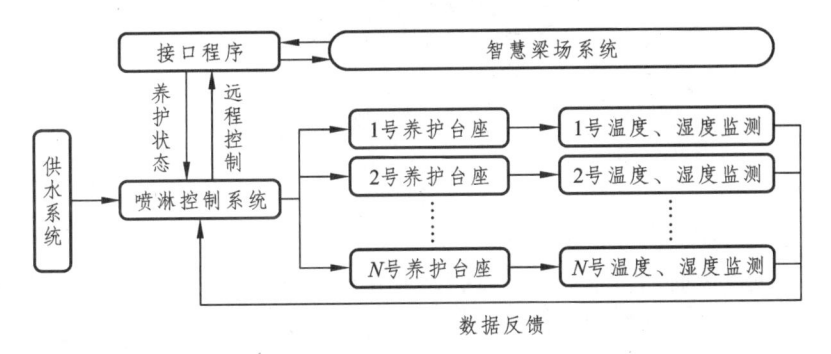

图 6-8 智能养护技术路线

6. 智能张拉、压浆

智能张拉系统包含预应力自动同步张拉设备及计算机控制系统，可实现预应力张拉过程中张拉力和伸长量双控；智能压浆系统包含压浆设备和控制系统，可实现自动上料、称重配料、高速制浆、低速储浆等功能。

6.1.3.2 智慧工地

智慧工地系统通过对梁场各生产要素进行自动化监测和数字信息集成，实现管理手段升级。

1. 环境监测

预制梁场环境监测不仅有利于保障施工安全，也有利于施工过程中的节能管理。环境监测包括风速、风向、大气颗粒物、温度、湿度等气候条件以及噪声环境，可利用风速风向仪、扬尘监测器、温湿度监测仪、分贝计等多种传感器进行感知，如图 6-9 所示。

图 6-9　环境监测

2. 人员机械监测

施工人员监测包括劳务信息、作业状态及健康状态监测，根据感知状态可以分为单人感知和群体感知。人员监测手段包括：利用无线射频标签进行人员身份识别；通过无线网络、蓝牙、超宽带、北斗卫星导航、RFID等手段进行人员位置监测；采用图像识别手段进行人员姿态监测。施工机械监测包括实时位置、运行状态和执行动作监测。机械监测手段包括：利用编码器、北斗等手段进行位置监测，通过机械内置传感器进行温度、速度、受力、起重量等参数监测，如图 6-10 所示。

图 6-10　机械指挥官

3. 智能视频监控

智能视频系统是使用机器视觉中的目标检测技术从监控视频中识别出关注的目标，然后通过目标跟踪、球机联动算法放大被检测的目标，使目标图像更清晰，最后再识别目标的身份和行为。一旦发现有不安全行为，系统立即提醒现场施工人员规范施工，同时以短信、微信消息推送等方式告知。智能视频监控可实现人脸识别、安全帽检测、抽烟检测、非法越界、高空坠物等主动识别和预警。

4. 二维码系统

每一片梁拥有唯一二维码作为其身份标识。梁体基本信息录入梁场管理系统时即生成二维码，随着梁体各工序进行，二维码信息自动更新。在梁体预制完成后，将二维码粘贴到梁体上，此时梁体记录信息包括：设计基本信息、各工序开始结束时间以及各工序相关参数。

6.1.4 梁场分析决策平台

梁场分析决策平台是对智慧梁场所有数据进行集中分析展示的可视化平台，是智慧梁场海量数据价值的体现。分析过程在云服务器或本地服务器进行，是发现预制梁场各要素在时空域和逻辑域的内在关联性的过程，是将不同子系统的信息分析后形成最后决策知识的过程。梁场分析决策平台融合 BIM、GIS 等模型及视图形式，集成管理数据和生产数据，构建三维可视化场景，进而实现信息数据的可视化管理。

1. 成本分析

智慧梁场施工成本包括材料成本、机械成本、人工成本以及其他成本，相关数据主要来源包括原材料管理模块、人员管理模块、设备管理模块等。利用这些与成本相关的数据进行分析，判断最优成本构成。成本分析数据源如图 6-11 所示。

图 6-11　成本分析数据源

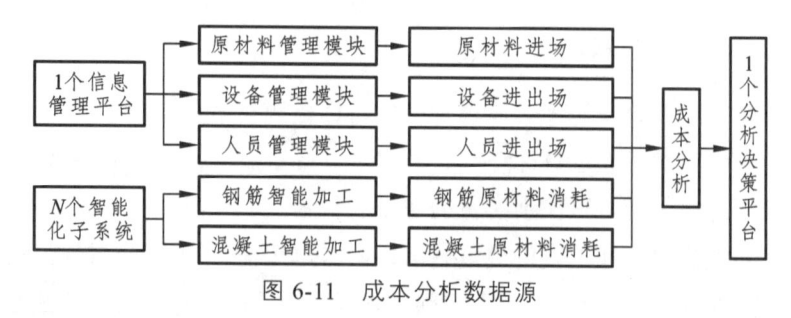

2. 进度分析

智慧梁场进度分析主要分为进度偏差和计划偏差分析，相关数据主要来源包括计划管理模块、进度管理模块以及各工序。将各工序进度进行整合，统筹判断当前进度是否正常，并分析影响项目进度的因素。进度分析数据源如图 6-12 所示。

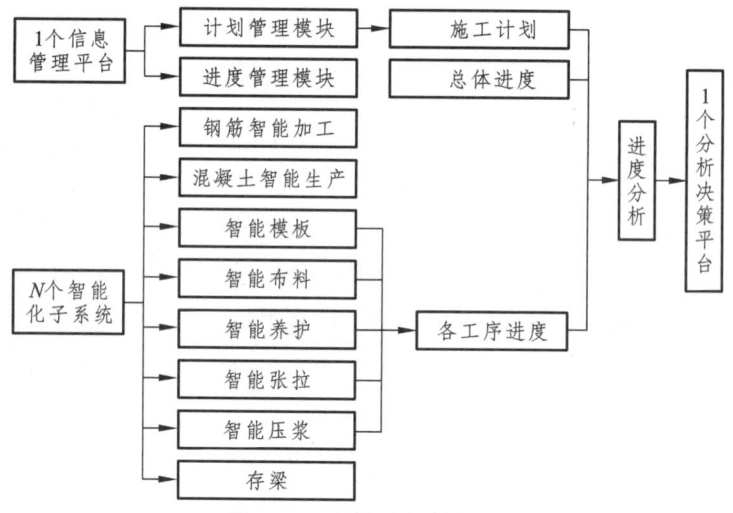

图 6-12　进度分析数据源

3. 质量分析

智慧梁场质量分析包括预制梁生产过程中各工序质量以及人工检查质量问题，影响质量的因素涉及人工、机械、材料等多个要素。相关数据主要来源包括质量管理模块、各智能化生产工序等。通过数据分析准确、及时把握质量问题并分析其产生的原因。质量分析数据源如图 6-13 所示。

第6章 基于BIM技术的高速铁路梁场智慧建造平台架构研究 | 201

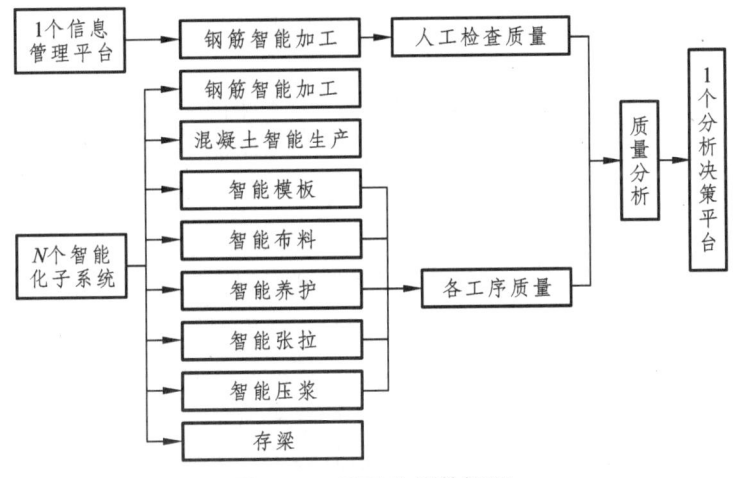

图 6-13 质量分析数据源

4. 安全分析

智慧梁场安全分析涉及施工过程中的人员、机械、施工方法、环境等因素。相关数据主要来源包括安全管理模块、环境监测模块、人员与机械监测、智能视频监控、安全积分超市等。通过整合施工安全相关数据，对施工过程进行安全风险监测和预警。安全分析数据源如图 6-14 所示。

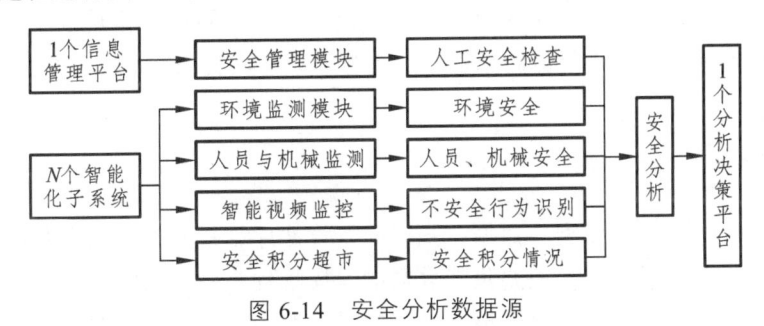

图 6-14 安全分析数据源

5. 其 他

智慧梁场数据价值的挖掘是一个按需动态执行的过程，对海量数据进行有效加工、情景加工、细分加工等处理可以将数字转变成工程决策能够理解的信息。在这一过程中，智慧梁场工程要素不断迭代优化，以达到最后目标。

6.2 高速铁路梁场智慧建造平台框架

基于 BIM 技术的高速铁路梁场智慧建造架构主要由物理实体层、孪生模型层、数据层、协同服务层和应用层共 5 层构成。

6.2.1 物理实体层

物理实体层是数字孪生智慧梁场系统的基础,主要指物理梁场内设备、产品和人员等一切实体及加工、运输和仓储等生产活动的集合。物理实体层通过组织、协调和管理将原材料制备成产品,并布置有传感器、射频识别、定位系统等感知设备,负责采集生产要素信息为上一层系统提供基础数据。物理实体层也服从系统的反馈信息命令,使整个系统的功能在物理空间中实现。

6.2.2 孪生模型层

孪生模型层是数字孪生技术的核心,是物理实体层在虚拟空间中设计开发所生成的数字模型及所有信息和知识的镜像。孪生模型层根据生产数据不断进行更新,实时映射物理实体层的状态。孪生模型层具有交互、协调和控制属性,主要负责创造出一个与真实环境一致的三维场景,在该场景中对排产调度、物料流转、制梁工艺等生产活动进行仿真、分析、优化、决策等。

6.2.3 数据层

数据层由孪生模型层数据、知识库、算法库、规则库、历史数据及梁场管控系统数据组成,主要负责数据的建模规划与数据交互传输处理,为全系统运行提供数据支撑服务。由于制梁过程中产生的数据具有多源异构的特点,数据层采用大数据和云计算等技术对这些数据进行关联、挖掘和分析来得到有效数据,最后还需要将这些数据通信机制反馈回孪生模型层。

6.2.4 协同服务层

协同服务层是建立在物理实体层、孪生模型层和数据层之上,面向用户服务的层级，其关键是将生产流程所有功能转换为服务对外提供。协同服务层需要将产品全生命周期的各个阶段相连接，打通整个系统的数据流与信息流。协同服务层还需负责提供改进方案和智能决策，例如：提供智能排产、协同工艺规划、产品质量管理、生产过程管控、设备健康管理及能效优化分析等各类生产服务。

6.2.5 应用层

应用层主要面向系统工程师、制梁操作人员和梁场管理人员等用户。应用层的实现应充分考虑各类用户的操作需求，实现桌面应用、Web 应用和移动端应用，辅助其提高生产管理决策水平。在应用层，可以利用虚拟现实或混合现实等技术对员工进行使用和维护培训，还可以拓展新功能，增加新的应用模块。

6.3 智慧梁场系统硬件信息接入

由本书 5.4.3 小节可知，智慧梁场系统硬件有：钢筋数控加工系统、预应力自动张拉系统、预应力管道自动压浆系统、静载试验自动加载系统、箱梁混凝土自动养护系统、主筋全定位绑扎等系统。

6.3.1 智能压浆机

智能压浆机作为孔道灌浆的主要设备，在工程项目施工建设中力小任重，必不可少。该设备主要用于输送灰浆，储料、搅拌、移动性强是它的三大特点。可以把粉料与液体等物料加入其中混合搅拌均匀，制备水泥灰浆等建筑材料，或是应用于后张预应力压浆、沥青路面就地冷再生制浆，隧道边坡防护制浆喷浆等。

智能压浆机如今已经高度集成化、智能化，施工便捷性极强，因而已经广泛使用。一般的机型主要由供配料、搅拌、制浆、储浆、压浆等集成化装置组成，内置相应的控制系统以简化操作，如进料系统、搅拌调速系统、称量系统、供水系统、自控系统等。分设高速和低速两个搅拌桶，可以高低速切换搅拌、无缝连接，以实现不间断提供物料。智能压浆机如图6-15 所示。

图 6-15 智能压浆机

6.3.2 智能张拉机

在现代化的桥梁道路建设中，预应力施工的推广使其关键的张拉工序要求越来越严格，随着技术不断发展，智能张拉机消除了传统人工方式的多种弊端，通过智能控制技术保持高精度和稳定性自动地进行钢绞线张拉，我国现行张拉技术按照技术规范文件执行。完整的智能张拉系统主要包括系统主机、千斤顶和预应力张拉仪。

通过预先设定的程序，计算机会对每台设备同步控制，精密传感器置于千斤顶上，可以将千斤顶压力和位移量转换成钢绞线张拉所用应力和伸长量等数据实时采集，系统主机收到采集的信息后判断分析，实时调控油泵完成对张拉过程的智能操控，同时记录张拉过程生成对应文件。系统张拉过程如图 6-16 所示。

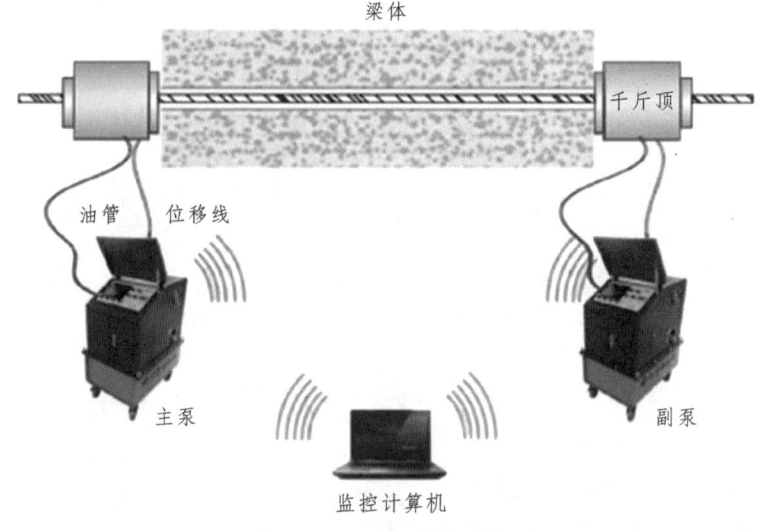

图 6-16 系统张拉过程

智能张拉系统功能特点有智能控制、应力精确控制缩小误差范围、自动补张拉和同步张拉等。正是由于张拉全过程计算机控制，极大地降低了人为施工所产生的误差，大幅度提高精确度，施工质量得到了有效保证。智能张拉和压浆在桥梁等工程建设的应用方面不但解决传统预应力和压浆不足的问题，还可以缓解施工强度，提高效率，在保证桥梁工程预应力和质量合乎规范和设计要求的基础之上，给施工方缩短了施工周期，提高了施工经济效益。

6.3.3 自动喷淋养生系统

在传统预制梁养生各种矛盾问题尖锐突出的情况下，显然已经不再适应生产力的发展要求，随着预制梁场大规模建设，预制梁生产逐渐规模化、一体化和科学标准化。为了跟随发展潮流满足当下需要，预制梁自动喷淋养生系统应运而生，凭借其全自动、全覆盖的养护特点，在梁场预制梁养护中大范围应用，是预制梁场流程化生产，加快周期化建设的关键技术之一。喷淋养生系统设备如图 6-17 所示。

图 6-17 喷淋养生系统设备

自动喷淋养生系统构成包括总控制器、传感器、电磁控制阀组、喷淋储水设备等。在预制梁进行喷淋时，根据设定的程序，系统在收到控制信号后自动开启电磁控制阀和水泵，在完成预制梁喷淋浇筑后开启预制梁养生。系统喷淋养护过程如图 6-18 所示，其系统功能特点有喷淋养护效果极佳、循环利用绿色节水、降低人工劳动力、提高工作效率等。

图 6-18 系统喷淋养护过程

6.3.4 梁场钢筋加工设备

目前大型预制梁场对钢筋加工设备的要求愈来愈高，首先对钢筋集中生产加工，根据钢筋不同规格型号有序标签分类，然后运输到钢筋绑扎区进行后续操作使用。预制梁场的钢筋加工厂区配备的机械化加工设备一般具有磁吸自动上料、多根剪切机械、四机头、双工位弯曲中心、弯箍、调直一体机等功能。随着 BIM 在建筑行业的推广，其三维可视化的优势凸显出来，可以结合 BIM 三维可视化直观统计生产钢筋数量，合理安排位置摆放以达成精细化布置管理，出色地解决了钢筋加工过程中的存放、运输等难题。

伴随着中国工业化进程全力推进，以及对钢筋需求量与日俱增和对钢筋形状多样化要求，自动钢筋弯箍机的量产加速满足市场订单和工业需求。该设备主要由机械和控制两大部分构成，机械部分主要包括钢筋输入、弯曲和夹断等机械构件，控制系统主要包括可编程控制器、触点继电器和开关电源。钢筋调直设备如图 6-19 所示。

图 6-19　钢筋调直设备

钢筋加工设备通过和 BIM 技术有效结合，很大程度上解决了智能化水平低下和钢筋材料损耗严重等问题，在提高生产效率的同时有效节约了钢材物料，使损耗率大大降低，减少对环境的破坏，还发挥了质量得到保证、能效得到提高的优势，其发展前景广阔，应用价值已经在梁场得到体现，与更多高新技术结合是新型设备发展的必然趋势，智能钢筋加工车间如图 6-20 所示。

图 6-20　智能钢筋加工车间

6.4　基于 BIM 技术的高速铁路梁场智慧平台实现

我国为了加快建筑工业化、数字化、智能化升级，进一步提升建筑业发展质量和效益，住建部同国务院有关部门制定并颁发了《关于推动智能建造与建筑工业化协同发展的指导意见》，其总体方针是积极推动实施国家大数据、工业生产智能化战略，立足于智慧建造关键技术，以大力发展建筑工业化为载体，以数字化、智能化升级为动力，形成涵盖科研、设计、生产加工、施工装配、运营等全产业链融为一体的智能建造产业体系。基于此，预制梁场智慧建造总体目标可归纳为：将传统的预制梁场建造模式转化为通过科学技术进行动态感知、实时分析、自主决策和实时评价的智慧建造模式，实现预制梁场的高效、绿色、安全的制造过程，提高预制梁的质量，降低预制梁的能耗。在预制梁场智慧建造理论体系的驱动下，实现智慧建造需从 4 个方面进行探索，即基于 BIM 技术的标准化设计、基于 BIM 技术的智慧工厂、基于 BIM 技术的装配化施工、基于 BIM 技术的信息化管理平台。

6.4.1 基于 BIM 技术的标准化设计

智慧建造是继工业化、数字化、智能化的下一个发展阶段，工业化的典型体现就是装配式施工。标准化生产是装配式施工的重要前提保证，标准化设计为达到预制构件标准化而奠定基础。标准化设计的主要内容是对各模块进行标准化参数设计，这样的话才能满足构件在工厂预制生产的要求。现如今大众对建筑样式的要求越来越多样化，为迎合大众的多样化需求，故在标准化设计的同时也应考虑到多元及多样性，使得预制构件更加大众化。随着信息化的广泛应用，其 BIM 技术在设计阶段建立的预制构件族库为解决项目各参与方信息共享起到了很好的助推作用。装配式预制梁的预制构件大多要在预制梁场提前预制加工，为了保证预制效率与质量，必须在加工前对构件进行深化设计。设计是依托 BIM 软件对预制构件模型进行系统化的集成，故需要提前建立预制梁的 BIM 构件库，如图 6-21 所示。通过建立的 BIM 构件库，可以不断地扩充、增加和完善虚拟构件的数量、规格、型号、种类等属性以达到标准化的要求。

（a）40 m T 梁　　　　　　　　（b）30 m T 梁

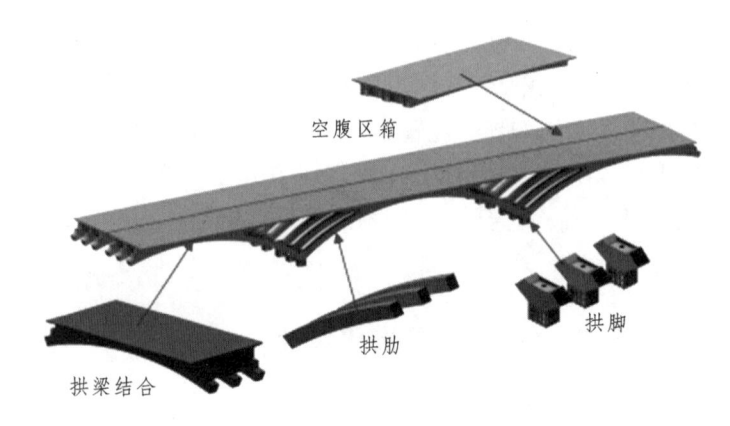

（c）桥梁上部结构

图 6-21　钢拱桥精细化 BIM 模型

传统方式是在施工图完成后由厂家拆分构件而去生产的，这样做的话会因为方案的不合理费时费力而难以协调，为避免此类技术经济性问题的困扰，应该在设计策划时就各个专业介入协调，确定好细化目标提前进行方案创新式的构件拆分。通过 BIM 可对预制梁的单个构件进行可视化分析，对二维设计图纸进行复核，如图 6-22 所示，自动生成各类拆分方案图与统计表，并完成整体计算分析，将深化模型导入仿真分析软件按设置好的规则进行检查与参数矫正等工作。

图 6-22　利用 BIM 技术对二维图纸进行复核

6.4.2　基于 BIM 技术的智慧工厂

从智慧建造的本质来讲，智慧工厂应该是智慧建造的首战场，由于工厂生产场景相对固定，产品标准化程度较高，流程清晰，面向建筑产品的智慧生产过程更接近制造业。加工制作主桥钢箱梁的智慧工厂的管理全过程具有三个比较典型的特征,即全要素数字化、全流程网络化和数据驱动的决策智能化。

1. 全要素数字化

对生产阶段的全要素进行数字化是从产品设计数字化模型表达,向工艺、制造、服务等全生命周期阶段全要素的数字化模型的表达延伸。"人、机、料、法、环"是全面质量管理理论中 5 个影响产品质量的核心要素的简称,在智慧工厂的体系构架中,也要对这 5 个要素进行数字化和虚拟化,打破原有以文档和图纸为核心的产品描述方式,建立统一的建筑产品、构件或部品的 BIM 三维模型及标准。基于 BIM 三维模型统一数据源管理,产品能在研发、生产、施工和运维过程中保持唯一数字化模型的不断迭代,并在全生命周期活动中,通过建立共享的数据库和知识库,实现全生命周期的 BIM 三维工程应用。

2. 全流程网络化

全流程网络化实际上是在工厂中搭建畅通的传感网络,对单独工厂、智能设备、构件或部品仓储、生产执行等工程大数据进行获取,形成全要素的数据信息传输通道,实现数据网络化,确保数据在流程上的贯通,以及各业务环节数据智能协同并形成闭环。产品全生命周期及生产全生命周期向一体化和价值链广域协同模式进行转变。

3. 数据驱动的决策智能化

数据驱动的决策智能化是基于工厂生产中工业大数据和工程大数据的挖掘与应用,持续改进生产过程的性能和生产决策效率。其通过全流程网络传输的数据,利用智能优化算法和仿真持续改进生产性能,开展资源约束的最优化排产、生产全过程管控、产品质量全过程监控、预测偏差等管理活动。这一特征实现了从经验决策模式向工程大数据支撑下的智能化管理模式的转变。

通过 BIM 模型对预制梁构件进行信息化表达,自动生成构件加工图,并能够清晰地表达复杂空间剖面关系,将实现模型与预制厂的紧密连接与协同。BIM 模型能够真实反映建筑实况，利用 BIM 软件可以直观地表达预制构件的钢筋、混凝土等空间关系和参数属性，其碰撞检查功能还可以深化设计连接节点，并且自动生成构件下料单等表单，可以形成动画模拟等可视化表达方式，以便更直观地向工人进行技术交底，理解设计意图。如钢箱梁拼装在工厂内完成，实现全天候作业，有效保证钢箱梁制造质量，提高生产效率，广泛应用便携式智能化焊接机器人，进行钢箱梁总拼、全位置焊接作业，提升焊接质量一致性，采用新型组装定位装置替代传统临时马板固定等方式，减少对母材的损伤，如图 6-23 所示。

图 6-23　采用便携式焊接机器人对钢箱梁全位置焊接作业、新型组装定位

钢箱梁涂装也在专业厂房内进行，厂房温湿度自动调节，配备有除尘、温湿度控制系统，满足涂装质量和安全环保标准要求，外表面喷涂采用轨道式机器人，多台并行作业，喷涂质量和效率大幅度提升，如图 6-24 和图 6-25 所示。

图 6-24　智能化喷涂厂房

图 6-25　轨道式喷涂机器人

6.4.3　基于 BIM 技术的装配化施工

1. 施工场地布置

塔吊等关键施工机械的布置情况会大大影响到装配化施工效率。在施工过程中，若因为塔吊布置欠妥，常常会发生二次倒运预制构件的情形，故应该事先明确塔吊型号、尺寸及作业面等条件，针对塔吊布设方案进行 BIM 模拟预演分析，最终选择最优方案。将 BIM 技术应用到施工场地布置，不仅可以优化预制构件存放场地、运输道路规划等，还能规避影响施工进度的材料二次倒运现象等，使得运输机械设备更高效地工作运转。

2. 施工现场质量管理

在装配化施工阶段预制构件的安装将会直接影响建筑质量，其过程中吊装顺序、节点核心区钢筋模板、灌浆技术等尤为关键。通过 BIM 技术将进度关联到 3D 模型，进行 4D 施工进度预演，并运用可视化对施工工序进行模拟，以保证工程按照进度计划合理地进行。此外，项目各部门通过 BIM 模型进行沟通与协同，重点把控重要节点与部位，做到合理分配时间与空间任务，尽可能避免延误工期。在 BIM 中确定预制构件的吊装顺序并模拟吊装工序，可通过模型使施工队直观了解构件尺寸、类型等信息，提高工作效率，确保提升安装质量。另外，通过数据协同平台即时了解构件位置、安装进度等信息，及时上传相关施工数据到管理数据库，以保证质量可追溯。

3. 复杂构件模拟与预拼装

在施工前通过 BIM 软件进行碰撞检查,可发现设计中碰撞点预先进行更改处理,节省工期避免后期的设计变更。在施工过程中预先对复杂构件和质量控制点,进行方案设计与尺寸的优化是必经环节。传统的深化设计方式依赖于平面图纸,不仅耗时且经过交底后依然可能受制于施工工艺而无法顺利执行。利用 BIM 技术进行信息集成,协调设计阶段和施工阶段的信息资源,通过三维模型对施工难点、工艺、进度等进行预判化处理,可事前把控施工过程,大幅度提升建筑效益,如图 6-26 所示。

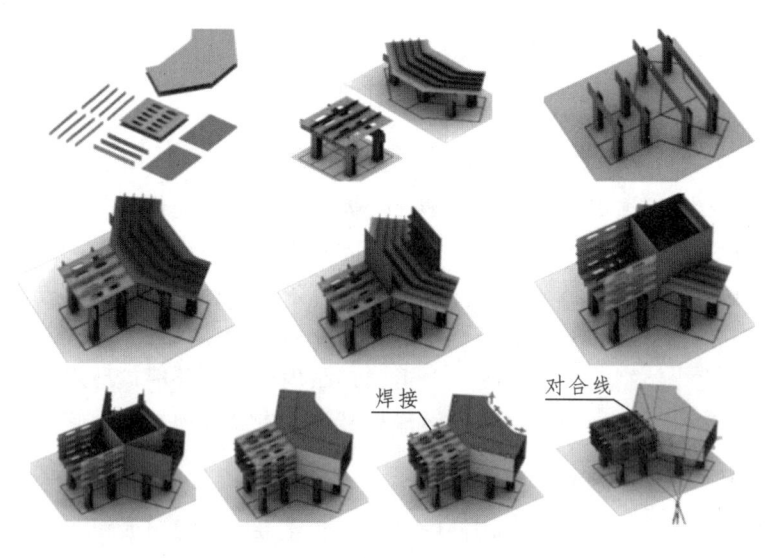

图 6-26 拱脚钢构件 BIM 施工模拟

6.4.4 基于 BIM 技术的信息化管理平台

依托 BIM、人工智能、物联网、三维激光扫描、GIS 等高新技术建立梁场生产信息管理系统,集成进度、安全、质量、物料管理平台,为项目安全管理、生产管理、进度管理等提供技术支撑,切实起到为项目策划和管理服务的作用。进度管理模块用来查看和管理梁场的总体部署、梁场的施工进度以及制梁、架梁进度,标识梁片制梁、存梁方向,通过施工模型深化获取梁片生产、加工信息,并可以查询各生产线对应的梁的详细信息。梁场生产管理模块利用数字孪生技术,实现梁场物理模型与智慧梁场虚拟模型的一一对应,实时反映梁场实际生产情况,进行科学派工。对梁的生产工序和台座使用情况进行填报,实时展示整个梁场的生产情况,包括梁的数量统计、位置分布、台座空闲与占用情况等。如钢箱梁信息系统融合了下料、加工、拼装、涂装等过程的数据,形成钢箱梁四线一系统智能制造服务新模式,在智能工艺设计与加工方面,应用自主研发的智能化参数建模系统,快速建立 IFC 标准模块化 BIM 模型,规范编码,通过一物一码关联制造信息,使管理的合理度缩小至零件级别,应用 BIM 模型生成施工图纸,导出 PLMP 图,自动完整的抽出 EDI 电子数据,生成 BOM 清单等,如图 6-27 ~ 图 6-30 所示。

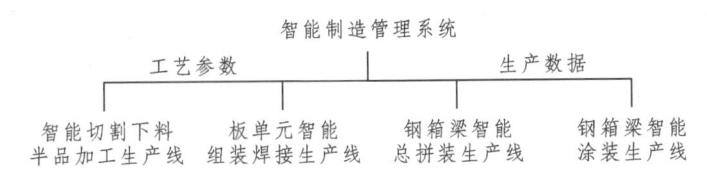

图 6-27 拼装焊接智能制造四线一系

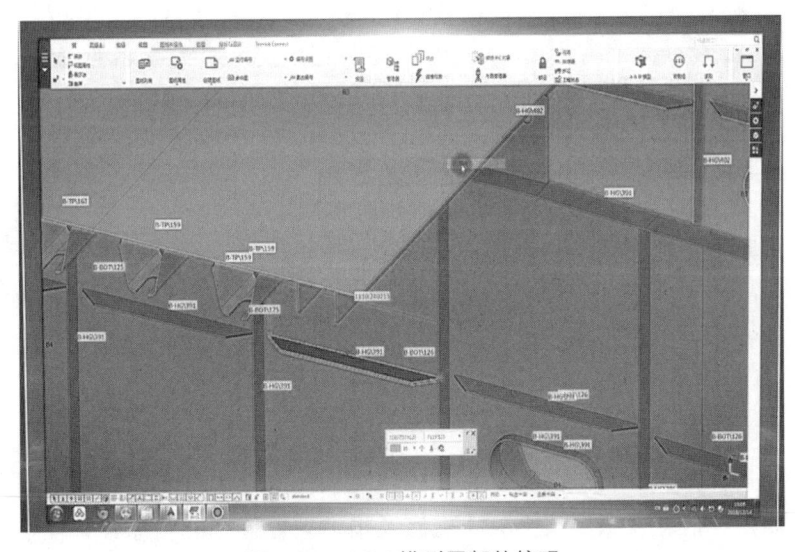

图 6-28 BIM 模型零部件编码

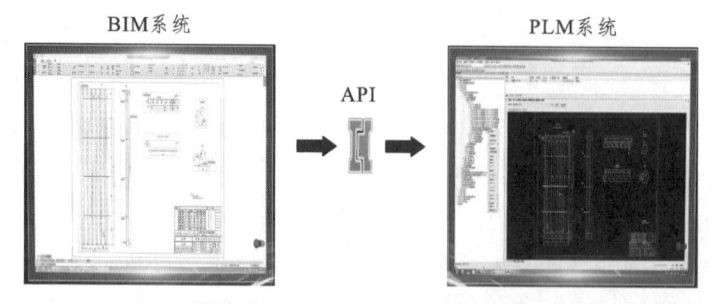

图 6-29 BIM 模型生成施工图纸

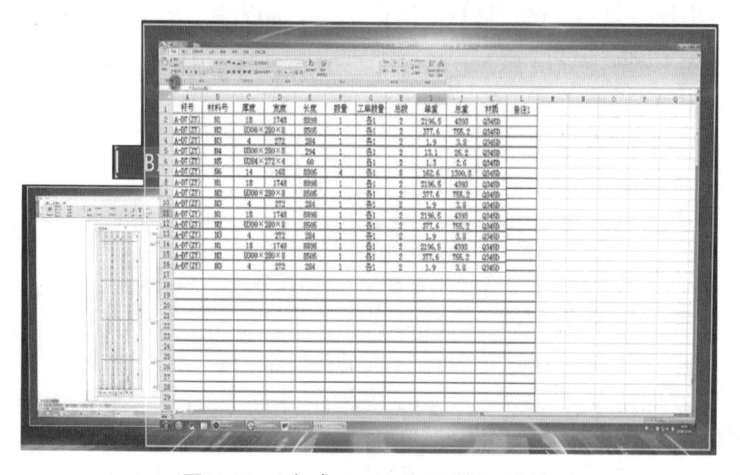

图 6-30 生成 BOM 产品数据清单

6.4.5 智慧梁场协同管理平台应用

预制梁场的智能建造系统由三大系统构建而成：安全管理平台、质量管理平台、梁片生产管理系统。具体包括操作终端、展示终端、智能设备控制模块、信息采集模块、辅助分析模块等。

1. 安全管理平台

（1）人员安全管理。采用"门禁系统＋考勤系统＋实名制系统"相结合的方式，将人员管理与各子系统应用关联，实现人员实名制、考勤、门禁、监控、信息发布、安全技术交底及培训教育等智能化综合管理。每道管理流程均进行数据采集，对没有交底或培训教育不合格者予以清退。

（2）智能监控。在梁片预制区域安装监控设备，将现场施工画面通过无线网桥、有线（光纤）传输到主控中心，实现施工情况远程观看。对监控视频实时扫描分析，出现人的不安全行为或物的不安全状态时，自动截图存档，提交平台处理，并同步预警。

（3）特种设备管理。针对门式起重机等特种设备运转情况进行实时监测、雷达预警，将无声管理变成有声管理。

2. 质量管理平台

（1）梁体尺工前智能控制。

建立液压顶升装置智能同步控制系统。每个液压千斤顶设置传感器，模板首次安装检查合格后，对各千斤顶位移自动记录，合模根据记录值自动控制，避免人工操作导致尺寸偏差。智能液压动力控制单元，通过内置式位移传感器与同步控制系统配合，实时感知模板脱模状态，自动调节各部位动作，配合大刚度整体模板，解决原单一式液压模板脱模不同步、模板"卡死"的问题，无需"敲、打、撬"脱模，同时有效减小模板变形、避免梁体损伤，充分发挥生产线固定"节拍"生产的优势。

（2）混凝土自动振捣。

通过安装在梁片模板的附着式振捣器，根据混凝土的浇筑顺序、速度，一键控制振捣器开启，设定振捣时间，以免混凝土漏振、过振，提高混凝土浇筑质量。

（3）梁体平稳移动。

采用变频调速＋无线技术，电机柔性启停，避免台座启动与停止过程的冲击影响梁体质量。台座移动速度可调，操作人手持无线遥控器操作，随时掌握梁体移动姿态，确保梁体移动状态，保证梁体移动平稳。

（4）智能张拉压浆。

实时监控张拉应力大小、伸长量、伸长率，自动进行错误纠正、数据同步等张拉压浆全过程控制。如超出标准立即发出预警，追踪异常数据，及时通知技术人员分析原因，采取措施，同时记录压浆时压力、流速、浆液水胶比等数据。

（5）梁片二维码管理。

对每片梁的基础信息、生产信息生成唯一的二维码标识。其中，基础信息包括梁编号、梁类型、所属桥梁、工程部位、工程量信息、资源清单、属性信息等，生产信息包括计划架梁日期、计划制梁日期、计划完成制梁日期、各生产工序的信息、生产状态、台座位置、实际开始制梁日期、实际制梁完成日期等。

（6）智慧蒸养管理系统。

将蒸养数据接入管理平台终端，通过平台监控整个养护过程，对养护全过程数据信息进行记录、保存、读取，形成养护施工记录表格。同时在蒸养控制箱中加装网络传输模块，利用手机端应用程序实现对蒸养参数的远程控制。

（7）智能检测。

将钢筋间距、保护层厚度等检测数据自动上传，形成检测记录，生成对应梁片合格率，判定是否合格。

3. 智慧梁场协同管理平台

智慧梁场协同管理系统如图 6-31 所示，预制梁场管理系统是对梁场的生产活动进行智能管理，主要分为"梁场进度管理、梁场生产管理"两个大的部分。进度管理部分用来查看和管理梁场的总体部署、梁场的施工进度以及制梁、架梁进度，标识梁片制梁、存梁方向，通过施工模型深化获取梁片生产、加工信息，并可以查询各生产线对应的梁的详情信息，如图 6-32 所示。

图 6-31 智慧梁场协同管理系统

(a)　　　　　　　　　　　　　（b）

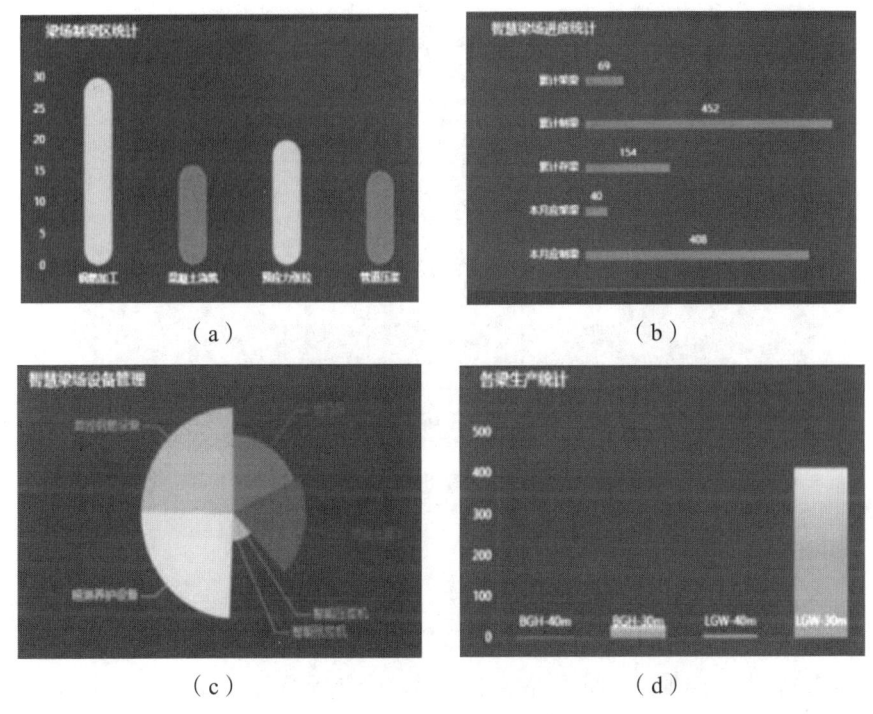

(c)　　　　　　　　　　　　　（d）

图 6-32　协同管理平台局部详图

4. 梁场生产信息智能交互

利用数字孪生技术，实现梁场物理模型与智慧梁场虚拟模型的一一对应，实时反映梁场实际生产情况，进行科学派工。对梁的生产工序和台座使用情况进行填报，实时展示整个梁场的生产情况，包括梁的数量统计、位置分布、台座空闲与占用情况等，如图 6-33 所示。

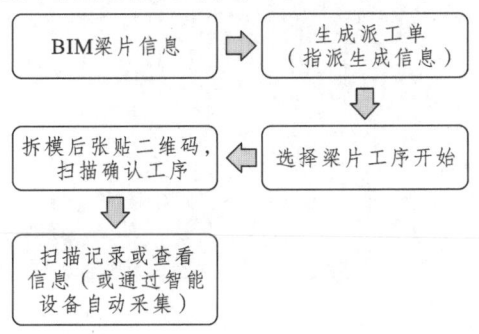

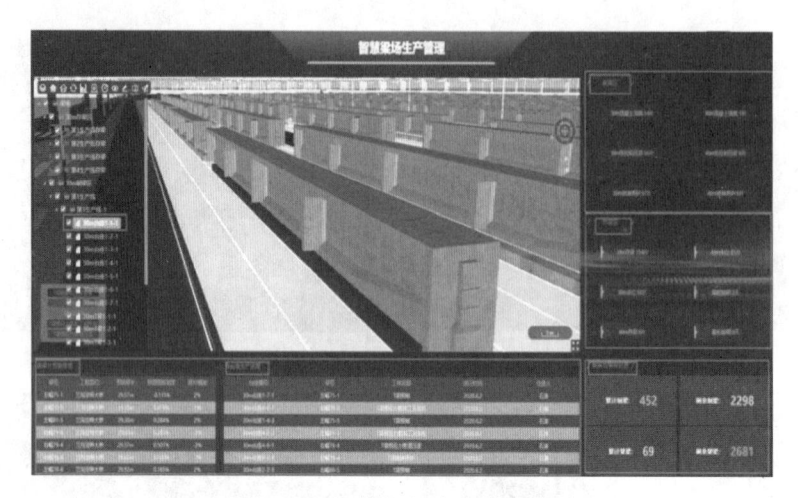

图 6-33 智慧梁场生产管理系统

5. 梁场混凝土施工智能控制

混凝土的很多问题都与养护条件有关，如混凝土强度、裂缝以及硬化后的耐久性等质量问题。混凝土的养护要做到合理的保温和保湿，并将这种状态持续一定时间，使得混凝土各项性能获得良好的发展。为了适应预制梁场智慧建造模式下混凝土的自养护，专门设计了混凝土智能养护室。建设完成后的预制混凝土梁智能养护室内所配备的养护设备已经实现系统化、智能化养护条件，自动化程度高，在不同季节不同温度下，可自动根据室内外环境调节温湿度。混凝土施工智能控制系统如图 6-34 所示。

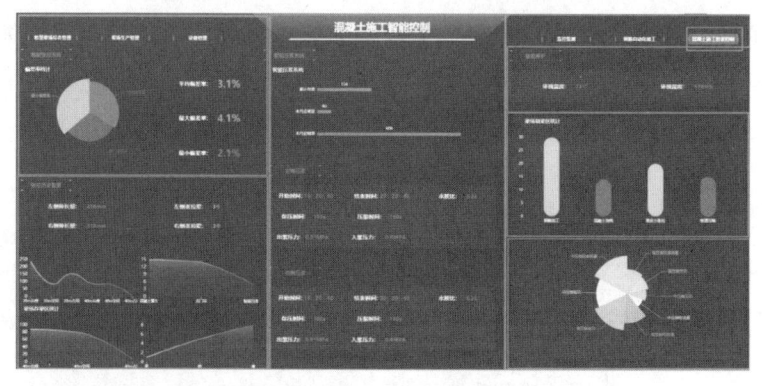

图 6-34 智慧梁场应用平台——混凝土施工控制系统

第 7 章

高速铁路智慧梁场箱梁运输与架设效率研究

箱梁运输与架设是桥梁工程的重中之重，其施工效率对整个铁路项目的进度目标影响巨大。因此，科学地确定箱梁运、架的效率，合理规划箱梁的运输与架设方案，对整个高铁项目工期与质量的重要性不言而喻。本章将在箱梁供应充足的假设条件下，深入分析工作时间制度、运梁车速度以及运输距离等因素对箱梁运架效率的影响，从而为科学确定箱梁的运架工期提供重要决策依据。

7.1 预制箱梁运架仿真模型

在这一部分中，将首先按照晋江梁场的运架工艺流程和实际资源配置情况建立仿真模型。之后，再考虑按照事先编制好的架设计划表进行架设，按施组计划指导的里程方向，进行运架仿真实验。

7.1.1 运架工艺流程

箱梁的运输方式主要有两种：一种是运架一体设备；另一种是轮胎式运梁车单孔运输，由架桥机完成架设作业。两种方式各有侧重，目前工程实践中运用较多的为后者，且两者主要工艺流程几乎一致。如图 7-1 所示为箱梁运架工艺流程。

（1）存梁场提梁工序。

运用梁场轮胎式提梁机将满足架设条件的箱梁吊运至运梁车上，并根据规范进行精确对位，完成装梁作业，并进行全面检查，确认无误。

（2）箱梁运输工序。

运梁车运送箱梁经运梁便道进入正线路基，运送箱梁重载速度应控制在 3~5 km/h，曲线及坡道等特殊路段，应将重载速度严格控制在 3 km/h 之内。由于箱梁质量较大，当运送箱梁接近喂梁位置时，应将运梁车重载速度逐渐减速至停止，以保证此时运梁平稳，得到架桥队伍发出喂梁信号后，进入喂梁工序。

（3）喂梁工序。

运梁车运梁到架桥机架桥位置位，并且架桥机过孔就位后，开始喂梁工序，先将架桥机前天车与箱梁连接起吊，再由架桥机前天车与运梁车驮

第7章 高速铁路智慧梁场箱梁运输与架设效率研究

```
①存梁场提梁
    ↓
②运梁车运梁 → 运梁车运梁到位
    ↓          架桥机过孔就位
    │
    │        → 架桥机前天车连接箱梁并起吊
    │        → 运梁车与架桥机连接
③喂梁工序  → 前天车与耿梁小车同步移动
    ↓        → 架桥机后天车起吊箱梁
④运梁车返回
    ↓
    │        → 架桥机前后天车同步移动
    │        → 纵向、横向精准对位
⑤架梁工序  → 落梁、千斤顶顶起
    ↓        → 调整四角高程、支座灌浆
    │        → 等待浆体强度、收降千斤顶
⑥架桥机过孔就位
```

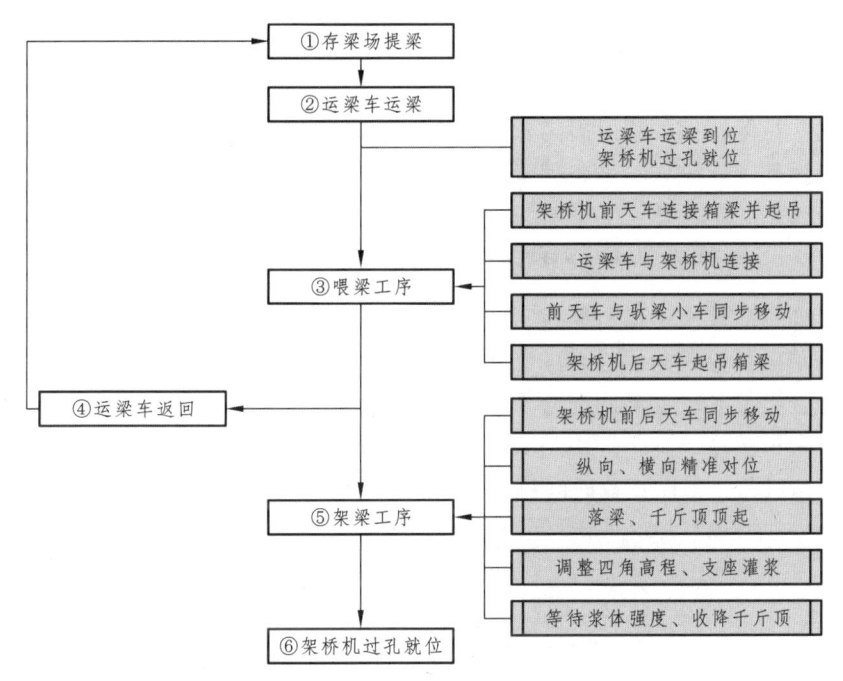

图 7-1 箱梁运架工序

梁机构同时移动完成喂梁；移动到后天车连接箱梁的位置后，架桥机后天车与箱梁对接，前后天车同步起吊，此时喂梁工序才算完成。需要注意的是，喂梁工序需要同时占用运梁车和架桥机两个设备资源，当架桥机的前、后天车同步吊起箱梁时，才能释放运梁车设备资源，随后运梁车开始返回工序，即运梁车空载返回存梁场再进行提梁作业。

（4）箱梁架设工序。

喂梁完成后，架桥队根据架设规范，控制架桥机前、后天车同步移动，进行纵向与横向移动精准对位；确认无误后，将箱梁缓落至已设置千斤顶上，并调整箱梁的高程与受力位置；确认无误后，进行支座灌注高强度砂浆，完成注浆需要等待浆体凝固，一定时间（约 2 h）后，对试块压力测试，确认强度达到 20 MPa 标准后，收缩千斤顶，此时支座完全受力，安装支座围板并确认无误后，架设工序完成。

（5）架桥机过孔。

架设工序后，架桥机需移到架设下一榀梁的孔位。首先，桥面安装临

时轨道，调整架桥机液压车轮于轨道上，并顶升支腿离开墩面；之后，操控电机使架桥机前移，确认到下一个孔位后，调整支腿液压，升起架桥机主梁，拆除桥面的临时轨道；此时全面检查架桥机状态并确认无误后，架桥机过孔工序完成，准备架设下一榀箱梁。

7.1.2 箱梁运输与架设逻辑

通过对整个运输与架设工艺流程进行分析，运梁工序与架设工序不只是简单的并行或前后连续的工序，而是两种方式的混合，运梁车与架桥机资源在喂梁阶段需共同配合作业以完成对接，不能孤立地只考虑运梁工序或者架设工序，整个运输与架设工艺流程抽象整理为仿真模型的工序，如图 7-2 所示，工序作业时间见表 7-1。

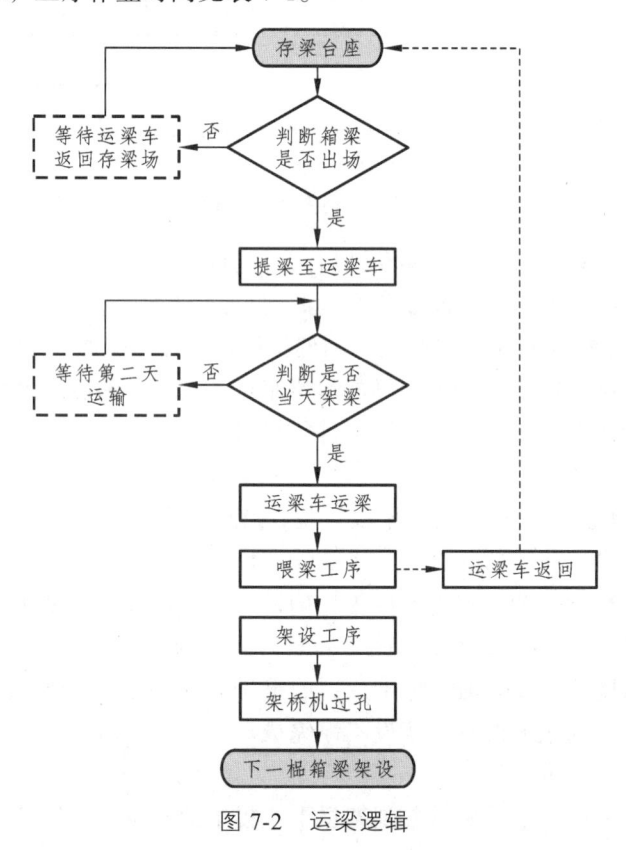

图 7-2 运梁逻辑

表 7-1　架设工序时间分布

类型	工序号	工序名称	时间分布/h	人员配置/人
固定工序	①	提梁机提梁	TIRA（0.67，0.83，1）	8
固定工序	②	运梁车运梁	TIRA（4.5，5，5.5）	3
固定工序	③	喂梁工序	TIRA（0.67，0.75，1）	13
固定工序	④	运梁车返回	TIRA（1.75，2，2.5）	3
固定工序	⑤	箱梁架设工序	TIRA（3.5，3.75，4）	13
固定工序	⑥	架桥机过孔	TIRA（0.75，1，1.33）	13

如图 7-3 所示，通过对箱梁的运输与架设的综合分析以及逻辑建模的基础上，通过计算机仿真软件建立了仿真实验模型。

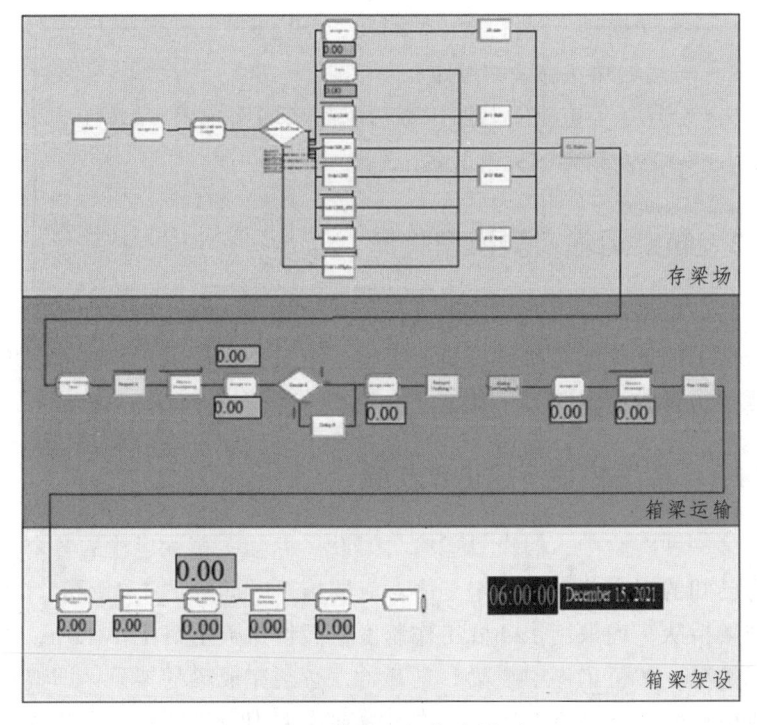

图 7-3　箱梁运架仿真模型

箱梁架设过程中，有若干桥段，此时需要架桥机解体进行桥段之间的转换，需要 10~12 d 的转换时间；在桥梁设计中架桥机架设的箱梁为标准混凝土构件，高铁建设项目设计中有拱形或者带有弧度的桥段时，需要连续现浇梁来满足桥梁设计的要求，此时架桥机不解体过孔，需要 1~2 d 的时间。根据实际情况，桥段转换与连续梁过孔等不确定性工序将在下一章箱梁运架对箱梁存梁的影响中考虑。

7.1.3 运输距离公式确定

根据对箱梁运输与架设的分析，每榀箱梁运输架设完成之后，下一次运输的距离就会发生变动，即每次运梁的距离都是不同的，并且每次都在增加，故箱梁每运一榀梁的运距公式的表达见式（7-1）。

$$S_i = D_j + (i-1) \times N_1 \tag{7-1}$$

式中　i——第 i 榀梁，$i \in (1, 2, 3, \cdots)$；

S_i——运输第 i 榀梁的运距；

D_j——第 j 个桥段的起始位置与梁场之间的距离；$j \in (1, 2, 3, \cdots)$；

N_1——铺设箱梁的标准长度。

7.2 箱梁运输实验模型验证

为验证模型的有效性，这里进行了两种验证实验：第一种是固定工序时间条件下的单片梁运架仿真验证实验；第二种是极限工作时间制度情形下的运架仿真验证实验。

7.2.1 单榀箱梁运输仿真实验

在第一种实验中，假设只运输与架设一榀梁，箱梁运输的各个工序的时间为已知的固定值，所规定工序对应的施工时间如图 7-4 所示。实验运输队与架桥队，均采用 12 h/d 工作制度，假设每天上班工作 12 h，并且根据实际情况，架桥工序中喂梁一旦开始，必须完成梁的架设，即架桥机过孔完成架桥队才能结束当天的工作，故在模型中对于架桥机和架桥队均采用 ignore 调度规则。在 12 h 工作时间制度内未设置休息时间，在架桥工序中，存在如等待支座灌浆强度 2 h 左右时间等，此时仅需要很少的人员配置，架桥队人员会轮班休息，故模型中架桥工序设置固定休息时间，以节约时间，运输队与架桥队下班后 12 h 为非工作时间。

如图 7-4 所示，可以看出一片梁运输与架设的时间，从存梁场提梁运输开始到一榀梁架设完成过孔，其中运输工序与运架工序中有运梁车与架桥共同作业的交接工序，即喂梁工序（图中划线矩形），故运输与运架周期分别为 8.5 h（浅灰色矩形）和 6 h（深灰色矩形）。执行仿真实验，将图 7-1 中的各工序时间输入仿真模型中，并将实体数量设定为 1，仿真模型输出结果如图 7-5 所示，该榀梁运输与架设周期实际时间为 12 h，与理论分析计算结果一致。单榀箱梁运输与架设的固定工序时间仿真实验说明，仿真模型在工艺流程的时间逻辑和资源的 Schedule 方面与预期一致。

7.2.2　运输与架设极限时间仿真实验

极限时间的仿真实验假设所有的资源都执行 24 h/d 工作制，保证制梁的各工序之间是连续的，观察架设周期平均值。根据前文中对运输与架设工艺流程的分析，结合文献历史数据与现场调研，将相关数据处理成三角分布公式作为相应工序的输入时间参数，设定生产数量为 663 榀梁，设置

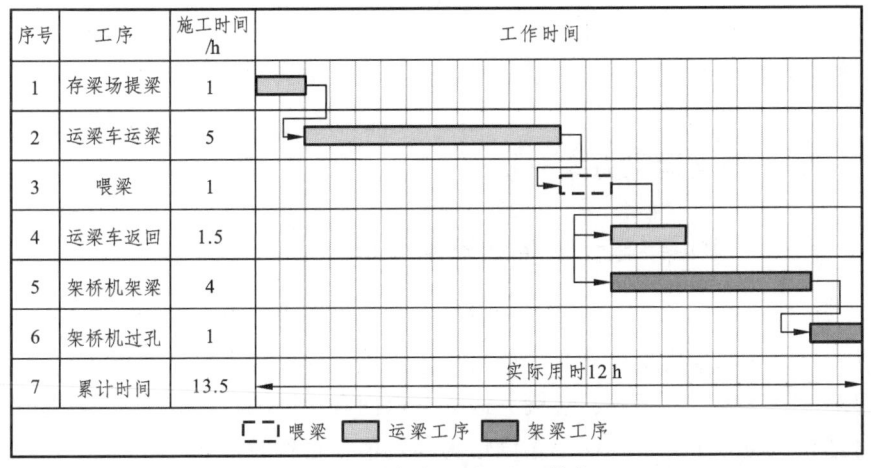

序号	工序	施工时间/h	工作时间
1	存梁场提梁	1	
2	运梁车运梁	5	
3	喂梁	1	
4	运梁车返回	1.5	
5	架桥机架梁	4	
6	架桥机过孔	1	
7	累计时间	13.5	实际用时 12 h

图 7-4　单榀梁运架手工模拟

Entity				
Time				
VA Time	Average	Half Width	Minimum Value	Maximum Value
Entity 1	7.0000	(Insufficient)	7.0000	7.0000
NVA Time	Average	Half Width	Minimum Value	Maximum Value
Entity 1	0.00	(Insufficient)	0.00	0.00
Wait Time	Average	Half Width	Minimum Value	Maximum Value
Entity 1	0.00	(Insufficient)	0.00	0.00
Transfer Time	Average	Half Width	Minimum Value	Maximum Value
Entity 1	5.0000	(Insufficient)	5.0000	5.0000
Other Time	Average	Half Width	Minimum Value	Maximum Value
Entity 1	0.00	(Insufficient)	0.00	0.00
Total Time	Average	Half Width	Minimum Value	Maximum Value
Entity 1	12.0000	(Insufficient)	12.0000	12.0000

图 7-5　单榀梁运架仿真实验

重载速度为 3 km/h；空载速度 8 km/h，假设只有一个桥段 $D_1 = 1$ km，并假定没有桥段转换与连续梁过孔，即 663 榀箱梁连续架设，架设过程无停止，实际运距最远可达 22.184 km 并进行 100 次仿真实验。通过仿真结果，运架周期平均值为 10.25 h 与理论运架周期时间 10.34 h 相差 0.09 h，误差仅为 0.1%。由此可见，在 24 h 连续生产的状态下，仿真模型的输出结果与理论计算结果基本保持了一致，可以验证运输与架设仿真模型的有效性。通过以上仿真实验的验证，建立的梁场运输与架设系仿真模型能够实际反映箱梁运输与架设，可以用于梁场运输与架设仿真实验研究。

7.3　箱梁运梁方案分析

7.3.1　单运梁车一般运送方案分析

单运梁车运梁，顾名思义，整个项目架设期内只有一辆运梁车进行运梁作业，这种方式也是当前梁场普遍采用的运输资源方案。箱梁运输周期理论上等于运梁车运梁、喂梁、运梁车返回和存梁场提梁几个工序作业时间之和，为方便分析将各工序设定为固定值，工作时间制度 12 h/d，后续为方便展示，会对工序的时间做出相应的调整，并在图中标注了各工序时间，图中规定以一小格代表 0.5 h。

如图 7-6 所示，架设架桥队与运梁队使用相同的 12 h/d 工作时间制度，在 1 榀/d 架梁效率下，可以看出，可运梁的时间与运梁车运输速度决定了运送箱梁的距离，当在箱梁运输距离较远时，运梁时间过长，架桥队无法在 12 h/d 工作时间制度下完成 2 榀/d 的箱梁架设。

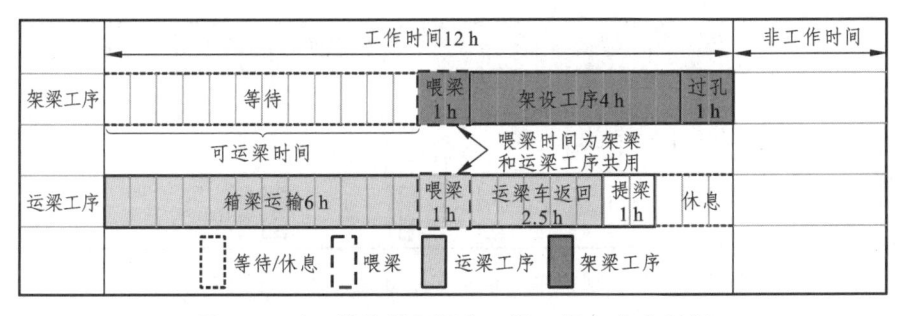

图 7-6 手工模拟单运梁车 1 榀/d 运架作业时间

如图 7-7 所示，同样是在 12 h/d 工作时间内运输，当运输时间缩短一定的时间后，运梁车以一定速度在当天第 2 榀梁运输到桥头之后，就到了休息时间；若运输班组和架桥班组同时下班，则只能在第 2 天开工进行喂梁工序，运梁车返回存梁场，在第 2 天再次运输可完成第 2 天 2 榀箱梁的架设进度。如此循环，可达到 1.5 榀/d 的箱梁架梁效率，同样无法达到架设 2 榀/d 的箱梁架梁效率。

图 7-7 手工模拟单运梁车 1.5 榀/d 运架作业时间

如图 7-8 所示，在 12 h/d 工作时间内运输箱梁，当运输时间进一步缩短后，仅有在很少的运输时间才能达到 2 榀/d 的箱梁架梁效率，即运距很短的情况下会存在这种情形。如图 7-9 所示，在实际中，架梁一旦开始无论是否已经到休息时间，架梁工序只有完成过孔才会休息，即架梁工序实际是采用 ignore 的工作制度，架梁工序一旦开始无论是否为工作时间，工序完成才停止；同时运梁工序中，运梁车运到之后喂梁工序完毕之后，运梁车会尽量返回存梁场，以加快运梁的效率或为第 2 天运送箱梁节省时间。

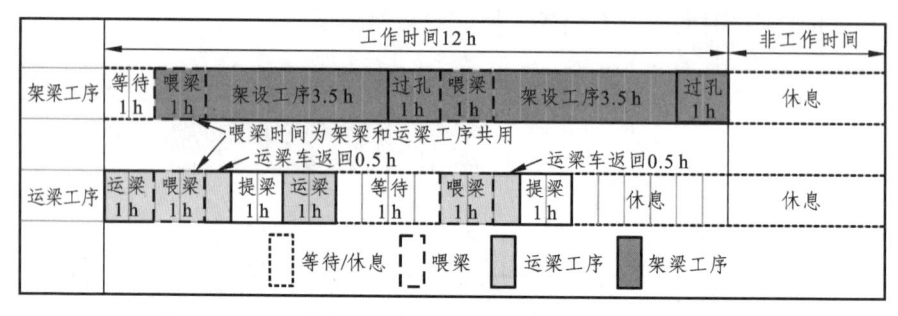

图 7-8　手工模拟单运梁车 2 榀/d 运架作业时间（1）

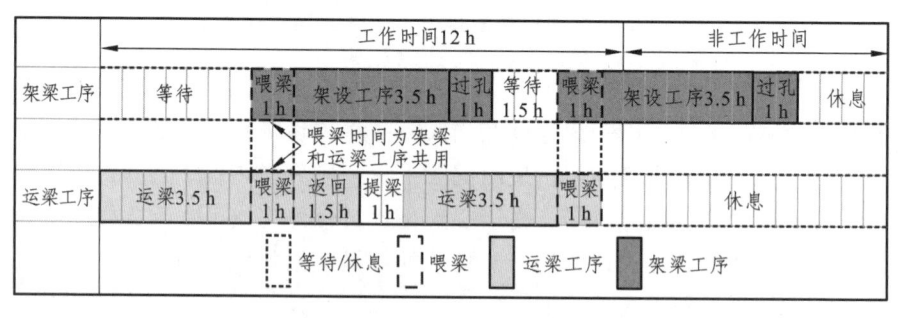

图 7-9　手工模拟单运梁车 2 榀/d 运架作业时间（2）

通过对运梁与架设工序模拟分析，发现无论是每天 1 榀、1.5 榀还是 2 榀，若架梁与运梁工作时间制度一样且运梁工序只在工作时间运梁，则箱梁架设作业每天都会有等待运输的时间，但运输时间、运梁车重载与空载速度与运距有直接的关系。

7.3.2　单运梁车箱梁提前运送方案分析

针对上述箱梁架设作业等待时间较长的情况可以看出，减少等待运输时间将有助于架梁效率的提高。如图 7-10 所示，运输队提前一定的时间运输,可以大幅度减少架桥队的运输等待时间,但若提前时间运输过多,可能会出现夜间运输的情况,将不利于安全生产;如图7-11所示,若运距过长,提前一定的时间运输,虽减少了等待运输的时间,但也可能出现架设队加班工作的情形。

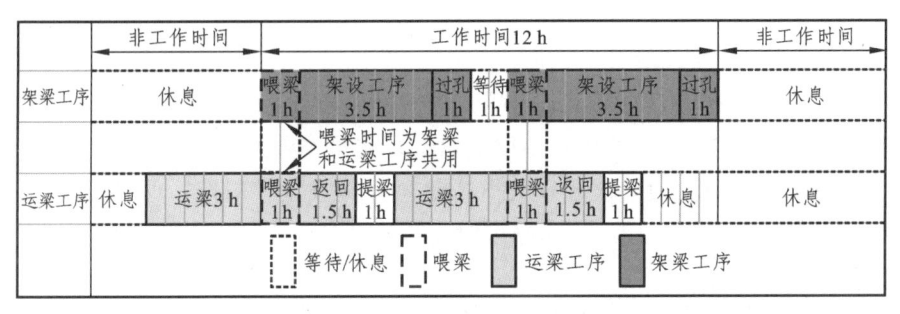

图 7-10　单运梁车提前运输箱梁(1)

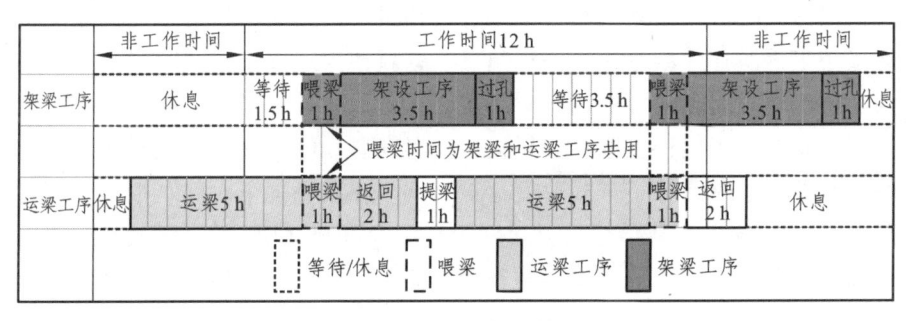

图 7-11　单运梁车提前运输箱梁(2)

通过以上的单运梁车不同运输时间方案的分析,可以直观地看出,若每榀箱梁架设工艺不变,且架设周期时间基本一致时,则箱梁运输周期越短,两榀梁架设之间的等待时间越少,即架梁效率越高,仅当运梁周期(运梁车提梁—运输—喂梁—返回)不大于架设周期时,两榀箱梁之间架设无等待时间;采用箱梁提前运输方案可以有效减少架梁作业等待运输时间,提高架梁作业的效率。通过现场调研和问询得知:在实际工作中为保证架梁效率,一般也会采用提前运输箱梁的方案,这样可以在很大程度上保证架梁工序的工作效率,在架梁效率 1.5 榀/d 的情况下,第 2 天的情况实际上已经是一种提前运输的方案;由于架梁工序特殊性,箱梁架设一旦开始,无论是否已到休息时间，会尽可能完成当前的箱梁架设，若已到休息时间当前箱梁架设未完工，加班的情况是不可避免的。由以上分析可以得出以下结论：

（1）单片箱梁运输周期 = 重载速度运输时间 + 空载速度返回时间 + 存梁场提梁时间 + 喂梁工序时间，根据 7.2.1 小节单榀箱梁运输仿真实验可知，则运输周期为 8.5 h。

（2）单片箱梁架设周期 = 喂梁工序时间 + 架设工序时间 + 架桥机过孔时间，如根据 7.3.1 小节单片箱梁运输仿真实验，则架设周期为 6 h。

（3）理论最大架梁效率 = 工作制度时间/架梁工序周期；如 7.2.1 小节单片箱梁运输仿真实验，工作制度时间为 12 h/d，架梁工序周期为 6 h，则架梁效率为 2 榀/d。

通过分析发现，运输周期与架设周期共有一个喂梁工序时间，原因是此工序会同时占用架桥机与运梁车进行箱梁对接作业，当对接完成之后，运梁小车返回存梁场运送下一榀箱梁，这就使得运梁车空载时候返回时间与架桥工序时间和架桥机过孔时间重合，即形成并行工序。故运梁车空载返回时间若小于架桥工序和架桥机过孔时间总和则不会影响架梁效率，此时实际的运输时间等于重载速度运输时间、存梁场提梁时间、喂梁工序时间之和，由 7.2.1 小节单榀箱梁运输仿真实验可知，实际的运输时间为 7 h；若箱梁连续运输，与架设工序并行的运梁车空载返回工序，其工序用时是否会影响架梁效率，将在下文运梁车运输速度仿真实验中得到验证。

7.3.3 双运梁车运送方案分析

现场调研发现，该梁场实际存在两辆运梁车运梁的情况，主要是为了在箱梁运输桥段距离较远时能够保证架梁效率和架梁工期的要求。如图 7-12 所示，相比于单运梁车运输，双运梁车运输方案优点、缺点均十分明显：优点就是大幅度缩短了箱梁运送的周期，极大地提高了运梁的效率，有利于保证架设工期；缺点则是成本较高，需要两台运梁车，与此同时，也需要配备更多的运输工作人员，同时，对运梁通道要求也相应的较高，需考虑运梁车会车地点的宽度要求，对交通状况的沟通及疏导更为频繁。

第 7 章
高速铁路智慧梁场箱梁运输与架设效率研究

双运梁运梁最理想的方式为保证架设工序的连续性，即架桥机过孔完成之后就开始喂梁，保证架梁的连续性，架梁效率最高，若如图 7-13 所示，运输队提前运输，缩短工作时间内等待箱梁运输的时间，在架桥队当日的工作时间内是可以完成每天 2 榀箱梁，同时箱梁也可以运出更远的距离。如架桥效率为 1 榀/d，只工作时间运输则运输时间为 6.5 h 左右，若 3 km/h 运速，箱梁运距可达 19.5 km；若双运梁车且可在架梁工作开始前提前运输，运输运距可以更远。

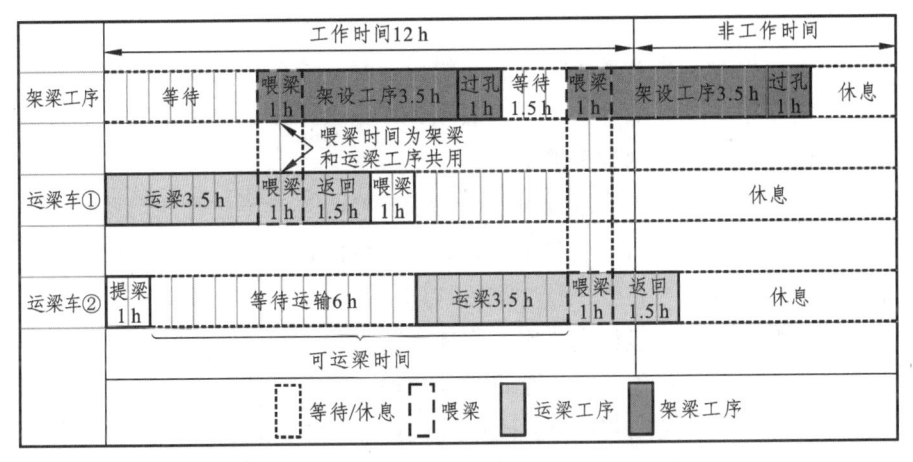

图 7-12 手工模拟双运梁车工作时间运输

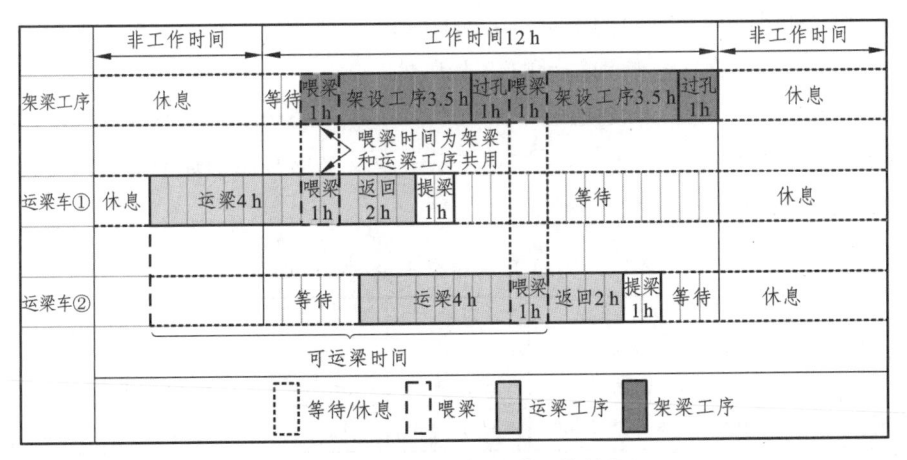

图 7-13 双运梁车提前运输箱梁

7.4 仿真条件设定

根据金建梁场实际调研与文献分析，运输仿真实验架设与数据参数设定如下：

（1）实验设定梁场生产箱梁任务量为 663 榀，此任务量为金建梁场的实际任务数，并且 663 榀梁在一个桥段的前提下架设，运距可达 22 km 及以上。现场调研中为保证箱梁制梁以及架梁效率，很少会考虑 20 km 的运距。

（2）假设箱梁生产效率满足箱梁供应充足。在运输与架设的仿真实验中，假定箱梁的生产效率大于运架效率，即不会出现因为无梁可架而过低导致"架桥"等待"制梁"的情况。

（3）实验假设箱梁连续铺设且无桥段转换与连续梁过孔的情况。在实际项目中，桥段转换与连续梁过孔是必不可少的，而且会降低架梁效率，相关的影响因素将会在下一章中进行考虑。

（4）架设采用单运梁车方案。在建立仿真模型时，配置数量均为一台运梁车，一个运输班组，一个架设作业班组。

（5）架设可采用夏季（15 h/d）、春秋季（12 h/d）、冬季（10 h/d）3 种工作时间制度。根据实际的调研，箱梁运输会受到气候的影响，在不同的经纬地理位置，不同的季节白天的日照时间不一样，对架设的工作时间影响较大，会直接影响到每天的架梁效率。

（6）速度设置。重载速度：3 km/h、4 km/h、5 km/h；空载速度：7 km/h、8 km/h、9 km/h、10 km/h。通过对文献中涉及梁场常用的运输设备的参数性能梳理，见表 7-2。

表 7-2　常见厂家运梁车主要技术参数

参数厂家	额定装载/t	设备外形尺寸/m	适应最大坡度（纵；横）	空载运行速度/(km·h^{-1})	重载运行速度/(km·h^{-1})	最小转弯半径/m
哥德豪富	1 400	37×8.2×3.288	≥5%；≥4%	0~14	0~5	27.4
索埃乐	≥950	38.5×9×3.155	≥5%；≥4%	0~12	0~5	30.6

续表

参数厂家	额定装载/t	设备外形尺寸/m	适应最大坡度（纵；横）	空载运行速度/(km·h^{-1})	重载运行速度/(km·h^{-1})	最小转弯半径/m
KEROW	≥950	43.8×7.05×3.2	≥5%；≥4%	0~16	0~5	30
万桥公司	910	38.5×7×3.7	3%；4%	0~7	0~3.5	60
郑州大方	900	44.13×7.25×3.617	3%；4%	0~10	0~4	31.2
通联路桥	900	36.68×7×2.74	5%；4%	0~10	0~5	32.25
武研院	900	36.3×6.84×3.662	4%	0~8	0~4	60
郑州华中	934	40.8×7.6×1.875	6.20%	0~9.8	0~5	27.8

根据现场调研，金建梁场采用TLJ900运梁车，性能参数见表7-3。

表7-3 运梁车主要技术参数

序号	参数名称	技术参数	单位
1	运载能力	9 000	kN
2	设备外形总尺寸	42.50×6.6×2.51	m
3	空载运行速度	0~10	km/h
4	重载运行速度	0~5	km/h
5	适应最大坡度	3	%
6	最小转弯半径	R33.2	m
7	轮胎规格/数量	23.5R25/68	—
8	整机功率	2×400	kW
9	整机自重	310	t

7.5 箱梁运输与架设效率仿真

根据对运输方案及相应架梁效率的分析，首先，运梁与架设不能分开单独考虑；其次，制梁效率、箱梁运距、运速等因素均对架梁效率有较大的影响，如制梁效率，若架梁开始后，制梁效率满足不了架梁需求，则极易引起存梁资源消耗过快，甚至导致架设停滞的情况发生。在实际工作中，不同的工作时间，现场的气候、地理条件、设备型号都对运速有直接的影响，同样会影响可运送箱梁的距离，从而影响架梁效率。因此，就运梁方式、工作时间制度、运梁车速度、资源配置这几个方面分别设计仿真实验，并展开研究分析。

7.5.1 单运梁车箱梁提前运送对架设效率的影响

设计该实验主是用来验证 7.3.1 小节中的运输箱梁方案与 7.3.2 小节中提前运梁方案对运架效率的影响。根据金建梁场当地气候环境和调研结果，设定架桥队采用 10 h/d 工作时间制度，运输队则分别采用预架桥队相同的时间制度或提前 2 h 启动运梁两种不同的运输方案。设置架梁数为 663 榀梁，梁型为 32 m 箱梁，如此一来，当最后一榀梁架设完成时，其运距可达 22.184 km。

如图 7-14 所示，图（a）为非提前运输箱梁方案的架梁效率曲线，图（b）为提前运输箱梁的架梁效率曲线。两种方案在仿真条件中，重载速度为 3 km/h，工作制度为 10 h/d 时均相同。可以看出：在采用提前运梁方案时，当架梁数为 401 榀，箱梁运输距离为 13.8 km 之前，均可以保证 2 榀/d 的架梁效率；当架梁数大于 401 榀，运输距离大于 13.8 km 时，随着运距的增加，以 3 km/h 的重载速度则无法保证 2 榀/d，架桥队仍采用 10 h/d 工作时间制度的话，其架梁效率只能保证 1 榀/d 的水平。同条件下，若采用非提前运输方案，当架梁数为 301 榀，运输距离在 10.6 km 以内，架梁效率为 2 榀/d；当架设数为 301~319 榀，运输范围 10.6~11.176 km，从图中可以看出架梁效率出现 2 榀/d 与 1 榀/d 交错的情形，此时架梁效率的均值为 1.7 榀/d，无法达到 2 榀/d；当架设数大于 319 榀，且运输距离大于 11.176 km 时，架梁效率降为 1 榀/d。

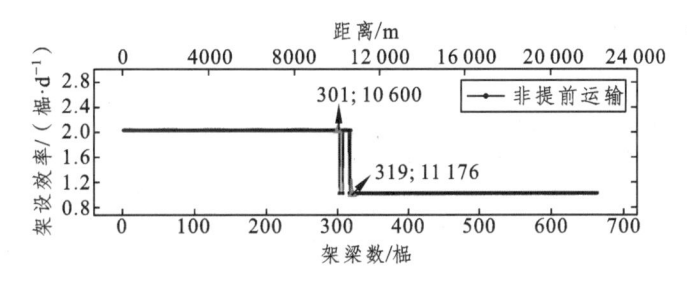

第7章
高速铁路智慧梁场箱梁运输与架设效率研究

(a) 非提前运输箱梁方案的架梁效率曲线

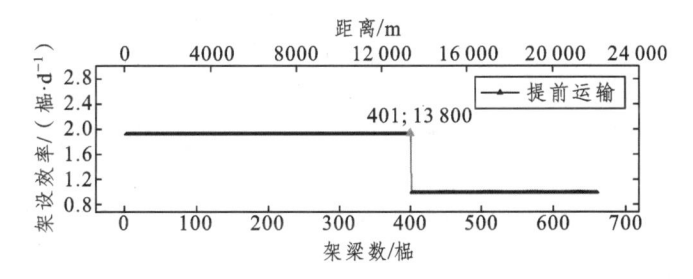

(b) 提前运输箱梁的架梁效率曲线

图 7-14 重载 3 km/h 提前运梁架梁效率实验

如图 7-15 所示，图（a）和图（b）分别为当重载速度为 4 km/h，工作制度为 10 h/d 时，非提前运输与提前运输两种方案的架梁效率曲线。可以看出，如采用提前运输方案，当架梁数在 545 榀以内，箱梁运输距离在 18.408 km 之内时，均可以保证 2 榀/d 的架梁效率；当架梁数在 545～551 榀，运输距离在 18.408～18.6 km，出现了架设 2 榀/d 与 1 榀/d 交错的情况，平均效率为 1.25 榀/d；当架梁数大于 551 榀，且运输距离大于 18.6 km 时，架设梁率降为 1 榀/d。如果采用非提前运梁方案，仅当架梁数在 395 榀以内，运输距离小于 13.608 km 的时候，可以保证 2 榀/d 效率；当架梁数为 395～429 榀，运输距离在 13.608～14.696 km 时，架梁效率出现 2 榀/d 与 1 榀/d 交错的情况，此时架梁效率均值为 1.571 榀/d；当架梁数大于 429 榀且运距大于 14.696 km 时，架梁效率降为 1 榀/d。

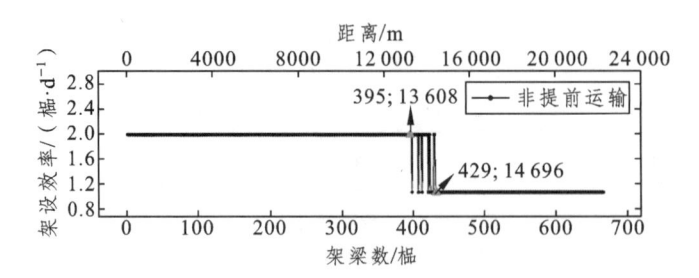

(a）重载速度为 4 km/h，工作制度为 10 h/d 时下的非提前运输架梁效率曲线

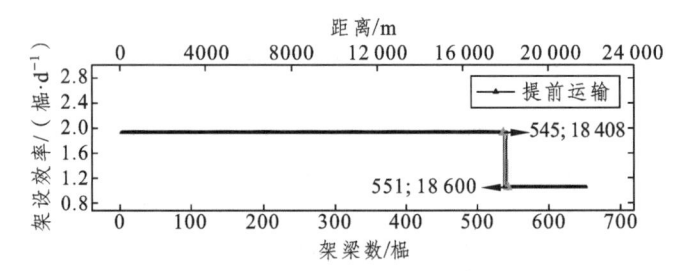

(b）重载速度为 4 km/h，工作制度为 10 h/d 时下的提前运输架梁效率曲线

图 7-15　重载 4 km/h 提前运梁架梁效率实验

如图 7-16 所示，图（a）和图（b）分别为重载速度为 5 km/h，工作制度为 10 h/d 时，非提前运梁与提前运梁两种方案的架梁效率对比曲线。可以看出，当重载速度为 5 km/h 时，由于运梁速度较快，采用提前运梁方案可以保证以 2 榀/d 的架梁效率完成全部 663 榀箱梁的架设任务。如果采用非提前运输方案，当架梁数小于 530 榀，运输距离短于 17.928 km 时，箱梁运架效率可以达到 2 榀/d；当架梁数为 530～544 榀，运输距离 17.928～18.376 km，架梁效率出现交错的情况，此时平均运架效率为 1.4 榀/d；当架梁数大于 544 榀，运输距离大于 18.376 km 时，架梁效率降为 1 榀/d。

通过对以上实验结果进行分析，不难发现，采用提前于架梁作业之前运梁的方案，可以明显减少架桥机等待时间，从而极大地提升架梁作业效率，这也验证了 7.3.2 小节中的箱梁提前运输方案的分析结果。

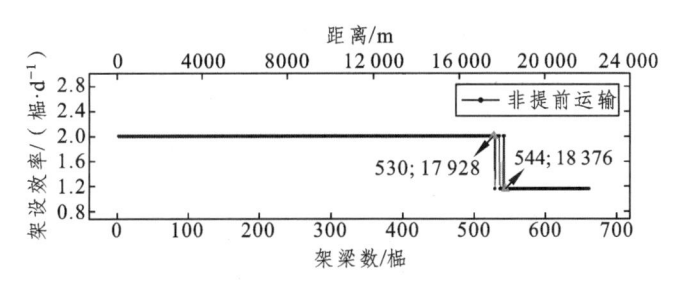

(a) 重载速度为 5 km/h，工作制度为 10 h/d 时下的非提前运输架梁效率曲线

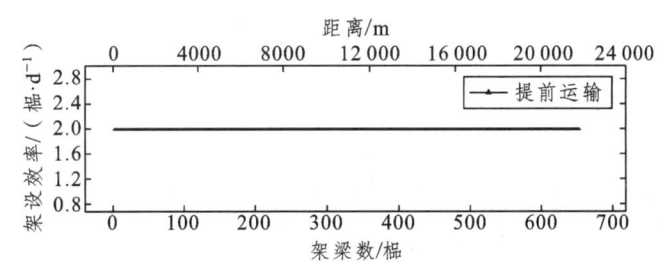

(a) 重载速度为 5 km/h，工作制度为 10 h/d 时下的非提前运输架梁效率曲线

图 7-16　重载 5 km/h 提前运梁架梁效率实验

7.5.2　单运梁车工作时间制度对架设效率的影响

在箱梁供应充足的情况下，同样连续架设 663 榀梁，不同的工作时间制度、不同重载速度对架梁效率的影响。实验分别采用夏季（15 h/d）、春秋季（12 h/d）、冬季（10 h/d）和极限（24 h/d）4 种工作时间制度。这里设置 24 h/d 工作制度的情景，是为了检验极限的工作状态，实际工作中，架桥队为保证箱梁架设的安全性，会尽量在白天架设。对每种工作时间制度，运梁的速度又分别采用重载速度为 3 km/h、4 km/h、5 km/h 三种情形，空载速度统一采用 8 km/h。

如图 7-17 所示为在采用 3 km/h 的重载速度时，在不同工作时间制度情况下，箱梁运架效率的情况。在采用 10 h/d 的工作时间制度且运输距离小于 13.8 km 时，架设效率为 2 榀/d。在采用 12 h/d 工作时间制度且运架小于 8.68 km 时，架设效率 3 榀/d 与 2 榀/d 交错出现，均值可以达到 2.567 榀/d；当运距在 8.68~16.744 km 时，可保证 2 榀/d 的运架效率；在运距为

16.744～17 km 时，运架效率呈现出 2 榀/d 与 1 榀/d 交错的情况，平均运架效率为 1.4 榀/d；运距大于 17 km 时，运梁效率为 1 榀/d。在采用 15 h/d 工作时间制度时，运梁距离在 12.584 km 以内，架设效率可为 3 榀/d；运距在 12.616～21.192 km 时，运架效率为 2 榀/d；运输距离在 21.1192～21.672 km 时，架设效率平均值为 1.4 榀/d；运输距离大于 21.672 km 时，架设效率只能为 1 榀/d。在采用 24 h/d 的极限工作制度时，运梁距离在 8.584 km 内时，架设效率为 5 榀/d 与 4 榀/d 交错，均值为 4.376 榀/d；运距在 8.584～13.096 km 时，架设效率为 4 榀/d；当运距在 13.096～13.352 km 时，架设效率为 4 榀/d 与 3 榀/d 交错，此时架设效率均值为 3.5 榀/d；当运距在 13.352～19.4 km 时，架设效率为 3 榀/d；当运输距离为 19.4～19.784 km，架设效率为 3 榀/d 与 2 榀/d 交错，此时架设效率均值为 2.33 榀/d；当运距大于 19.784 km 时，则架设效率降为 1 榀/d。

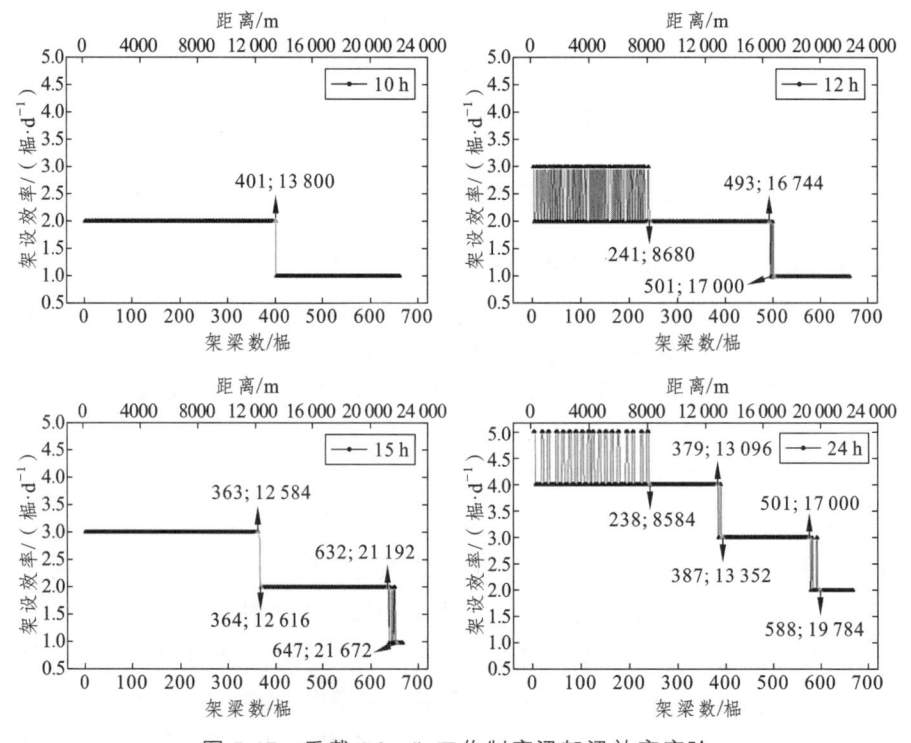

图 7-17 重载 3 km/h 工作制度梁架梁效率实验

第 7 章 高速铁路智慧梁场箱梁运输与架设效率研究

如图 7-18 所示为采用 4 km/h 重载速度时，不同工作时间制度下运架效率的情况。工作时间制度为 10 h/d 时，箱梁运距在 18.408 km 以内，可以保证 2 榀/d 的架设效率；运距在 18.408~18.6 km 时，运架效率出现短暂的 2 榀/d 与 1 榀/d 交错，均值为 1.25 榀/d；运输距离大于 18.6 km 时，架设效率为 1 榀/d。工作时间制度为 12 h/d 时，箱梁运输距离 11.784 km 以内，架设效率为 3 榀/d 与 2 榀/d 交错，均值为 2.556 榀/d；当运输距离大于 11.784 km 时，架设效率降为 2 榀/d。工作时间制度为 15 h/d 时，箱梁运输距离在 16.776 km 以内，架设效率均值为 3 榀/d；当运输距离大于 16.776 km 时，架设效率降至 2 榀/d。当工作时间为 24 h/d 时，箱梁运输距离在 11.56 km 内，架设效率为 5 榀/d 与 4 榀/d 交错，此时架设效率均值 4.33 榀/d；当运距为 11.56~17.384 km 时，架设效率将为 4 榀/d；当运输距离增加至 17.384~18.184 km 时，架设效率呈现为 4 榀/d 与 3 榀/d 交错，且均值 3.5 榀/d；运输距离大于 18.184 km 时，此时架设效率降为 3 榀/d。

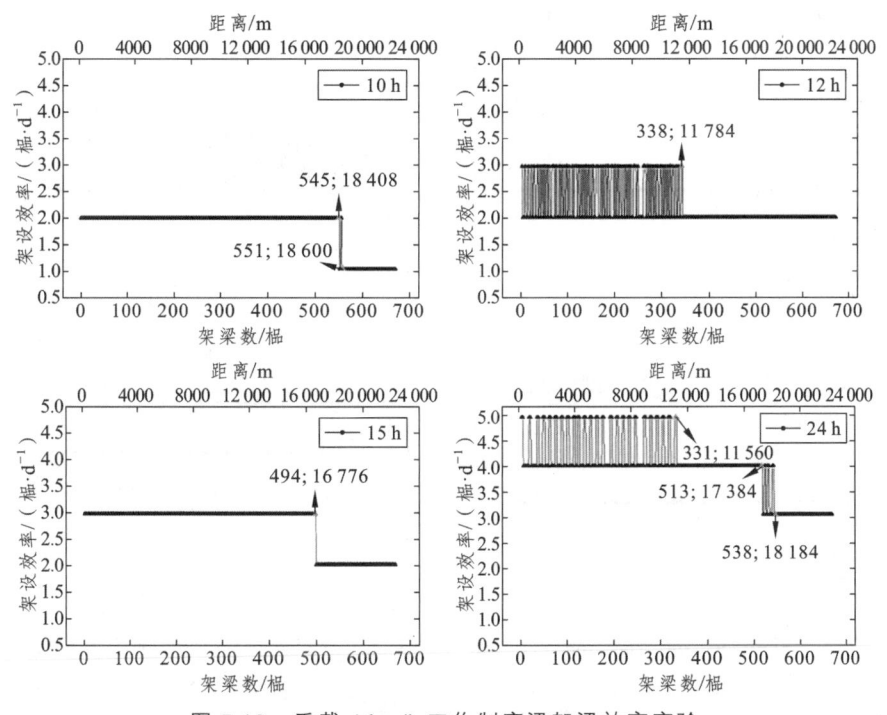

图 7-18　重载 4 km/h 工作制度梁架梁效率实验

如图 7-19 所示为当箱梁重载速度为 5 km/h 时，不同工作时间制度下的仿真实验结果。当 10 h/d 的工作时间制度时，由于运输速度较快，完成实验所有箱梁架设任务，运距可达 22.1 km 及以上，其间架设效率均保持在 2 榀/d；当工作时间制度为 12 h/d 时，箱梁运输距离在 15.112 km 内，架设效率呈现为 3 榀/d 与 2 榀/d 交错，架设效率均值为 2.552 榀/d；当运输距离大于 15.112 km 时，架设效率降为 2 榀/d。当工作时间为 15 h/d 时，箱梁运输距离 20.968 km 内，架设效率可保持 3 榀/d；当运输距离大于 20.968 km 时，架设效率降为 2 榀/d，工作时间为 15 h/d，运输距离在 14.6 km 范围内时，架设效率呈现为 5 榀/d 与 4 榀/d 交错，此时架设效率均值约为 4.351 榀/d；当运输距离大于 14.6 km 时，架设效率进一步降为 4 榀/d。

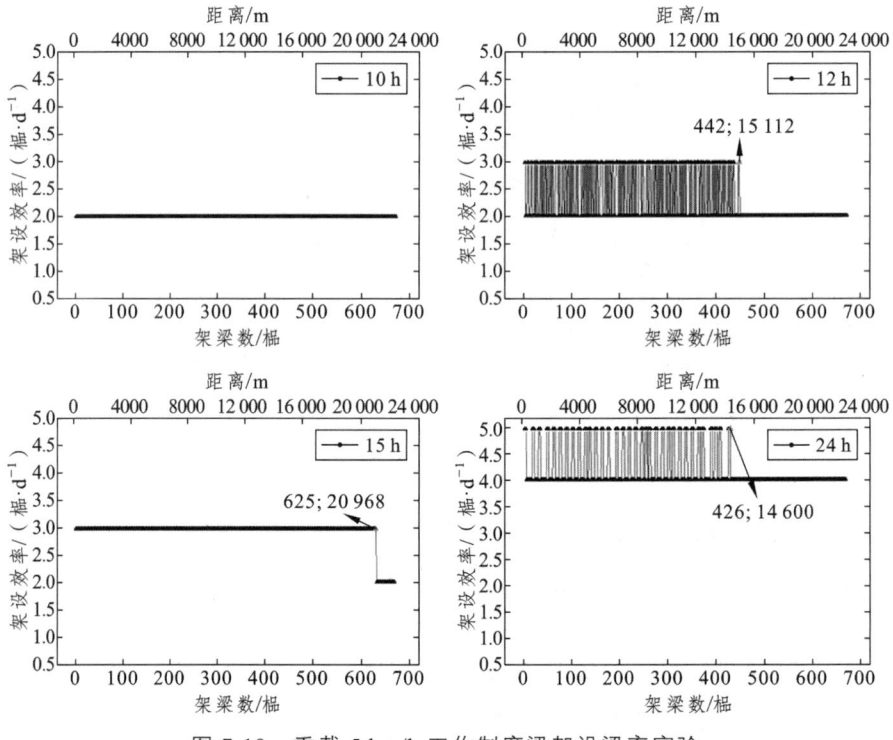

图 7-19　重载 5 km/h 工作制度梁架设梁率实验

根据不同工作时间制度对应不同重载速度的仿真实验，可以得出，工作时间与箱梁重载的速度不同，呈现出同样架设效率时，运输距离不同。实际工作中临时调整计划、临时增加工程成本，造成现场施工管理混乱，影响工程进度的情况多有发生，是由于大部分只是以一个平均架设效率指标或计划指导性文件加上设计者、现场技术人员或管理者的经验加以确定，而在许多文献中对架设效率与运距的匹配并没有过多的研究，仅有一些文献中对运距作为参数进行研究，其中的指标多来自施工指导性文件，见表7-4，以每种架设效率对应一个箱梁运输距离的范围的形式进行研究。

表 7-4 文献中的梁场架设效率及运距

架设效率	2 榀/d	1.5 榀/d	1 榀/d	作者
1 运距/km	$0 \leqslant s \leqslant 6$	$6 \leqslant s \leqslant 10$	$10 \leqslant s$	李义刚
2 运距/km	$0 \leqslant s \leqslant 8$	$8 \leqslant s \leqslant 12$	$12 \leqslant s \leqslant 20$	代中军

通过不同工作时间制度的运输与架设仿真实验，在工作时间不同情况下以不同的运输箱梁的重载速度，得到不同架设效率及所对应的不同的距离，同时发现并没有严格意义上的 1.5 榀/d，在一定的运距范围内，由于工作时间制度和重载运输的不同，会呈现出不同的架设效率，如图 7-20 所示。

7.5.3 单运梁车运输速度对架设效率的影响

实验发现运输速度在不同工作时间制度下，呈现出在某个架设效率时，运输的距离不尽相同，实验设置不同空载速度与重载速度，对架设效率的影响展开研究。同样，时间制度设置为：夏季（15 h/d）、春/秋季（12 h/d）、冬季（10 h/d）和极限状态（24 h/d）4 种工作时间制度时，设置重载速度/空载速度分别为：3/7 km/h、3/8 km/h、3/9 km/h、3/10 km/h；4/7 km/h、4/8 km/h、4/9 km/h、4/10 km/h；5/7 km/h、5/8 km/h、5/9 km/h、5/10 km/h 共 12 种速度方案，合计生成 48 种实验情景，每种情景进行 100 次仿真实验。

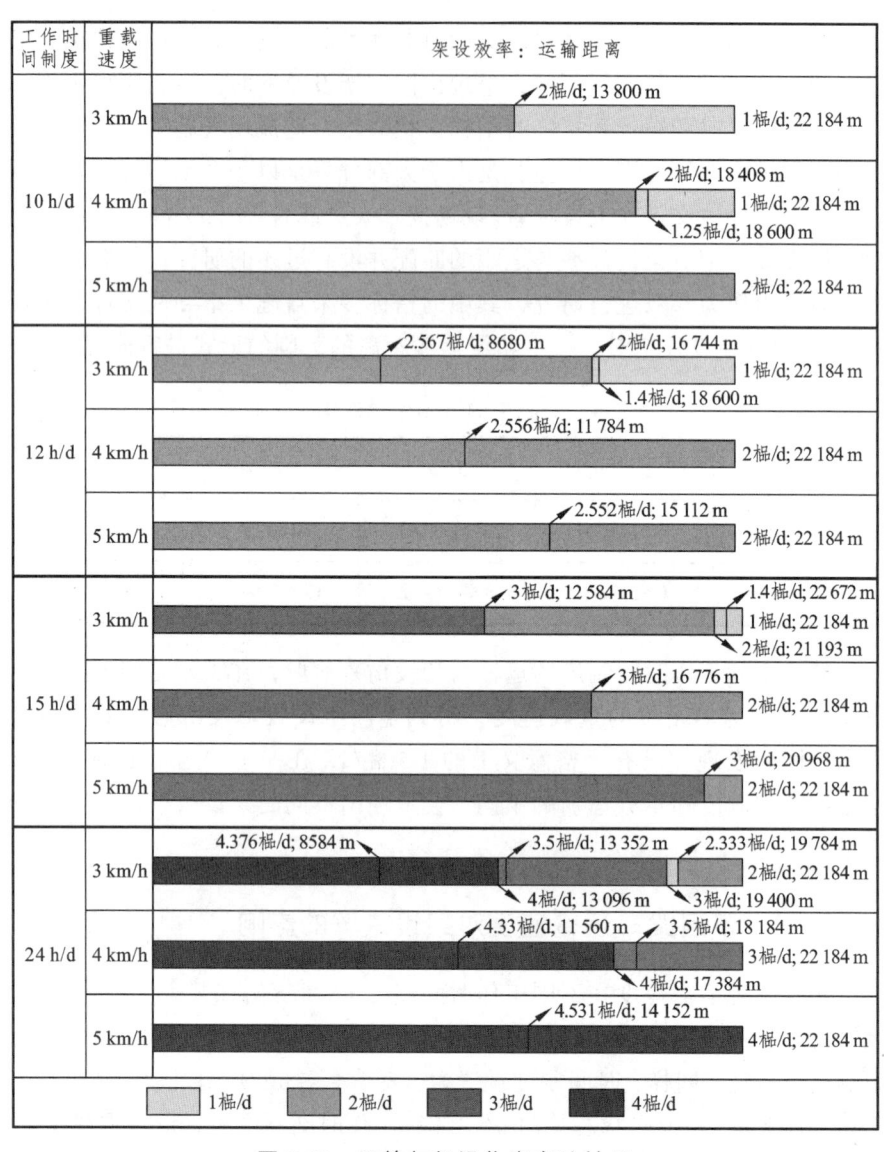

图 7-20　运输与架设仿真实验结果

48 种不同情形的实验结果见表 7-5，在经过 100 次重复仿真实验，当重载速度为 3 km/h 时，并且工作时间制度为 10 h/d 情况下，空载速度从 7 km/h 提升到 10 km/h，运架效率提高 0.003 榀/d；当工作时间制度为 12 h/d

时，空载速度从 7 km/h 提升到 10 km/h，运架效率提高 0.005 榀/d；当工作时间制度为 15 h/d 时，空载速度从 7 km/h 提升到 10 km/h，运架效率提高 0.01 榀/d；当工作时间制度为 24 h/d 时，空载速度从 7 km/h 提升到 10 km/h，运架效率提高 0.015 榀/d。

表 7-5　单运梁车运输速度仿真实验结果

情景	工作制度	速度参数	架设效率	情景	工作制度	速度参数	架设效率
1	10	3/7	1.430	25	15	4/7	2.641
2	10	3/8	1.431	26	15	4/8	2.643
3	10	3/9	1.432	27	15	4/9	2.645
4	10	3/10	1.433	28	15	4/10	2.646
5	12	3/7	1.687	29	24	4/7	3.952
6	12	3/8	1.688	30	24	4/8	3.955
7	12	3/9	1.690	31	24	4/9	3.957
8	12	3/10	1.692	32	24	4/10	3.961
9	15	3/7	2.330	33	10	5/7	1.996
10	15	3/8	2.334	34	10	5/8	1.996
11	15	3/9	2.338	35	10	5/9	1.996
12	15	3/10	2.340	36	10	5/10	1.983
13	24	3/7	3.494	37	12	5/7	2.179
14	24	3/8	3.500	38	12	5/8	2.182
15	24	3/9	3.504	39	12	5/9	2.183
16	24	3/10	3.509	40	12	5/10	2.261
17	10	4/7	1.701	41	15	5/7	2.894
18	10	4/8	1.703	42	15	5/8	2.898
19	10	4/9	1.706	43	15	5/9	2.901
20	10	4/10	1.706	44	15	5/10	2.903
21	12	4/7	2.196	45	24	5/7	4.208
22	12	4/8	2.198	46	24	5/8	4.211
23	12	4/9	2.198	47	24	5/9	4.213
24	12	4/10	2.200	48	24	5/10	4.214

当重载速度为 4 km/h 时，在工作时间制度为 10 h/d 的情况下，空载速度从 7 km/h 提升到 10 km/h，运架效率提高 0.005 榀/d；当工作时间制度为 12 h/d 时，空载速度从 7 km/h 提升到 10 km/h，运架效率提高 0.004 榀/d；当工作时间制度为 15 h/d 时，空载速度从 7 km/h 提升到 10 km/h，运架效率提高 0.005 榀/d；当工作时间制度为 24 h/d 时，空载速度从 7 km/h 提升到 10 km/h，运架效率提高 0.009 榀/d。

当重载速度为 5 km/h 时，在工作时间制度为 10 h/d 的情况下，空载速度从 7 km/h 提升到 10 km/h，运架效率降低 0.013 榀/d；当工作时间制度为 12 h/d 时，空载速度从 7 km/h 提升到 10 km/h，运架效率提高 0.082 榀/d；当工作时间制度为 15 h/d 时，空载速度从 7 km/h 提升到 10 km/h，运架效率提高 0.009 榀/d；当工作时间制度为 24 h/d 时，空载速度从 7 km/h 提升到 10 km/h，运架效率提高 0.006 榀/d。

由上述为 48 种不同情形的实验结果，可以看出：在经过 100 次重复仿真实验，空载速度对整体平均架设效率影响很小，同时也印证了之前的实验，重载速度与不同的工作制度是架设效率的关键。值得注意的一点是，箱梁运输工作与架设工作的工作制度应制定不同的工作时间制度，以保证架设工作的连续性，从而保证架桥班组在其工作时间内达到相应较高的箱梁架设效率。

第 8 章

高速铁路智慧梁场智慧化水平评价体系

为体现高速铁路预制梁场智能化、工业化、信息化、集成化、可持续化的水平，通过构建智慧建造评价体系，对预制梁场智慧建造水平现状进行评价，为大幅度提升高速铁路预制梁场各参建单位的技术和管理水平提供借鉴。

8.1 构建智慧建造水平评价体系

8.1.1 智慧建造水平评价原则

智慧建造水平评价指标是立足于预制梁场的现状和发展趋势，以预制梁场的全过程、全要素为基准，技术与管理相结合为手段。故选取智慧建造水平评价指标应遵循以下原则：

1. 阶段化原则

智慧建造是建立在工程的全寿命周期各阶段，包括智慧决策、智慧设计、智慧施工、智慧运维等建造阶段，各个阶段的智慧化水平综合实力体现建造项目的智慧建造水平，本研究侧重于建造过程的智慧水平研究。

2. 过程化原则

智慧建造是以工程项目的全寿命周期阶段化实施的，各阶段应依照按部就班的过程化进行建造。因此，在构建智慧建造水平评价指标时应综合考虑各阶段的建造水平。

3. 要素化原则

智慧建造水平评价指标设立应从全要素出发，体现智能化、工业化、信息化、集成化、可持续化的水平，并综合考虑其各个细化要素。

4. 技术与管理相结合原则

智慧建造的实现途径就是新型建造技术的集成与管理相结合。因此，在设置评价指标必须考虑新型建造技术的应用、集成、创新，信息管理等因素。

8.1.2 预制梁场智慧建造水平评价指标选取

遵循科学性、合理性与完整性等原则，依据《关于推动智能建造与建筑工业化协同发展的指导意见》《"十三五"装配式建筑行动方案》《城市信息模型（CIM）基础平台技术导则》《建筑工程可持续性评价标准》《智慧建筑评价标准》等国家政策方针与技术标准，分析了相关文献资料，调研专家意见及既有实际工程项目等，从智能化建造、工业化建造、信息化建造、集成化建造与可持续化建造5个方面分析出建筑工程智慧建造水平评价指标，见表8-1，并绘制出其详细指标体系图，如图8-1所示。

表 8-1 智慧建造水平评价指标体系

一级指标	二级指标	指标详解
智能建造水平评价指标体系	智能化	BIM+新型技术 BIM+智能建造平台 BIM+技术创新	BIM+物联网、人工智能、虚拟现实、增强现实、机器人技术、3D打印技术、无人机、GIS、区块链、大数据等新型技术；传感器、FRID等智能设备 BIM 5D+搭建集智能化平台自主研发新型系统软件、应用程序等
	工业化	BIM+标准化设计 BIM+智慧工厂 BIM+装配式施工 BIM+信息化管理	依托BIM软件建立通用参数化族构件等建筑构件以流程化的形式在工厂生产加工； 构建预制构件生产管理系统、物联网+北斗构件运输、进行装配式构件预拼装等； 在建造的全生命周期进行成本、进度、质量等信息化的管理
	信息化	搭建信息平台 信息环境 信息化协同	搭建建造信息平台使得项目各参与方信息共享； 利用传感器、RFID等实时采集构件及周围环境等信息； 并上传到信息平台保证建造信息实时联动、共享等
	集成化	BIM+数字化集成 BIM+一体化集成	BIM+GIS新型技术集成达数字化程度； BIM+一体化施工技术等集成
	可持续化	BIM+绿色建造 BIM+全寿命周期性 BIM+新型建造组织	节能、低碳、环保、加强利用可再生资源等； 在设计、施工、运维等全寿命周期阶段采用BIM技术； EPC总承包模式、全过程工程咨询模式等

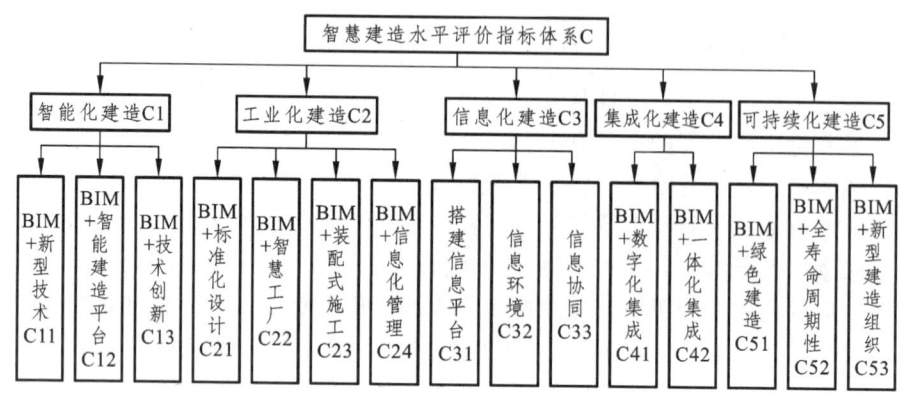

图 8-1 智慧建造水平评价指标

8.2 评价方法基本理论

8.2.1 二维云模型评价法

云模型是由李德毅教授在深入研究概率统计和模糊理论的基础上提出的一种关于定性和定量之间相互转化的模型，充分考虑到了事物之间的随机性和模糊性。云的数字特征用于描述云的形态分布，从而反映出相应概念的数学特性。云的数字特征包括期望 E_x、熵 E_n 和超熵 H_e，三个参数共同决定了云图的分布。其中期望 E_x 是反映论域空间的中心值，在云图上的表征为最高点，故而是最能够表示定性概念的点；熵 E_n 是反映一个定性概念可被度量范围，在云模型中表征为云熵离散程度，同时又反映着云形的"跨度"；超熵 H_e 是反映熵的不确定性，即熵的熵，用于表征论域空间代表该语言值的所有点的不确定度的凝聚性，反映为云形的厚度。云模型可综合解决因评价指标的模糊性与随机性对智慧建造水平评价等级的影响。二维云模型通过两组定性概念的数字特征（E_x，E_n，H_e）来构建模型进行评价，见式（8-1）。

$$\begin{cases} (X,y) = G(E_x, E_y, En_x, En_y) \\ (p_{Xi}, p_{yi}) = G(En_x, En_y, He_x, He_y) \\ u_i = e^{-\frac{1}{2}\left[\frac{(X_i-E_x)^2}{p_{xi}^2} + \frac{(y_i-E_y)^2}{p_{yi}^2}\right]} \end{cases} \quad (8-1)$$

式中　　G——服从正态分布的二维随机函数；

E_x，En_x——期望值；

E_y，En_y——标准差；

u_i——二维云的隶属函数。

称符合上式的云滴 drop 组成的云模型为二维正态云模型。

1. 评价水平云

邀请了 6 位经验丰富的专家，对选取的评价指标带来的效益及质量进行打分并计算其对应的评价水平云。效益和质量评价指标云计算公式见式（8-2）。

$$\begin{cases} E_x = \dfrac{1}{m}\sum_{k=1}^{m} X_k \\ E_n = \sqrt{\dfrac{\pi}{2}} \times \dfrac{1}{m}\sum_{k=1}^{m} |X_k - E_x| \\ H_e = \sqrt{|S^2 - E_n^2|} \\ S^2 = \dfrac{1}{m-1}\sum_{k=1}^{m}(X_k - E_x)^2 \end{cases} \quad (8\text{-}2)$$

式中　　E_x——标准云的期望；

E_n——标准云的熵；

X_k——第 k 位专家的打分值；

H_e——标准云的超熵；

S^2——样本方差。

2. 标准云

参照《智慧建造建筑评价标准》（T/CECS 1062—2022）对选取的评价指标的效益与质量等级将区间[0，10]划分为 Ⅰ~Ⅳ 星级，如表 8-2 所示。二维云模型的转化方式将指标由定性转化为定量，计算标准云的数字特征公式见式（8-3）。

$$\begin{cases} \overline{E_x} = \dfrac{S_j^{\max} + S_j^{\min}}{2} \\ \overline{E_n} = \dfrac{S_j^{\max} - S_j^{\min}}{6} \\ \overline{H_e} \in \left[\dfrac{E_x}{100}, \dfrac{E_n}{10}\right] \end{cases} \quad (8\text{-}3)$$

式中　S_j^{min}——第 j 个区间的最小值;

S_j^{max}——第 j 个区间的最大值。

表 8-2　标准云评价分级数字特征指标

评价等级	等级描述	分值区间	标准云数字特征
Ⅰ星级	比现有工业化水平低	[0, 2)	(1.00, 0.333, 0.1)
Ⅱ星级	略优于目前工业化水平	[2, 4.5)	(3.25, 0.417, 0.1)
Ⅲ星级	基本达到智慧化水平	[4.5, 7.5)	(6.00, 0.500, 0.1)
Ⅳ星级	完全达到智慧化水平	[7.5, 10]	(8.75, 0.417, 0.1)

3. 综合云

由 2 级指标云矩阵和权重矩阵共同计算 1 级指标云数字特征，再由 1 级指标云和权重矩阵推算出综合云，具体计算公式见式（8-4）。

$$C = (W_1, W_2, \cdots, W_n) \begin{pmatrix} E_{x_1} & E_{n_1} & H_{e_1} \\ \cdots & \cdots & \cdots \\ E_{x_n} & E_{n_n} & H_{e_n} \end{pmatrix} = (E'_x, E'_n, H'_e) \quad (8-4)$$

式中　E_x——综合云的期望值;

E_n——综合云的熵;

H_e——综合云的超熵。

应用 Matlab 编程模拟正向云发生器生成评价指标的云图。

4. 相近度

在评价云图上直接观察难以确定相近的评价等级，可应用相近度计算方法来区别相似性，计算评价等级的相近度公式见式（8-5）。

$$L = \frac{1}{\sqrt{(\overline{E_x} - E_x)^2} + \sqrt{(\overline{E'_x} - E'_x)^2}} \quad (8-5)$$

式中　$\overline{E_x}$——标准云效益等级期望值;

E_x——实际云的效益等级期望值;

$\overline{E'_x}$——标准云质量等级期望值;

E'_x——实际云的质量等级期望值。

8.2.2 ANP 网络层次分析法

对于多指标权重的计算方法，一般归纳为主观赋权法与客观赋权法两大类。其中主观赋权法是根据决策者的主观认知来判定权重的一种方法，其主要依赖决策者的主观意见，如 G1 法、G2 法、德尔菲法、层次分析法（AHP）等。客观赋权法是通过相应的规则、原理等客观计算得出指标的权重，如熵权法、主成分分析法、标准离差法等。考虑到现阶段建筑业的智慧化程度参差不齐且难以客观量化，故选取主观赋权法进行度量指标权重。

目前，在我国难以通过大量工程获取建造数据，无法进行客观评价，因此优先选取主观赋权法中使用率最高的层次分析法（AHP）与网络分析法（ANP）。智慧建造水平评价指标是将其分解成各个组成模块，然后再将这些模块进行细化得出的，且指标元素之间存在相互依赖关系和反馈关系。AHP 法是假设同层元素之间是相互独立的，而且元素之间不存在反馈关系；ANP 法是在 AHP 法的基础上，允许元素间存在相互依赖和反馈关系，与现实中复杂问题更为接近，可以较为全面地分析有关社会等问题。经对比发现，智慧建造水平评价指标间不仅横向相影响，且纵向间也存在反馈关系，故采用 ANP 法来确定智慧建造水平评价指标的权重。

1. ANP 指标权重的确定方法及指标层

ANP 网络图主要由控制层与网络层两部分组成。假设控制层的元素分别记为 $P_1, P_2 \cdots P_n$；网络层的各个元素组分别记为 $C_1, C_2 \cdots C_n$，其中，$C_i (i=1,2\cdots,n)$ 元素组中的元素记为 $e_{i1}, e_{i2}, \cdots, e_{ini}$，则 ANP 网络图的构成如图 8-2 所示。

ANP 法确定指标权重的具体步骤如下：

（1）按照网络模型各要素间的相互关系，将 $C_i(i=1,2\cdots,n)$ 元素以及组中的元素 $e_{i1}, e_{i2}, \cdots, e_{ini}$ 进行两两比较，构造各自的判断矩阵，最后将各个判断矩阵的归一化特征向量汇总到一个矩阵 W_{ij} [式（8-6）] 中，并按照式（8-7）进行一致性检验。

$$W_{ij} = \begin{pmatrix} W_{i1}^{j1} & W_{i1}^{j2} & \cdots & W_{i1}^{jnj} \\ W_{i2}^{j1} & W_{i2}^{j2} & \cdots & W_{i2}^{jnj} \\ \vdots & \vdots & & \vdots \\ W_{in1}^{j1} & W_{in2}^{j2} & \cdots & W_{inj}^{jnj} \end{pmatrix} \quad (8-6)$$

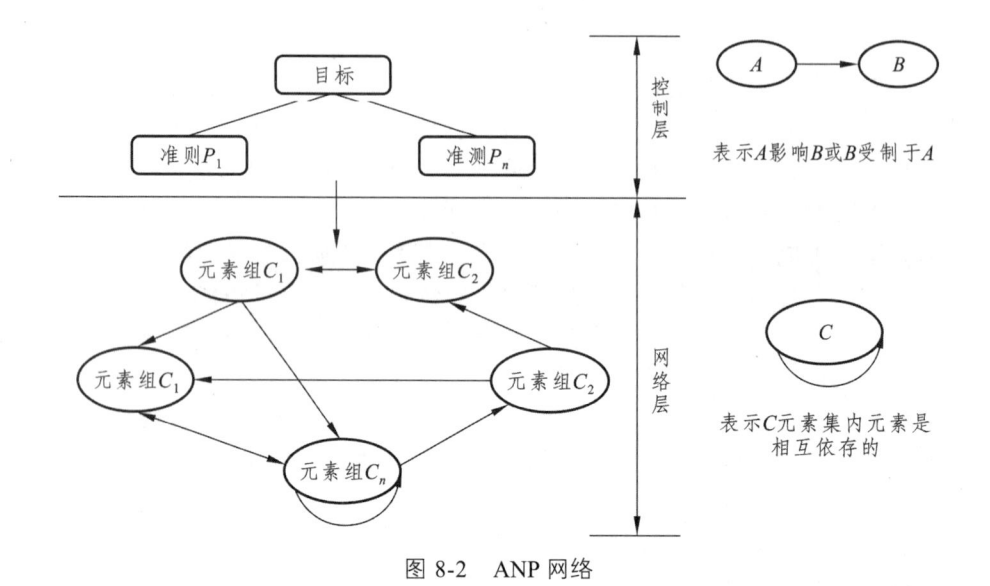

图 8-2 ANP 网络

$$\begin{cases} C.I. = \dfrac{\lambda_{\max} - n}{n-1} \\ C.I. = \dfrac{C.I.}{R.I.} \end{cases} \quad (8\text{-}7)$$

式中 $\lambda_{\max}$ ——对应判断矩阵的最大特征值；

n ——判断矩阵阶数；

$C.I.$ ——一致性指标；

$R.I.$ ——同阶随机判断矩阵的一致性指标的平均值；

$C.R.$ ——一致性比率。

当 $C.R.<0.1$ 时，表示该判断矩阵可接受。

（2）通过一致性检验后计算各个判断矩阵的归一化特征向量，并构成未加权超矩阵 W_s，见式（8-8）。

$$W_s = \begin{pmatrix} W_{11} & W_{21} & \cdots & W_{1n} \\ W_{21} & W_{22} & \cdots & W_{2n} \\ \vdots & \vdots & & \vdots \\ W_{n1} & W_{n1} & \cdots & W_{nn} \end{pmatrix} \quad (8\text{-}8)$$

（3）以控制元素 C_i 为准则，对控制元素 C_i 下的各元素组与网络层各元素组 C_j 的重要性进行逐一比较，得到归一化权重向量矩阵 A，见式（8-9）。

$$A = \begin{pmatrix} a_{11} & a_{21} & \cdots & a_{1n} \\ a_{21} & a_{22} & \cdots & a_{2n} \\ \vdots & \vdots & & \vdots \\ a_{n1} & a_{n1} & \cdots & a_{nn} \end{pmatrix} \quad (8-9)$$

（4）求解加权超矩阵 W。将权重向量矩阵 A 与超矩阵 W_s 相乘，得到加权超矩阵 W，见式（8-10）。

$$W = AW_s \quad (8-10)$$

（5）求得极限超矩阵。$W_s^l = \lim_{k \to \infty} W^k$ 若极限收敛且唯一则极限超矩阵 W_s^l 特征向量为指标权重，由特征向量组成综合权重向量 W。

依照 ANP 法分析步骤，建立智慧建造水平评价指标体系，见表 8-3。

表 8-3　智慧建造水平 ANP 指标体系

目标层	准则层	网络层
智慧建造水平评价 C	智能化 C_1	BIM＋新型技术 C_{11} BIM＋智能建造平台 C_{12} BIM＋技术创新 C_{13}
	工业化 C_2	BIM＋标准化设计 C_{21} BIM＋智慧工厂 C_{22} BIM＋装配式施工 C_{23} BIM＋信息化管理 C_{24}
	信息化 C_3	搭建信息平台 C_{31} 信息环境 C_{32} 信息协同 C_{33}
	集成化 C_4	BIM＋数字化集成 C_{41} BIM＋一体化集成 C_{42}
	可持续化 C_5	BIM＋绿色建造 C_{51} BIM＋全寿命周期 C_{52} BIM＋新型建造组织 C_{53}

2. ANP 网络指标间的关系分析

对智慧建造水平评价指标间的关系进行对比，分析出如下的相互影响关系：

（1）网络层间指标影响关系分析。

智能建造平台是集新型技术的系统化体现，将通过平台操作智能化的技术与装备等达到智能化解决方案与问题。针对实际项目的建造需求，进行技术创新，开发特定的自主产权的程序、软件和平台，来实现智慧化目标。因此，BIM + 智能建造平台 C_{12} 将会促进 BIM + 技术创新 C_{13}。

智慧建造的工业化就体现在标准化设计、工厂化生产、装配化施工及信息化管理等方面，标准化设计是生产和施工的前提，以设计来指导生产施工。因此，BIM + 标准化设计 C_{21} 将会影响 BIM + 智慧工厂 C_{22}、BIM + 装配式施工 C_{23}；通过搭建信息化平台来实现信息化建造与信息管理，营造信息化的环境，使得各参建方进行信息化的交流及协同作业。因此，搭建信息平台 C_{31} 将会影响信息环境 C_{32}、信息协同 C_{33}。

（2）不同组间指标影响关系分析。

信息协同 C_{33} 使得各方提前了解项目建造目标与需求，指导顶层设计进行标准化设计，即信息协同 C_{33} 将会影响 BIM + 标准化设计 C_{21}；一体化施工技术的集成 C_{42} 将会影响建造周期的规划、设计、施工、运维等各个阶段的协同工作，即 BIM + 一体化集成 C_{42} 将会影响 BIM + 全寿命周期 C_{52}；智慧建造下承建的全过程工程咨询、EPC 总承包模式等新型建造组织，将会影响到智能建造平台的开发与应用、指导项目信息化管理、协同各方作业、促进技术的一体化集成，即 BIM + 新型建造组织 C_{53} 将会影响 BIM + 智能建造平台 C_{12}、BIM + 信息化管理 C_{24}、信息协同 C_{33}、BIM + 一体化集成 C_{42}；新型技术的利用将会显著提升智慧工厂的生产效率、指导装配式施工过程、促进信息高效即时共享化管理，即 BIM + 新型技术 C_{11} 将会影响 BIM + 智慧工厂 C_{22}、BIM + 装配式施工 C_{23}、BIM + 信息化管理 C_{24}。

（3）指标间影响关系表。

将以上影响关系中的指标用节点表示，其中将被影响指标定义为子节点，即箭头指向其子节点；将影响指标定义为父节点，即从其引出箭头。得出网络间指标影响关系见表 8-4。

表 8-4　网络间指标影响关系

父节点	C_{12}	C_{21}	C_{31}	C_{33}	C_{42}	C_{53}	C_{11}
子节点	C_{13}	C_{22}、C_{23}	C_{32}、C_{33}	C_{21}	C_{52}	C_{12}、C_{24}、C_{33}、C_{42}	C_{22}、C_{23}、C_{24}

3. ANP 网络模型构建

因 ANP 法构造的超矩阵计算过程复杂而庞大，手工计算难以保证其精准度，故借助计算软件超级决策 Super Decisions 软件（简称"SD 软件"）来解决此难题。在 SD 软件中建立 ANP 模型，如图 8-3 所示。

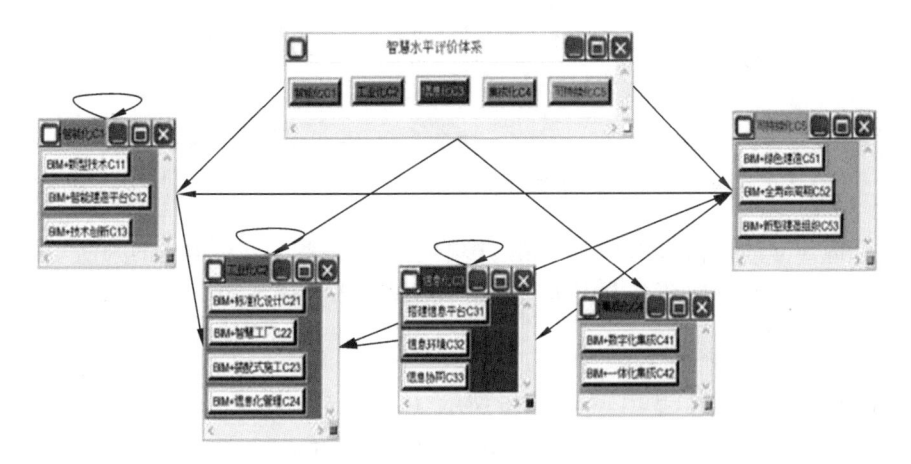

图 8-3　智慧水平 ANP 模型

8.2.3　指标权重评价法

8.2.3.1　构造判断矩阵

智慧建造水平评价指标的重要度判断矩阵由专家打分确定，为了尽可能降低判定的主观性，邀请了 2 位项目参建管理人员、2 位从事智慧建造的企业专家、2 位致力于研究智慧建造的高校研究人员按照判断标度进行打分，具体判定说明见表 8-5。

表 8-5　判断矩阵标度定义

标度	含义
1	两个要素相比，具有同样的重要性
3	两个要素相比，前者比后者稍重要
5	两个要素相比，前者比后者明显重要
8	两个要素相比，前者比后者强烈重要
9	两个要素相比，前者比后者极端重要
2，4，6，7	上述相邻判断的中间值
倒数	若因素 i 与因素 j 的重要性之比为 c_{ij}，那么因素 j 对因素 i 的重要性之比 $a_{ji} = \dfrac{1}{a_{ij}}$

8.2.3.2　纵向比较判断矩阵

因建立的评价指标间存在相互影响与反馈关系，故对构造的判断矩阵应该从横向和纵向两个方面进行比较，见表 8-6 至表 8-11。

1. 准则层指标判断矩阵

准则层指标判断矩阵如表 8-6 所示。

表 8-6　准则层指标判断矩阵

	C_1	C_2	C_3	C_4	C_5
智能化 C_1	1	1/3	1/2	1	1
工业化 C_2	1	1	3	6	3
信息化 C_3	1	1/3	1	4	2
集成化 C_4	1	1	1	1	1/2
可持续化 C_5	1	1	1	1	1

2. 网络层指标判断矩阵

网络层指标判断矩阵如表 8-7 至表 8-11 所示。

表 8-7 智能化对应指标判断矩阵

C_{11}	C_{12}	C_{13}
BIM＋新型技术 C_{11}	1/3	1/3
BIM＋智能建造平台 C_{12}	1	1/2
BIM＋技术创新 C_{13}		1

表 8-8 工业化对应指标判断矩阵

C_{21}	C_{22}	C_{23}	C_{24}
BIM＋标准化设计 C_{21}		2	3
BIM＋智慧工厂 C_{22}	3		1/2
BIM＋装配式施工 C_{23}	1	1/4	1/4
BIM＋信息化管理 C_{24}	1	1	1

表 8-9 信息化对应指标判断矩阵

	C_{31}	C_{32}	C_{33}
搭建信息平台 C_{31}	1	3	2
信息环境 C_{32}		1	1/3
信息协同 C_{33}			1

表 8-10 集成化对应指标判断矩阵

	C_{41}	C_{42}
BIM＋数字化集成 C_{41}	1	1/2
BIM＋一体化集成 C_{42}		1

表 8-11 可持续化对应指标判断矩阵

	C_{51}	C_{52}	C_{53}
BIM＋绿色建造 C_{51}	1	1/2	3
BIM＋全寿命周期 C_{52}		1	4
BIM＋新型建造组织 C_{53}			1

3. 横向比较判断矩阵

横向比较是依据网络间指标影响表中的父节点作为准则，对其影响的子节点进行两两重要度比较矩阵。当父节点只影响一个子节点时对应的重要度判断矩阵与准则层的相同，则无须重复比较，见表 8-12 ~ 表 8-15。

表 8-12　BIM + 标准化设计 C_{21} 对网络层指标间判断矩阵

BIM + 标准化设计 C_{21}	C_{22}	C_{23}
BIM + 智慧工厂 C_{22}	1	1/2
BIM + 装配式施工 C_{23}	1	1

表 8-13　BIM + 标准化设计 C_{31} 对网络层指标间判断矩阵

搭建信息平台 C_{31}	C_{32}	C_{33}
信息环境 C_{32}	1	2
信息协同 C_{33}		1

表 8-14　BIM + 新型建造组织 C_{53} 对网络层指标间判断矩阵

BIM + 新型建造组织 C_{53}	C_{12}	C_{24}	C_{33}	C_{42}
BIM + 智能建造平台 C_{12}	1	1/3	1/4	3
BIM + 信息化管理 C_{24}		1	1/5	4
信息协同 C_{33}			1	5
BIM + 一体化集成 C_{42}				1

表 8-15　BIM + 新型技术 C_{11} 对网络层指标间判断矩阵

BIM + 新型技术 C_{11}	C_{22}	C_{23}	C_{24}
BIM + 智慧工厂 C_{22}	1	1/4	1/3
BIM + 装配式施工 C_{23}		1	2
BIM + 信息化管理 C_{24}			1

4. 确定指标权重

利用 SD 软件来解决复杂的超矩阵计算难题，最终确定指标权重，具体操作步骤如下：

第 8 章
高速铁路智慧梁场智慧化水平评价体系

（1）在 SD 软件中绘制构建的智慧建造水平评价指标 ANP 网络结构图，并对各个相关要素依影响关系表建立关联连接。

（2）在 SD 中输入重要度矩阵值构建 ANP 超矩阵，并进行一致性检验。以表 3-15 为例，questionnaire 中输入对比重要度，一致性系数 CR = 0.018<0.1，表明该矩阵对应的权重可接受，如图 8-4 所示。

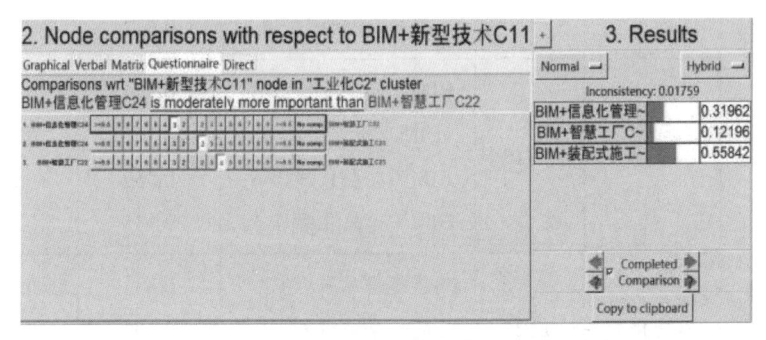

图 8-4　SuperDecisions 软件中指标判断矩阵

（3）计算无权重超矩阵、权重超矩阵、极限超矩阵，确定评价指标权重。最终结果见图 8-5，整理后智慧建造水平评价指标权重计算结果见表 8-16。

图 8-5　评价指标权重

表 8-16　智慧建造水平评价指标权重表

目标层	准则层	权重	网络层	局部权重	全局权重
智慧建造水平评价	智能化 A	0.185	BIM+新型技术 A_1	0.102	0.019
			BIM+智能建造平台 A_2	0.255	0.047
			BIM+技术创新 A_3	0.642	0.119
	工业化 B	0.319	BIM+标准化设计 B_1	0.334	0.107
			BIM+智慧工厂 B_2	0.162	0.052
			BIM+装配式施工 B_3	0.369	0.118
			BIM+信息化管理 B_4	0.135	0.043
	信息化 C	0.125	搭建信息平台 C_1	0.332	0.041
			信息环境 C_2	0.309	0.039
			信息协同 C_3	0.359	0.045
	集成化 D	0.123	BIM+数字化集成 D_1	0.325	0.040
			BIM+一体化集成 D_2	0.675	0.083
	可持续化 E	0.248	BIM+绿色建造 E_1	0.213	0.053
			BIM+全寿命周期 E_2	0.706	0.175
			BIM+新型建造组织 E_3	0.081	0.020

由图 8-6 可知，权重为 0.175 的二级指标 BIM+全寿命周期是所有二级指标值中的最高值，这一结果表明了 BIM 技术对于实现智慧建造过程的重要性。智慧决策、智能设计、智慧生产、智慧施工以及智慧运维等智慧建造各生命周期都是基于 BIM 技术进行展开，可见 BIM 技术与整个智慧建造全寿命过程是不可分割的。排序在第二高的是权重为 0.119 的 BIM+技术创新，这是因为在推进智慧城市与智慧建造的进程中，技术创新是发展与变革的源动力，新型技术是实现智慧建造的基础。接着是权重为 0.118 的 BIM+装配式施工，在所有指标中排在第三高，装配式施工是实现工业化的基础，这也符合国家现阶段关于工业化的相关政策要求。

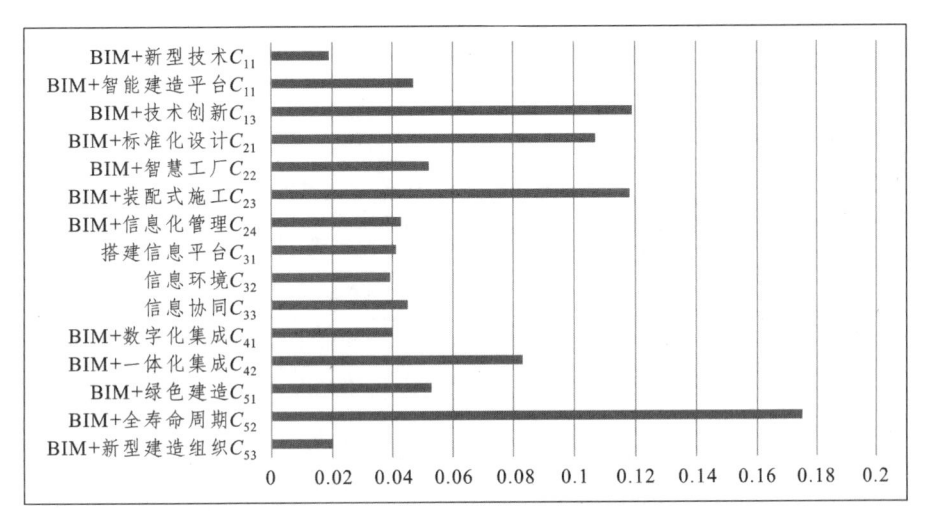

图 8-6 二级指标全局权重排序

由图 8-7 可知，权重为 0.319 的工业化是所有一级指标值中的最高值，这一结果表明了工业化是实现智慧建造的前提与基础。接下来就是可持续化与智能化，信息化与集成化排位最靠后。

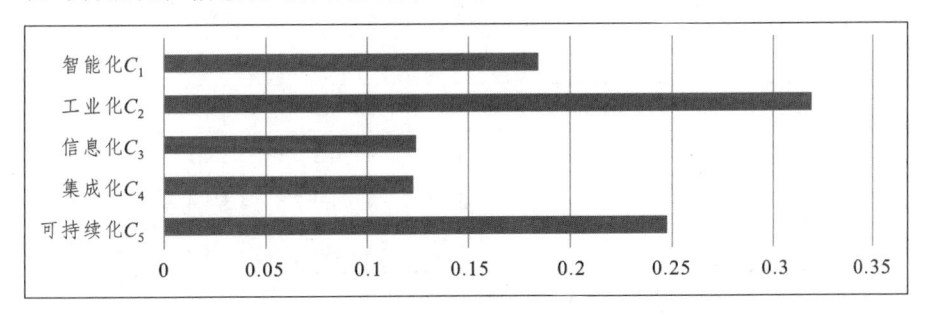

图 8-7 一级指标权重排序

8.3 预制梁场智慧建造水平现状评价

预制梁场建设采用了新型建造技术的集成与信息化高度融合等方式，搭建了系统协同管理平台，实现了智慧建造。预制梁场的智慧建造水平现状评价是通过各位专家的评定来判定预制梁场的智慧建造水平等级。为了尽可能降低判定的主观性，邀请了 2 位项目参建管理人员、2 位从事智慧建造的企业专家、2 位致力于研究智慧建造的高校研究人员，对本项目智慧建造水平所带来的效益与质量两个维度进行打分，最终结果见表 8-17 ~ 8-19 以及图 8-8 所示。

表 8-17　预制梁场项目智慧建造水平指标得分

	X_1/X_1'	X_2/X_2'	X_3/X_3'	X_4/X_4'	X_5/X_5'	X_6/X_6'
C_{11}	4.0/4.5	4.6/4.0	4.8/4.8	4.0/4.2	4.2/4.6	4.4/4.2
C_{12}	30/48	40/42	35/44	35/51	42/47	38/46
C_{13}	3.5/4.5	3.9/4.9	4.8/4.6	5.4/5.1	5.1/4.8	5.0/5.1
C_{21}	4.5/5.9	5.0/6.0	6.0/6.1	6.5/5.9	6.2/5.6	6.8/5.8
C_{22}	3.5/5.0	4.1/4.3	4.3/5.1	4.3/4.5	4.0/4.1	3.8/4.0
C_{23}	5.0/5.0	4.5/5.2	4.6/5.5	4.8/5.3	4.4/5.7	5.2/5.4
C_{24}	4.3/4.9	4.8/5.0	4.0/5.1	4.8/4.9	5.2/4.6	4.6/4.8
C_{31}	4.5/5.5	4.5/5.2	4.2/5.3	4.0/5.5	4.7/5.1	3.8/5.4
C_{32}	4.0/4.9	4.4/4.9	4.2/5.0	4.5/5.1	3.8/4.5	3.6/5.3
C_{33}	3.8/5.0	4.6/5.0	4.5/5.3	4.7/5.6	4.3/6.2	3.9/5.8
C_{41}	37/36	32/42	33/37	35/42	31/38	30/44
C_{42}	3.8/3.8	4.4/4.7	4.0/4.4	3.6/4.3	4.5/4.5	4.3/3.6
C_{51}	5.0/3.8	4.6/4.1	5.1/4.3	4.8/4.2	5.2/4.1	4.9/3.9
C_{52}	5.5/4.3	4.7/3.5	4.2/3.9	4.6/4.0	4.3/4.4	4.4/4.2
C_{53}	4.3/3.6	4.0/4.2	4.2/3.2	4.1/4.0	4.2/4.0	4.4/3.4

注：X_i，X_i' 分别为效益、质量等级分值。

表 8-18　智慧等级二级指标云数字特征

二级指标	权重	效益数字特征	质量数字特征
C_{11}	0.102	（4.33，0.33，0.07）	（4.38，0.31，0.09）
C_{12}	0.255	（3.67，0.42，0.09）	（4.63，0.29，0.12）
C_{13}	0.642	（4.62，0.77，0.17）	（4.83，0.25，0.01）
C_{21}	0.334	（5.67，0.77，0.06）	（5.88，0.15，0.08）

续表

二级指标	权重	效益数字特征	质量数字特征
C_{22}	0.162	(4.00, 029, 0.10)	(4.50, 0.46, 0.03)
C_{23}	0.369	(4.75, 0.31, 0.06)	(5.35, 0.23, 0.08)
C_{24}	0.135	(4.62, 0.40, 0.14)	(4.88, 0.15, 0.08)
C_{31}	0.332	(4.28, 0.36, 0.09)	(5.33, 0.17, 0.04)
C_{32}	0.309	(4.08, 0.36, 0.07)	(4.95, 0.23, 0.14)
C_{33}	0.359	(4.30, 0.38, 0.04)	(5.48, 0.48, 0.07)
C_{41}	0.325	(3.30, 0.25, 0.07)	(3.98, 0.36, 0.14)
C_{42}	0.675	(4.10, 0.38, 0.12)	(4.22, 0.43, 0.07)
C_{51}	0.213	(4.93, 0.21, 0.06)	(4.07, 0.18, 0.04)
C_{52}	0.706	(4.62, 0.40, 0.24)	(4.05, 0.31, 0.09)
C_{53}	0.081	(4.20, 0.13, 0.07)	(3.73, 0.42, 0.14)

表 8-19 智慧等级一级指标与综合云数字特征

总指标	综合云 效益数字特征	质量数字特征	一级指标云数字特征 指标 权重 效益数字特征 质量数字特征		
C	(4.53, 0.44, 0.12)	(4.74, 0.28, 0.07)	C_1	0.185 (4.35, 0.63, 0.14)	(4.74, 0.27, 0.05)
			C_2	0.319 (4.92, 0.47, 0.08)	(5.33, 0.23, 0.07)
			C_3	0.125 (4.23, 0.36, 0.06)	(5.27, 0.30, 0.08)
			C_4	0.123 (3.84, 0.34, 0.10)	(4.14, 0.41, 0.09)
			C_5	0.248 (4.65, 0.34, 0.19)	(4.03, 0.29, 0.09)

由图 8-8（a）可知，该预制梁场智慧建造综合水平等级介于Ⅱ、Ⅲ星级之间，即优于目前的工业化水平，但还没有达到基本的智慧化水平。由图 8-8（b）可知，五个一级指标智能化、工业化、信息化、集成化与可持续化的评价等级也介于Ⅱ、Ⅲ星级之间，其中工业化和信息化评价等级略高于Ⅱ级；信息化与可持续化的评价等级略低于Ⅲ星级，经相似度公式计算出等级为Ⅲ级。图 8-8（c）为二级指标二维云结果，在二级评价指标中，C_{12}、C_{22}、C_{32}、C_{41}、C_{51} 是对应一级指标中评价等级最低者，都趋近于Ⅱ

星级，即略优于目前的工业化水平。针对这些薄弱指标，今后需加强此方面的重视和投入来提高其智慧化水平。

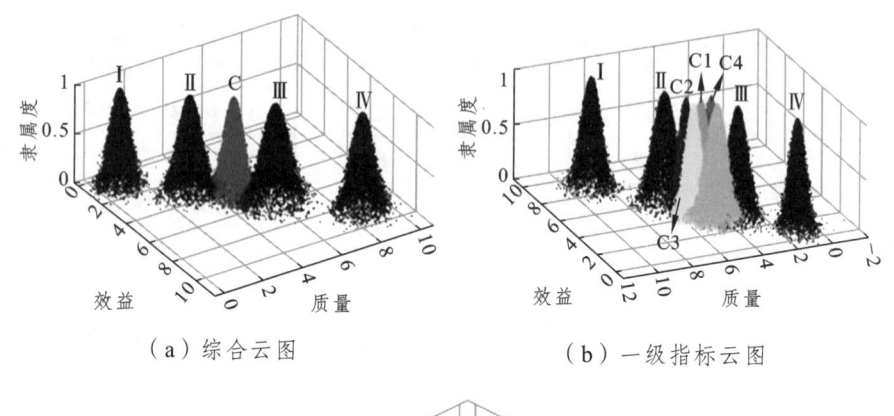

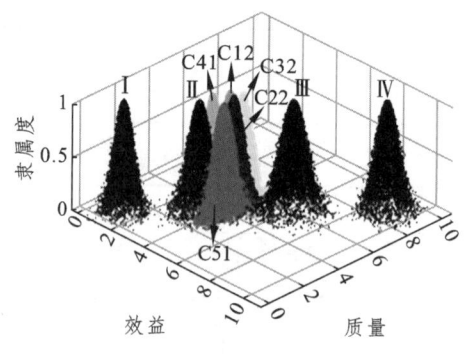

（a）综合云图

（b）一级指标云图

（c）二级指标云图

图 8-8　二维云评价指标云图

第 9 章

高速铁路智慧梁场实践

为满足高速铁路预制梁场实现信息化、数字化和智慧化，以金华梁场和兰溪梁场为例，结合新一代信息技术与工程实体建设，打造出生产过程可视化、施工流程标准化、业务管理数字化、机械设备智能化和管理决策智慧化的梁场。

9.1 金华梁场概况

9.1.1 工程简介

新建金华至建德高速铁路 JJGTSG-Ⅰ标自金华站引出依次经过金华市婺城区、兰溪市，线路起讫里程 DK0+000~DK30+017，管段内新建线路长 29.978 km，改建既有沪昆铁路金华至东孝段单线长度 12.466 km，如图 9-1 所示。工程造价 26.33 亿元人民币，合同计划工期 2020 年 12 月 31 日—2024 年 6 月 30 日，总工期 42 个月。

图 9-1 新建金华至建德高速铁路

本项目包括预制梁场 1 处，梁场位于浙江省金华市兰溪市灵洞乡耕头畈村，梁场征地 147 亩，生产区实际用地 120 亩；位于新建金建高铁线路右侧，梁场中心里程位于正线 DK13+400 处。梁场承担共 572 孔简支箱梁的预制任务。

金华制梁场设置制梁台座 8 座，2 台 45 t 门式起重机，1 台 900 t 轮胎式搬梁机，2 台 180 型搅拌站，制梁生产能力 48 孔/月；双层存梁台座 51 座，最大存梁能力 102 孔。

9.1.2 梁场周边自然特征

9.1.2.1 地　质

金华制梁场位于浙江西南兰溪市境内剥蚀丘陵区，剥蚀丘陵区（Ⅱ）地层岩性主要为第四系全新统残坡积粉质黏土，下伏基岩主要为白垩系上统方岩组粉砂岩、砂岩，侏罗系中统渔山尖组砂岩、砾岩，侏罗系下统马涧组砂岩、砾岩，偶夹泥岩与砾岩组成的韵律层，夹炭质页岩和煤线。

场地内没有活动性断裂通过，本身不具备发生中、强破坏性地震的构造条件，属于较稳定地块，区域稳定性较好。场地内和相邻区域没有对工程安全有影响的不良地质作用，也没有影响本工程地基稳定性的埋藏物，梁场场地主要分布为稻田、林地、灌溉渠、鱼塘等。天然地基承载力较低，不能满足制存梁对地基的要求，需要对地基进行处理。

9.1.2.2 水　文

地表水主要为金华江、长湖及鱼塘。

沿线地下水水质大多较好，环境作用等级为：无侵蚀性。

沿线地下水类型主要有第四系孔隙水和基岩裂隙水，地下水位埋深为 0.50~2.60 m，水位年变化幅度为 1~2 m。

9.1.2.3 气　候

本项目线路经过区属于亚热带季风气候，冬温夏热，四季分明，雨量丰富，干湿两季明显。主要气象要素：年平均气温 17.2~18.5 ℃，最冷月平均气温 1.9~6.7 ℃，按照对铁路工程有影响的气候分区，属于温暖地区，极端最高气温 41.5~42.4 ℃，极端最低气温 -8.0~-5.7 ℃。年平均降水量 1 509.6～1 567.6 mm，年最大降水量 1 995.3～2 137.6 mm，年平均降水日数为 145～153 d，年平均蒸发量 1 000.8～1 547.9 mm；年平均风速 1.3～1.9 m/s，最大瞬时风速 27.4～27.9 m/s。本线所经区域气象灾害四季都有可能发生，春季倒春寒，梅雨期洪涝，盛夏高温，伏秋干旱，冬季冻害与大雪、冰雹、大风等灾害性天气出现比较频繁。全年有两个主要的降雨期，一是梅雨季节（5月中下旬—7月上旬），二是台风季节（主要为8月—9月上旬），上述两个降雨期也是地质灾害高发时期。

9.1.2.4 地 震

本地区地震动峰值加速度 0.05g，特征周期分区为一区，基本地震动反应谱特征周期 0.3 s，场地类别为Ⅱ类场地。

9.1.3 施工条件

9.1.3.1 交通运输情况

金华制梁场位于线路中心里程 DK13+400 处右侧，制梁场所需的材料、设备、机械主要依靠公路运输至预制现场，梁场邻近主干道天马线，利用进物流公司道路直接进入梁场内，周边交通发达，设备、原材料进场便利。

9.1.3.2 施工用电情况

金华制梁场内设置 2 台变压器为 630 kV·A，并配备 400 kW 发电机 2 台，两台发电机分别与变压器紧挨设置。变压器的接入点设置在天马线道边 35 kV 高压线线杆处，接入点离变压器位置较近。

9.1.3.3 场内管线情况

金华制梁场场地范围内没有电力及燃气线路，有 1 条架空 35 kV 高压线，1 条农田主要灌溉渠迁移工程。

9.1.3.4 用水情况

金华制梁场主要生产用水采用地下水，接入自来水主要用于生活用水，考虑到生产、养护用水量较大，无法满足施工要求，计划在场内打井取水，作为使用水源，对地下水进行检测，符合要求后再投入生产使用。

9.1.3.5 通信情况

金华制梁场日常人员通信联络主要依靠对讲机与移动电话，制梁场安装网络，实现信息化管理。

9.2 兰溪梁场概况

9.2.1 工程简介

中铁二十四局集团新建金华至建德高速铁路 JJGTSG-Ⅱ标兰溪制梁场承担新建金华至建德高速铁路 DK27+834.99（兰江特大桥）~ DK56+092.3（新安江特大桥 2#墩）箱梁的预制工程，共计预制无砟轨道后张法预应力混凝土简支箱梁 254 榀，其中双线 31.5 m 箱梁 202 榀，双线 23.5 m 箱梁 40 榀，单线 31.5 m 箱梁 12 榀。

9.2.2 梁场周边环境及自然特征

梁场位于浙江省兰溪市女埠镇甘山村，占地面积约 99.5 亩，中心里程 DK30+254。该处场地位于兰溪市女后线北侧 460 m，其中三局可利用便道 280 m，交通便利，制梁场靠近线路左侧布置。梁场范围内及周边无河流和厂房分布，周边分布有两个自然村。

地形地貌特征：本项目位于浙江省兰溪市。梁场所处位置属丘陵地貌，地形略有起伏，最大高差约 7 m。

地质及水文情况：主要地层由为第四系全新统人工堆积（Q_4^{ml}）素填土、湖积淤泥、冲积粉质黏土，下伏基岩为白垩系上统方岩组砂质泥岩。梁场地表水主要为水渠和水塘，水渠和水塘内常年积水，水量随季节变化大。地下水类型属第四系孔隙潜水和基岩裂隙水，主要分布于表层第四系松散沉积层及下伏基岩发育的节理、裂隙中，分布不均，一般地带水量不大，潜水位埋深 0.6 ~ 3.3 m 不等。

气候：属北亚热带季风气候。气候温和湿润、四季分明、日照充分、降雨充沛、雨热同期。

9.2.3 总体进度和工期计划

根据实施性施工组织设计，梁场计划于 2022 年 10 月 20 日开始进场及大临建设，2023 年 2 月 15 日前整体验收通过。2023 年 3 月 1 日开始箱梁试生产，2023 年 4 月 30 日取得生产许可证。根据铺架进度，计划 2023 年 8 月 20 日开始架设，2024 年 4 月 23 日架梁结束，箱梁预制工期为 12 个月。建场施工进度详见表 9-1。

表 9-1　建场施工进度

序号	项目	工期/d	开始时间	结束时间
1	清表	10	2022-10-20	2022-10-29
2	土方平整	18	2022-10-30	2022-11-16
3	板房搭建	45	2022-11-17	2023-1-1
4	桩基施工	50	2022-11-17	2023-1-6
5	制梁区	45	2022-11-27	2023-1-11
6	存梁区	62	2022-12-10	2023-2-10
7	搅拌站	40	2023-1-6	2023-2-15

9.2.4 铺架顺序

本标段铺架采用 2 台架桥机进行架设，其铺架顺序如下：

（1）梁场往小里程方向开始铺架，铺架的梁数为 57 榀；

（2）铺架完成小里程方向后，架桥机掉头开始铺架大里程方向，铺架的梁数为 185 榀；

（3）利用双线箱梁架设完成后形成的运梁通道进行架设单线箱梁 12 榀。

9.2.5 临建主要工程数量

临建主要工程数量见表 9-2。

表 9-2 临建主要工程数量

序号	名称	计量单位	工程数量	备注
1	钢筋	t	252	
2	模板	m²	13 114	
3	混凝土	m³	14 467	
4	地面硬化	m²	24 938	
5	砌砖	m³	1250	
6	水沟	m	4073	
7	钢轨安装	m	1826	

9.3 金华与兰溪智慧梁场实践应用

兰溪制梁场充分利用《铁路工程管理平台 2.0》系统开展信息化与智能化，满足业主要求及日常使用要求。《铁路工程管理平台 2.0》共设置综合管理平台、过程控制平台、现场管理平台三大平台，以实现工程的质量管理、安全管理、进度管理等。梁场根据业主统一安排布置的模块主要有：试验室 2.0、搅拌站 2.0、电子施工日志、桥梁静载试验、隐蔽工程影像系统、梁场生产管理系统、预应力梁自动张拉等。

9.3.1 试验室搅拌站信息化

根据相关要求，试验室搅拌站必须建立信息化管理系统，并接入相应的管理平台，生产、试验相关数据实时采集、分析、上传，达到生产过程与质量追溯实时监控。

金华制梁场、兰溪制梁场搅拌站、试验室、物资部、工程部等主要生产职能部门均全部应用《V2.0 信息化生产系统和铁路工程管理平台》，如图 9-2 所示。物资进场和消耗全部自动采集数据，并且在各个主要生产区设置视频监控系统，保证材料的质量和使用规范，《铁路工程管理平台 2.0》对施工过程的资料进行网上办公，数据自动分析和统计，确保生产过程的质量。

图 9-2 《V2.0 信息化生产系统和铁路工程管理平台》界面

  此系统能实现原材料过磅识别、料仓自动甄别与动态显示、配合比展示自动长传与交互、试块电子标签、物料统计分析与存量告警、试验、生产流程标准化推送与提醒、智能化预告警与考核等功能。

  在箱梁模板上安装模宽测距仪、位移传感器、温度传感器、保护层检测仪等设备,将模板及箱梁的相关数据进行采集,实现了对模板及箱梁的实时状态的全方位感知。

  通过控制中心对反映信息分析,对相关超标数据进行预警,同时根据相关数据自动启停供水开关进行箱梁模板降温、箱梁养护等操作,实现了箱梁浇筑前浇筑后的自动温控、自动养护的目的。

  通过滑动装置与保护层检测仪沿外模边滑动检测,对箱梁钢筋入模后保护层实时检测,不合格部分可即测即纠,实现了入模钢筋保护层的快速、实时检测的目的。

本智能化模板系统结构设计简单，但具有较高的集成度。在实施过程中，利用高精度的管理优势，减少了质量隐患，并节约了成本，适用于箱梁预制工程施工。

9.3.2　现场管理信息化

兰溪制梁场设立专门的互联网远程视频监控平台，如图 9-3 所示。对梁场各主要功能场所（如钢筋棚、搅拌站、制梁区）等重要控制点安装电子眼采集影像视频，通过在系统中输入违章条件信息，监控系统可自动进行抓拍，现场施工安全、质量实时监控，如违章不戴安全帽、违规施工作业等，并可实时进行传输报警，及时纠错，提高管理质量，实现了可视化监控全覆盖。通过布置的高清摄像头实时显示施工现场安全、质量、进度状况，还可通过手机应用程序突破时间和地域的限制实现全方位监控。

图 9-3　互联网远程视频监控平台

9.3.3　智能喷淋养护系统

金华梁场预制梁养护采用自动喷淋养护系统，如图 9-4 所示。全场存梁台位设置箱梁自动喷淋养护，确保箱梁养护实现无死角全覆盖。

图 9-4 箱体喷淋系统

预制梁喷淋养护系统由控制柜、电磁阀、喷头、变频增压泵、云服务、4G 网络路由器、手机遥控应用程序、高压 PE 水管等组成。该系统具有以下功能特点：

（1）智能喷淋控制柜可以人工操作也可以设定自动浇水和喷雾，当设定为自动时，喷淋控制器将实现高效省时节水。

（2）4G 无线路由器解决了空旷郊外预制梁场或现浇工地的网络通信问题，使整个系统变得非常经济实用。

（3）最大 36 路电磁阀可实现任意开启，每次可以开启三路同时浇水，多出的路数自动排队等待，灵活机动。耐高压 PGA 电磁阀可实现自动和手动水流切换工作，并可根据压力调节喷雾水流大小。

（4）系统接入 380 V 增压泵，实现自动定压供水，智能化程度大幅度提高，方便远程集中管理、调度。

9.3.4 预应力梁自动张拉控制系统

兰溪制梁场自动张拉设备如图 9-5 所示。其由 4 台千斤顶和 4 台控制箱组成，其中 1 台作为主控制箱控制整个张拉过程，由计算机进行控制，可通过网络远程监控，张拉过程无须人工干预，具有自动补偿功能，可根据千斤顶伸出长度自动调整各油泵给油速度，达到同步张拉的目的，可自动读取油缸伸长量及钢绞线内缩量值，自动校核伸长值偏差和不同步率偏差，自动进行张拉持荷，消除了人工张拉的测量精度低、同步率差等缺陷。

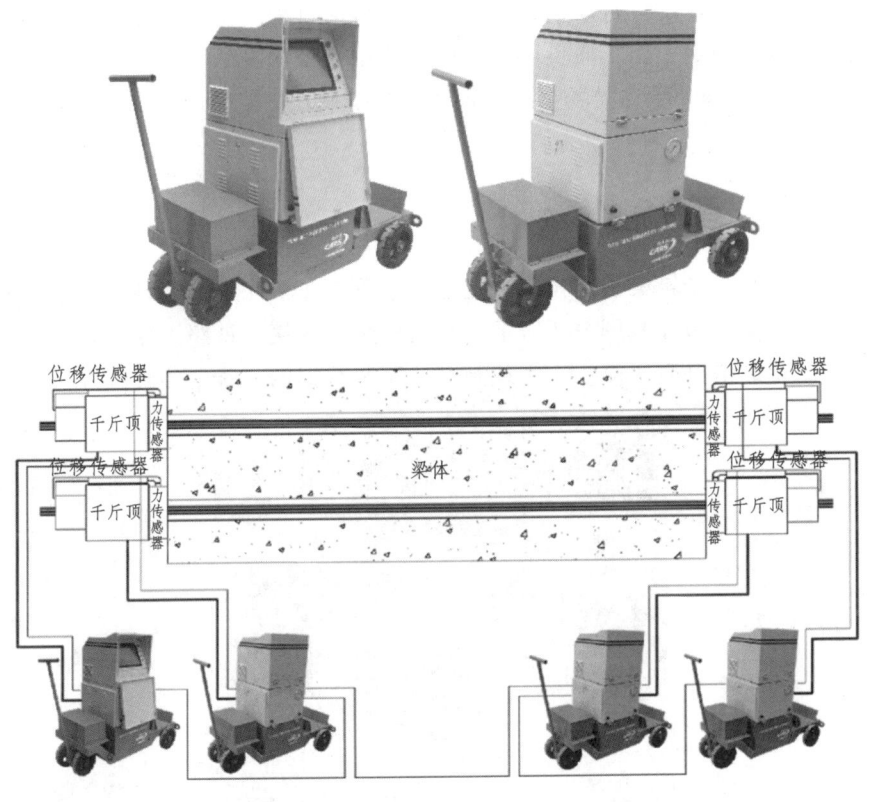

图 9-5 自动张拉设备及张拉工作示意

通过自动张拉设备和信息管理平台，预制箱梁的预应力张拉施工环节纳入信息化管理系统，对张拉施工信息进行数据集成和传递、参数判别和预警、进度和质量动态跟踪、最终达到张拉质量闭环式信息管理。智能张拉控制系统具体功能如下：

（1）自动张拉设备可进行一键式全过程自动张拉；

（2）两端自动平衡张拉、精确调控张拉力；

（3）张拉力与伸长值的实时监测判断；

（4）张拉结果自动生成及不可更改；

（5）管理平台可进行可视化展示、数据统计分析、信息推送传递、质量预警等功能。

金华制梁场配置自动张拉系统 2 套，目前自动张拉系统应用已经较为成熟，设备稳定，施工质量可靠。梁场选用经铁科院认证的设备，并接入《铁路工程管理平台》梁场生产管理信息系统模块，实现张拉数据的实时上传管理。

9.3.5 自动压浆系统

金华制梁场箱梁预制预应力孔道压浆采用 TGZY 型自动压浆系统，配备 1 套，如图 9-6 和图 9-7 所示。自动压浆系统接入铁路工程管理平台梁场生产管理信息系统模块，实现制浆、压浆数据的实时上传管理。

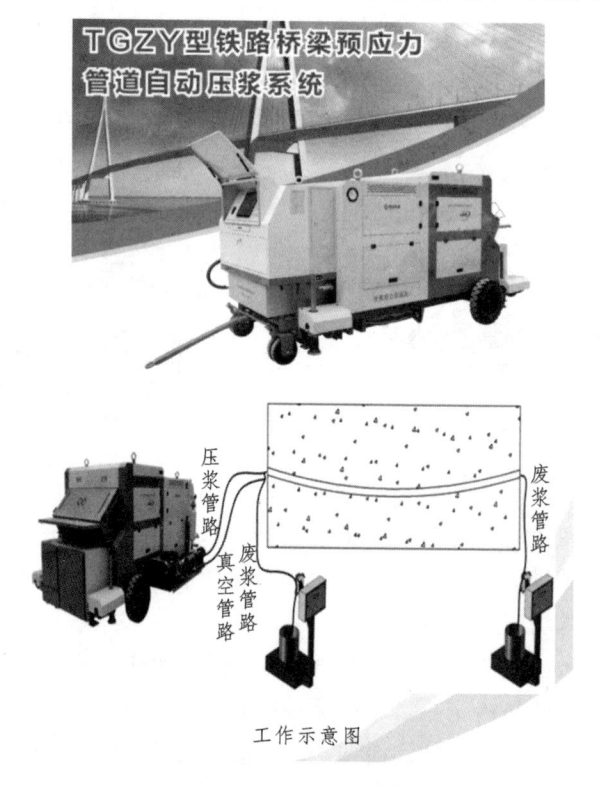

图 9-6 压浆系统工作示意

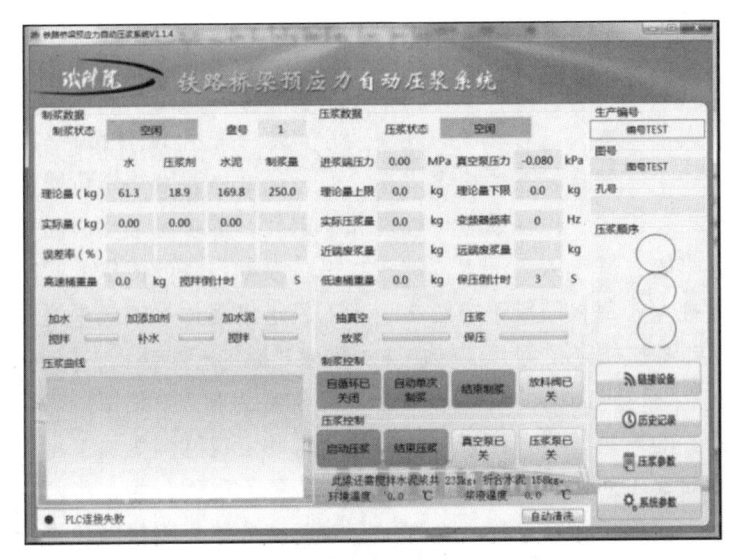

图 9-7　压浆信息系统模块

TGZY 型铁路桥梁预应力管道自动压浆系统是铁科院研制的施工全过程控制自动压浆设备。系统实现了压浆施工上料制浆、真空压浆两大关键工序自动化协同控制，具有自动化程度高、配料和压浆量计量精准、现场移动便捷、操作方便、工作效率高、可靠耐用、维护量小、绿色环保等特点，满足管道压浆施工对过程控制和成品质量的技术要求。

9.3.6　结合标签对应法的全自动定位网焊系统

1. 适用典型施工问题

根据铁路系统预制梁场经验与实际统计，箱梁预制钢筋绑扎工艺中定位网片焊接与安装一直存在网片加工方法不规范，加工尺寸不符合设计要求，整体定位网片焊接存在错焊，定位网片安装位置存在偏差、错位，出现"定位网片不定位"的复杂质量缺陷。更有网片焊接点多，定位网焊接不牢固，导致网片脱焊预应力孔道移位、交错造成重大预应力损失。其次人工焊接效率过低，且交流焊机作业环境影响危害大，加大了职业健康危害。后期的整改返工不但造成企业效益流失，影响工期；也无法从根本上解决张拉"生命线"中"血液不流通"的质量危害。

2. 破解思路

（1）针对传统人工焊接定位网片施工制作方式所造成定位错误、焊接不牢固、人工成本大、对环境的危害大等问题；采用 WH1200 全自动定位网焊机，让手工焊接转变为机器焊接。通过尺寸检验合格定位网模具自动的"点对点"焊接，保证质量可控性和稳定性，焊接时加热时间短热量集中，焊点牢固，减小人为因素影响，在提高效率，降低成本的同时体现了绿色环保理念。每榀箱梁可节约 2 个人工，定位网片加工效率提升 50%。

（2）针对整体定位网片流转施工，采取"标签对应法"，对劳务队进行施工部署；"标签对应法"是以模具上对应标签为起点，根据所需要网片选择对应标签的模具，浅显便识。再通过全自动定位网焊机加工出相应的定位网片并储存于对应标签存放区，规范了劳务人员的行为，将网片码放整齐践行标准化施工标准。接着选取配套对应的分体式定位网片进行焊接，完成整体式定位网片，继续对应"标签"存放，让定位网"对号入座"。最后根据绑扎台上定位网片分布"标签"点对应摆放，做到不错焊，不错放的工艺目标，定位网片定位标识如图 9-8 所示。

图 9-8 定位网片定位标识

（3）利用定位网片在"标签对应法"中流转目标的确定性，解决了翻找同一批次定位网片耗费时间长，定位网片翻找中相似网片错拿漏拿概率大，安装整体式定位网错放漏放导致返工中造成经济效益流失的问题。

（4）通过定位网钢筋的安装焊接稳固从而达到让钢筋定位网紧抓"生命线"的目标，让抽拔橡胶管更为平顺稳定，使箱梁预应力孔道靠拢设计标准，有效的减少预应力流失。

3. 推广价值

已在金建高铁工程中得到应用验证，提高预应力孔道整体质量，减少管理成本，为金华至建德地区桥梁施工提供了宝贵的经验。

9.3.7 移动式钢筋绑扎台车工装系统

1. 适用典型施工问题

目前，铁路预制简支箱梁钢筋绑扎通常在制梁区露天设置整体式钢筋绑扎胎具，钢筋绑扎时需将半成品从钢筋加工车间运输至绑扎现场，且大多采用人力（机械）运输平板车，运输量大且效率不高。

现场设置临时存放区，预制梁钢筋露天绑扎完成后采用门式起重机吊装至制梁台座安装就位。露天作业时高温暴晒，雨季生产时作业人员需穿戴防雨服，无法实现全天候施工。

2. 破解思路

如何通过改变绑扎胎具的组装形式，是否可以通过轨道基础施工及轨道安装、整体式绑扎胎具两者有机结合，可在钢筋加工车间内和吊装区之间移动。预制梁钢筋绑扎过程中移动式胎具位于钢筋加工车间内，钢筋加工半成品无须远距离运输，在车间内直接吊装至钢筋绑扎胎具进行绑扎，绑扎完成后整体移动至吊装区，通过制梁区门式起重机吊装至制梁台座进行安装，实现了预制箱梁钢筋加工、绑扎及安装的流水线生产。

3. 系统介绍

（1）总体方案思路。

总体方案主要是使钢筋下料、吊装、绑扎均在钢筋车间可以进行流水化作业，改善作业人员施工环境，不受恶劣天气影响，经过对通常钢筋整体使用机械设备进行吊装运输，无须高强度搬运作用，提高施工高效快捷，安全风险低，经过对移动式绑扎台车的设计可以大大减少人工费用的投入，节约了成本，提高功效，展示了新型梁场应用的标准化。

（2）设备配置。

设备配置见表9-3。

表 9-3 设备配置

序号	名称	单位	数量	备注
1	轨道基础	条	2	
2	轨道	条	2	
3	移动台车	套	1	包含电力驱动小车
4	整体式绑扎胎具	套	1	
5	绑扎作业平台（通道）	套	2	

（3）工装原理。

预制梁移动整体式钢筋绑扎台车可在钢筋加工车间内和吊装区之间移动。预制梁钢筋绑扎过程中移动式胎具位于钢筋加工车间内，钢筋加工半成品无须远距离运输，在车间内直接吊装至钢筋绑扎胎具进行绑扎，绑扎完成后整体移动至吊装区，通过制梁区门式起重机吊装至制梁台座进行安装，实现了预制箱梁钢筋加工、绑扎及安装的流水线生产。

（4）工装组成。

该工装由轨道基础、轨道、移动台车、整体式绑扎胎具、绑扎作业平台（通道）组成。移动台车可向设备生产单位进行定制或者采购，其余均可现场自行加工制作。

（5）轨道基础施工及轨道安装。

移动式钢筋绑扎胎具首先施工轨道基础，并进行轨道安装，施工流程为：测量放样→土方开挖→基础垫层→钢筋绑扎→预埋螺栓安装→混凝土浇筑→养护→钢轨轴线放样→钢轨安装调试。

(6)移动整体式绑扎胎具制作。

移动整体式绑扎台车由移动台车和整体绑扎胎具组成,如图 9-9 至图 9-11 所示。移动台车设于轨道基础上,底座下设置有电力驱动小车,可实现前后灵活移动;整体式绑扎胎具设置在移动台车上,不易变形,保证安装精度。整体绑扎胎具设置在移动台车上,满足不同类型箱梁钢筋绑扎,实现钢筋骨架快速绑扎。

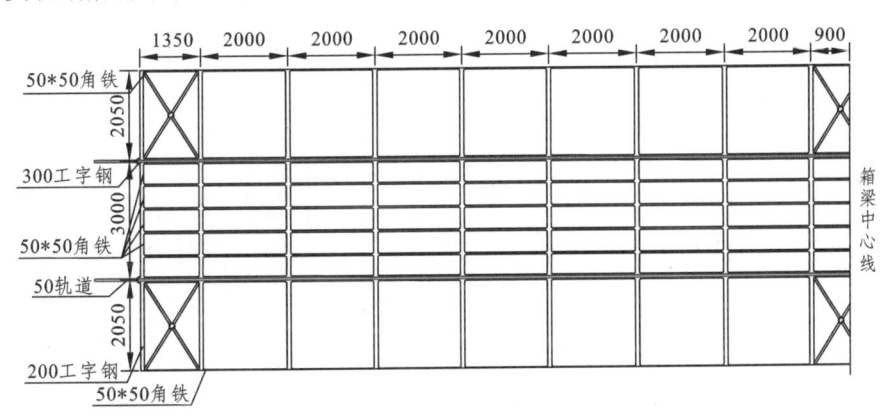

图 9-9 移动整体式绑扎胎具俯视图

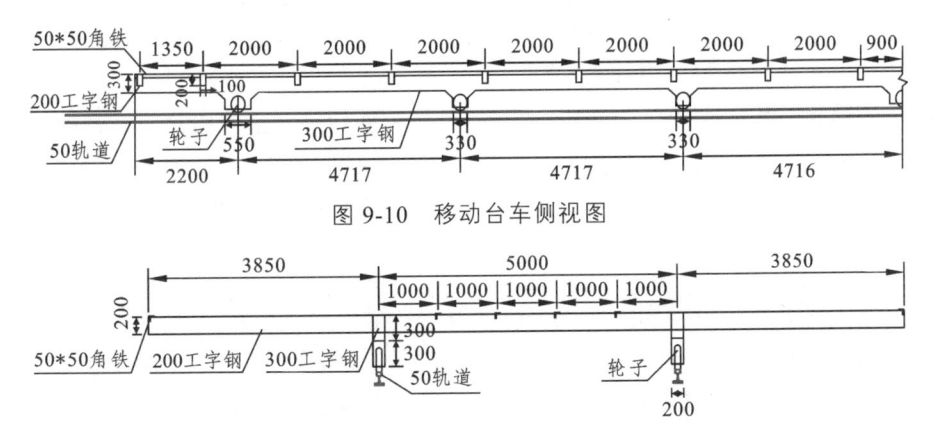

图 9-10 移动台车侧视图

图 9-11 移动台车正视图

(7)钢筋加工车间、吊装区设置。

由于移动整体式钢筋绑扎胎的使用特点,钢筋加工车间须与制梁区紧邻，移动整体式钢筋绑扎胎具通过轨道在钢筋车间和吊装区之间移动。钢筋加工车间可与制梁区垂直布置，也可沿制梁区顺延布置，如图 9-12 所示。

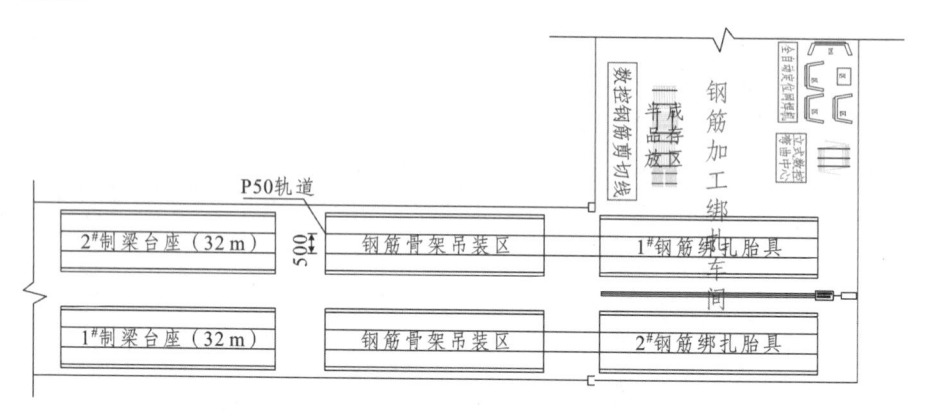

图 9-12 钢筋加工车间和吊装区布置

（8）钢筋加工、绑扎、运输和吊装。

钢筋绑扎时整体胎具在车间内，通过桥式起重机直接将钢筋半成品吊装至胎具进行绑扎，并在绑扎胎具作业平台（通道）中间设置数控调直切断机，可加工沿梁长方向的纵向分布筋，通过专用轻型吊具吊运纵向分布筋，极大地提高钢筋绑扎效率。

钢筋绑扎完成后启动电动移动台车，将钢筋骨架和整体胎具同时移动至吊装区，通过制梁区门式起重机吊装至制梁台座进行安装，实现了预制箱梁钢筋加工、绑扎及安装的流水线生产，提高了预制梁钢筋绑扎及安装工效。

4. 推广价值

实现了预制箱梁钢筋加工、绑扎及安装的流水线生产，预制梁钢筋加工制作完成后在车间内通过门式起重机直接吊装至移动绑扎胎具进行绑扎，钢筋绑扎完成后整体移动至制梁区进行吊装，避免了钢筋半成品大量运输至绑扎现场，极大地节约了人工，减轻了作业强度，提高了预制梁钢筋绑扎及安装工效。

预制梁钢筋工序作业在封闭车间内进行，避免了钢筋绑扎过程中受雨、雪影响导致的钢筋锈蚀问题，提高了钢筋工序的控制质量。

改善了作业人员的作业环境，实现了绑扎作业高温遮阳，雨季可正常施工生产，实现了全天候施工作业。移动绑扎台车如图 9-13 所示。

图 9-13　移动绑扎台车

9.3.8　智能静载控制系统

为提高静载试验效率和精度，实现一键加载，实时控制各加载点速度，平衡同步加载；自动扫描梁底对有无出现裂纹作出判定，自动上传数据，自动输出静载试验报告等功能，梁场配置一套自动静载设备，并通过其接入铁路信息化管理平台，以实现梁场静载试验的自动化控制、静载试验数据的自动化采集、存储等，以满足箱梁生产管理的需要。

9.3.9　梁场生产管理系统

预制梁生产在梁场建设中有至关重要的地位，但施工综合性记录中均会产生大量纸质资料，难以共享利用。随着信息化发展，手工管理造成的资料重复、丢失、填报格式不统一、查找困难等问题，难以满足目前信息化管理的需求。兰溪制梁场预制梁生产过程数据管理电子信息化，统一数据维护、存储、展示、统计、查询、分析等已成为现在预制梁生产的迫切需求。梁场生产管理系统能实现以下功能：

（1）生产进度管理，当实际生产进度落后于施工组织计划时，系统可自动报警。

（2）生产过程质量管理，包括模板管理、钢筋骨架绑扎、预应力张拉等工序。质量数据可自动获取的工序（张拉、压浆、蒸养）参数超差时，系统可自动报警。

（3）产品追溯管理，制造技术证明书、检验批报表自动生成。

（4）系统可生成每孔梁的二维码，通过扫描二维码获取相关梁的生产信息。

9.3.10　门禁系统

梁场在工地出入口处设置门禁系统以实现对劳务工人的实名制管理，该系统采用动态识别，以人脸作为进出门禁的"钥匙"，避免他人利用照片、视频等手段蒙混过关。自带光圈，自动适应外部环境，自带访客功能。面部识别通过手机录入，可分权限设置，各个班组可由班组负责人统一录入，也可个人自行录入。

9.4　预制梁场智慧建造水平分析

9.4.1　预制梁场建造智能化水平

预制梁场在建设中充分体现智能化技术，以 BIM 技术为基础，搭建智能化建造平台并进行技术创新，其主要表现如下：

首先，预制梁场在建设中立足于 BIM＋新型技术的应用，显著提升了建筑质量和效率，从而达到智慧建造的目标。如该项目从规划到建设过程中，利用 GIS、BIM 及实景建模等技术对综合场站进行了可视化设计。在项目前期选址过程中，利用 GIS 软件对综合场站位置进行了初步确定，在现场调研过程中利用移动端 GIS 软件进行调研，并记录轨迹并将相关实际数据导入 BIM 模型，从而保证前期规划的合理性与正确性；同时将 BIM

技术与VR技术相结合，通过利用VR与AR技术进行分析，快速地找出了综合场站建设过程中存在的问题，从而保证了工程建设的质量。在综合场站建设过程中，采用倾斜摄影的实景模型与施工管理的BIM三维模型的匹配技术，分析施工进度实现对施工进度的智慧化采集和施工结构精度的检测。对于能够实现智能互联的复杂预制构件，尤其是高端智能设备，将实时采集的设备运行过程中的传感器数据传递到其数字孪生模型进行仿真分析，可以对设备的健康状态和故障征兆进行诊断，并进行故障预测。如果设备运行的工况发生改变，对于拟采取的调整措施，可以先对其数字孪生模型在仿真云平台上进行虚拟验证，如果没有问题，再对针对预制构件的设备运行参数进行调整。利用物联网集成监控监测，以及智能生产设备，实现钢筋加工、智能蒸养双向联动控制。混凝土施工智能控制是通过视频监控、无线传输以及物联网等技术实现预应力张拉、压浆、养护及混凝土生产数据自动采集、无线传输、自动分析，实现施工过程可视化、信息化、远程化控制的管理目标。基于BIM技术的钢筋智能加工是在系统自动识别二维图纸，自动生成BOM编码和物料清单并提供给体系，钢筋配送实行"点餐式"服务，现场人员可以通过手机，将指定部位的钢筋型号及数量通过手机发送到平台，后场人员通过手机终端接收"预定"信息，按要求进行钢筋的配送。

通过对金华与兰溪预制梁场的信息化与智能化配置的研究，分析可得金华与兰溪预制梁场项目充分利用了智能化技术。其集成梁场综合管理、梁场生产管理、混凝土智能控制等系统，集中实现BIM模型应用、预制梁生成数字化管理；在智能工艺设计与加工方面，应用自主研发的智能化参数建模系统，快速建立IFC标准模块化BIM模型。

通过预制梁场项目的建造智能化分析，可以得出本项目不仅积极应用新型建造技术，还研发了智能化协同管理平台。但此项目的协同管理平台的智能化水平还处于初级阶段，今后需结合项目实际需求，研发自主产权的具有智慧化功能的建造协同平台。

9.4.2 预制梁场建造工业化水平

金华梁场坚持方案先行，主要应用"BIM+智慧工厂"的模式完成了主桥钢箱梁的建造精准控制各功能区面积，多层设计组合，实现了集约型梁场设计，比同规模梁场节约用地40亩，节约成本约140万元。梁场钢筋车间、制梁区、存梁区、喂梁区流水线布局，施工组织合理，其工业化具体内容如下：

首先，本项目在前期阶段就采用BIM+标准化设计，通过BIM软件建立预制构件标准族库，在施工前对BIM模型进行可视化检查与校核，减少因设计不合理而导致的变更等降低施工进度的可控因素。借助三维BIM模型以可视化方式反映预制梁场动态作业情况，辅助精细化管控。预制梁场按照科学、智能、环保的原则，预制梁场布设9个功能分区，分别为混凝土输送中心、信息化控制中心、钢筋制作区、钢筋绑扎区、内膜拼装区、混凝土浇筑区、蒸汽养生区、张拉提吊区和存梁区。基于高精度BIM模型对预制梁场进行了1∶1建模，以台座、预制梁段为最小模型单元，便于直观了解场站布局，模型挂接每个台座、梁段对应的所有设计、生产过程信息，接入养生舱实时养生数据，实现场站施工实时可视化展现；通过模型交互可查看台座的基本信息及使用记录，支持梁段全生命过程多源异构数据的集成展示，包括梁段基本信息、全流程工艺路线及生产过程影像资料；在梁段BIM模型上采用不同颜色表示不同工序，实现梁场生产状态一目了然，同时同步了现场布设监控摄像头点位，模型交互自动推出实时作业画面，叠加AI算法自动识别并抓拍现场安全隐患以及人员不安全行为；对梁场的生产数据进行汇总分析，提供预制梁段的制梁、存梁和架梁三种状态施工进展分析模型。把控预制梁场生产情况、台座使用情况、存梁生产饱和情况等，基于BIM模型的精细化生产管控极大提高梁场生产效率。

其次，本项目的主桥钢箱梁是在BIM+智慧工厂中加工完成的。如采用最新数控钢筋加工设备，实现了从钢筋下料到加工全过程自动化，加工功效是传统设备的1.3倍。如板单元在智慧工厂完成，制作时采用自主研发的专用数控铣床，铣削三面坡口，取代传统热切割，大幅提高加工精度和坡口质量；桥面板单元制造过程中，采用具有自主知识产权的组焊一体技术装备，将U形肋与面板进行组装定位，内焊及外侧打底焊三道工序一次完成，弥补了定位焊的潜在缺陷，生产效率提高了一倍；外侧焊缝采用全熔透焊接技术，反变形传位焊接，焊缝平整美观，焊缝抗疲劳性能大幅度提升；采用专用数控校正机床，通过图像识别、智能感知，检测板单元焊后平整度，进行自动化机械校正；应用横隔板焊接机器人系统，采用先进的电弧跟踪技术，双枪对称施焊，完成横隔板单元、顶板单元与接板的自动化焊接，实现自动包角，焊接质量大幅度提高；钢箱梁拼装在工厂内完成，实现全天候作业。广泛应用便携式智能化焊接机器人，进行钢箱梁总拼、全位置焊接作业，提升焊接质量一致性。

最后，本项目在各阶段采用了信息化管理的手段，显著提升了施工效率。如智能制造核心信息系统融合了下料、加工、拼装、涂装等过程数据，形成钢箱梁四线一系统智能制造服务新模式。

通过本项目建造的工业化分析，可以看出本项目采用针对性的工厂化作业完成钢箱梁的制作、拼装与涂装等工作，并广泛地使用便携式智能机器流程化作业，有效保证钢箱梁制造质量，大幅提高生产效率。虽大幅度应用智慧工厂，但是信息化管理与标准化设计的应用深度不足，这是今后需要提升和建设的重点。

9.4.3 预制梁场建造信息化水平

信息化给建筑业的发展带来巨大的冲击与影响，为了解决信息孤岛这个巨大难题就必须实现信息共享。本项目基于 BIM + 互联网、大数据、云计算等新型技术进行项目各个相关方的信息互联互通，其信息化的主要内容有：

首先，金华梁场依托 BIM、人工智能、物联网、三维激光扫描、GIS等高新技术建立梁场机械指挥官，将机械的进场、状态、调度、结算全流程进行数字化智能管理。通过该平台，项目各个参建方在自己的使用权限下，即时登录平台访问项目详情，实现项目信息互动、共享，从而达到信息协同工作。金华梁场《机智管家平台》界面如图 9-14 所示。

其次，金建制梁场采用全新的信息化扫码入库、出库系统，如图 9-15 所示，系统手持设备扫码一体机设备与电脑软件系统相连接，实现了对现场物资入库（时间、收料人、收入数量、供应商）、出库（时间、发料人、出库数量、领用人）、库存的物资动态管理。将梁场建立的信息管理系统与智能手机、电脑端等移动终端相关联，能够快速汇总、传递数据，使得工作人员及时排查施工情况，并快速提供应对的决策方案。如钢筋配送实行"点餐式"服务，现场人员可以通过手机，将指定部位的钢筋型号及数量通过手机发送到平台，后场人员通过手机终端接收"预定"信息，按要求进行钢筋的配送。

图 9-14　金华梁场《机智管家平台》界面

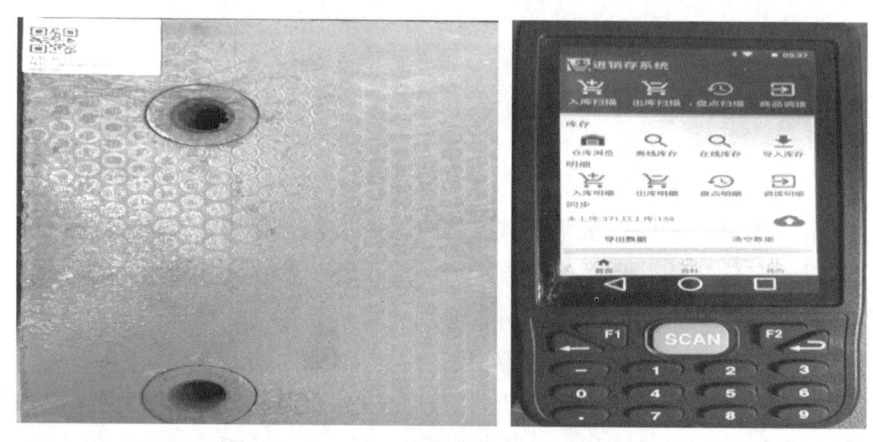

图 9-15　金华梁场信息化扫码

信息化管理模块中包含箱梁静载试验模块，其目的就是检验箱梁在静载状态下的受力变形情况，静载试验数据的及时上传保证箱梁检验的有效真实性，此模块也是采用铁科院研发的静载试验模块，本场计划配置静载试验设备一套。

最后，金建制梁场通过布置在施工场地的如光照、温度、噪声等各类传感器，对代表环境污染和环境质量的各指标、要素等进行实时监测、分析，有效地帮助管理人员实时掌控施工过程中的环境质量变化，以便及时采取相应措施，改善环境质量。如项目的降尘、喷淋智能控制系统，主要用于施工现场、运输道路、工地围墙周围等处的自动喷淋，以达到雾化降尘的效果；通过各类传感器实时监控升降机运行系统，保障了施工作业安全及施工效率。

通过金建制梁场建造的信息化分析，可以得出本项目的信息管理系统极大地发挥了信息化协同作用，使得信息化处于较高水平；但目前信息环境及信息平台指标的探索欠佳，进而影响了信息化的整体水平。

9.4.4　预制梁场建造集成化水平

项目搭建了集各阶段、全要素、全专业的集成化建造平台，尽可能达到数字化集成与一体化集成，其主要内容如下：

首先，金华制梁场搭建的智慧梁场协同管理平台是集成梁场综合管理、梁场生产管理、混凝土智能控制等系统，在施工过程实现预制梁数字化的整合与智能化管理。其中，金华制梁场信息化室安装全息投影，并购买了多媒体安全培训工具箱，通过立体化视频和多媒体技术进行教育培训，培训内容直观、易懂，培训效果良好，如图9-16所示；利用GIS、BIM及实景建模等技术对综合场站进行了可视化设计；采用倾斜摄影的实景模型与施工管理的BIM三维模型的匹配技术，实现对施工进度的智慧化采集和结构施工精度的检测；BIM结合摄像头等视频技术，管理人员通过监控可实现远程调度指挥施工。

此外，预制梁场项目通过充分利用BIM和智能平台，实现了各个功能区多专业的一体化集成。项目建立的BIM数字化管理平台通过集成各方信息实现了数据互联互通。如各专业的管理人员可通过将协同管理平台与移动终端相连，通过移动设备登录手机应用程序即时检查项目建造情况。

图 9-16 金华梁场 3D 全息投影

通过对本项目建造集成化分析，可知本项目的集成化尚未成熟，更多体现了数字化新兴技术的叠加，故今后应加强推进数字化与集成化技术。

9.4.5 预制梁场建造可持续化水平

金华制梁场致力于全寿命周期全过程建造，走可持续化发展的智慧型道路。其可持续化建造的主要内容如下：

首先，项目从全寿命周期出发，实现了 BIM 协同可视化管理，从项目初期规划、设计、施工和运维等阶段进行 BIM 应用，实现数字化管理提质增效并节约大量的成本。在项目全寿命周期实施 BIM 技术，可在项目各阶段各专业跨越地域与时空的进行信息交流协同工作，充分了解设计意图，可视化的技术交底。

其次，项目始终在响应政策实行绿色化建造，利用新型绿色建造技术来践行此目标。如项目建立的环境监测及预警系统，主要包括污水处理系统、砂石分离系统、多功能龙门吊系统、自动洗车系统、搅拌站料仓除尘系统等，如图 9-17 所示。

金华梁场采用最先进的污水处理设备梁场生产期间产生的污水和临时排水，排放前必须经过一体化污水处理设备处理后并满足有关排放标准后方能排放。搅拌站沉淀池设置砂石分离机和压滤机，将废弃和残余的混凝土进行冲洗和分离，分离出的砂石料收集集中用于道路填筑；水泥浆等污水经过压滤机处理后将固体残渣收集作为道路填筑用料，水经过沉淀净化满足要求后作为生产设备冲洗和道路降尘使用。保证生活和生产污水均按规范处理合格，循环利用、节能环保。

图 9-17　金华梁场雨污分流系统

龙门吊供电采用接触滑线供电系统，集成太阳能照明、喷雾除尘、视频监控、企业宣传等五位一体功能，并获得了专利，如图 9-18 所示。

图 9-18　金华制梁场环保立柱

梁场配置了车辆洗轮系统，保证出场车辆轮胎清洗后方可出场，洗车系统蓄水池也是雨水收集池，蓄水池进行三级设计，保证洗车水循环利用，如图 9-19 所示。

图 9-19　金华梁场车辆洗轮系统

临建期间扬尘为梁场重点控制阶段，配备 1 台洒水车，洒水车安排专人对场区道路进行定时和不定时洒水，降低扬尘污染。梁场规划布置坚持"少硬化多绿化"原则，避免尘土出现；进场道路设置冲洗设备，避免车辆进出场扬尘污染。搅拌站粉料仓口设置过滤装置，避免水泥注入时的冒灰现象。搅拌站砂石料仓和水泥罐区采取全封闭措施，料仓内运输通道安装自动喷雾设备，自动喷雾降低污染，场内主要道路两侧均设置喷淋设施，定时对道路进行喷洒，避免扬尘污染。搅拌站砂石料仓和粉料罐均安装喷淋除尘系统，确保搅拌站的粉尘可以及时进行处理，环境达标，如图 9-20 所示。

图 9-20　金华梁场降尘系统

最后，项目也在积极探索新型组织形式，虽未达到全过程造价咨询的深度，但在每阶段实施前进行造价预算把控。

通过本项目建造过程的可持续化分析，因项目建造内容较单一，故可持续化的深度匮乏，新型建造组织尚未应用，绿色化与全寿命周期的体现得不够充分，但与传统建造方式相比，也为项目取得了可观的效益。针对项目差别化性质，可持续化建造是未来的重点建设方向。

9.5　预制梁场智慧建造建议

基于本项目智慧化分析结果可知，我国的高速铁路预制梁场智慧化还处于发展阶段，为了更好地发展智慧建造，提出以下建议：

1. 对信息化和工业化的深化改革是实现智慧建造的关键

工程建造领域的智慧化是在工业化与信息化高层次深度融合的背景下产生的，智慧建造是工业化和信息化高度融合后达到的又一个新阶段。建筑工业化与信息化作为我国建筑业发展的两个重要阶段，其基础设施建设已逐渐完善，信息化发展也处于一个较高水平；但信息化在建筑行业中的应用仍然没有达到一定的深度，与建筑工业化的融合发展更是处于探索阶段。因此，今后应加强深化对信息化与工业化的改革来推进智慧建造的实施，使设计、生产、施工、管理等环节更加信息化、工业化，智慧建造正引领新一轮的建造业革命。

2. 加强提升集成化和智能化是实施智慧建造的有力推手

集成化和智能化是智慧建造的显著属性，现阶段虽被研究者广泛关注，但与发达国家之间还有很大一段差距。主要原因是我国缺乏自主创新性的软件、设备与平台，因此，为了实现智慧建造，我国必须重视技术创新，以创新驱动发展，打造软硬件一体化集成智能应用，顺利从智能化过渡到智慧化。

3. 走可持续化道路是智慧建造的终极目标

可持续化是建造的奠基石，也是人类发展的最根本的要求。我国虽然一直在提倡可持续化建造，但其发展速度缓慢且现阶段进入瓶颈期，成为主攻大难题。因此，必须重视可持续化的重要性，并将其作为行业和企业的战略目标，努力攻克难关，使得顺利度过瓶颈期，以绿色化实现可持续发展的创新发展新时代。

第 10 章

结论与展望

10.1 结 论

"十四五"时期，高质量发展是建筑行业的关键词，建设高品质的建筑、实现提质增效是一切科技创新追求的目标导向。智能建造技术的产生、发展以及与各相关技术之间急速融合发展，在建筑行业中使设计、生产、施工、管理等环节更加信息化、智能化，智慧建造正引领新一轮的建造业革命。毋庸置疑，目前我国的智慧建造还处于初期探索阶段，在数据的兼容性、技术的集成融合性、信息的协同性等方面还存在较大的不足之处。依托金建制梁场，从高速铁路智慧梁场智慧建造标准化建设的理论基础、实现途径、关键技术、架构体系以及智慧建造水平评价等方面展开对智慧建造模式的进一步研究。主要得到如下研究成果：

（1）基于智慧建造的概念及特征和协同理论与并行工程理论，综合考虑了智慧建造的关键技术体系与实现途径，提出了预制梁场智慧建造理论框架体系，其框架体系包含三个层次，即顶层的计划层、中间的执行层和底层的设备控制层。该理论体系旨在为智慧建造在预制梁场中的实现和应用提供理论依据。

（2）以高速铁路工地建设标准化为参考依据，提出对高速铁路智慧梁场标准化参考建议。通过标准化，可以提高梁场工程质量和投资效益，保障高速铁路的正常运营。标准化能够确保梁场结构稳定、耐久，施工过程安全高效，材料符合质量要求，同时建立完善的管理制度和维护标准。这将提高建设质量、降低成本、增强安全性能，为高速铁路的顺利运营奠定坚实基础。

（3）建立高速铁路智慧梁场规模设计函数和设计高速铁路智慧梁场选址模型。前者可作为预制梁场规模测算时的参考依据，通过对梁场各个区域设计函数的分析，总结得出整个梁场规模设计函数。并且通过目前已建工程的梁场相关数据，进行模拟，最终得到了设计函数的参数。不仅能够为以后梁场选址整体规模做一个估算，还能为选址做一个参考。后者结合了实际情况，并且约束设计合理。其目标函数从整个系统梁场的总体费用考虑，包括梁场建设费、设备费、复垦费用、运营费、运输费、生产材料费等，更全面详细，结合真实情况。约束条件考虑了原材料、成品梁供应与需求的均衡性、梁场本身的运输距离、产量以及线下分布的特点。实例证明模型真实可靠。

（4）建立了基于 BIM 技术的预制梁场智慧建造全过程管理模式，具体包括基于 BIM 技术的标准化设计、智慧工厂、装配化施工和信息化管理四部分。通过 BIM 技术强大的协同能力，集成多项新兴技术信息共享，可以大幅度提升建筑信息化管理水平。智慧建造全过程管理模式的提出为我国建筑行业的标准化加工、信息化管理开辟了新的管理理念和思路，能够有力促进我国建筑业改变粗放型生产管理的现状，从而向工业化、产业化、数字化、智慧化转变。

（5）通过对箱梁运输方案的详细分析，结合箱梁运输与架设环节建立了箱梁运架仿真模型，研究了不同的运输方案、不同运梁速度以及不同的工作时间制度对架梁效率的影响。箱梁运输过程中，运梁车的重载速度对运距与架梁效率影响较大，而非重载与空载之和计算的平均运梁速度，并且平均运梁速度与架梁效率确定的运距范围过于笼统，不够精确。实验刻画了架设效率呈现"阶梯性"变化，架梁效率随着运梁距离逐渐增加，到达某个临界点时以 1 榀/d 降低，呈现"阶梯"型变化趋势。不同的架梁效率交错的现象，仅在采用箱梁提前运输方案时出现，提前运梁可有效地提高架梁效率与运梁距离；箱梁的架设周期与架桥队工作时间制度决定了每日架梁数上限，可根据梁场所在地的白昼时长与季节，适时地选择工作时间制度，或对架设工艺进行优化，减少架设工序周期，如支座灌浆并等待浆体强度用时 2 h 左右，可以采用预制方式。同时在保证箱梁架设工期的前提下，根据桥段运距、外部环境等客观条件，选择合适的运梁速度与工作时间制度，以实现对架梁效率的调整。

（6）基于 ANP 二维云模型构建了预制梁场智慧建造水平评价体系。预制梁场智慧建造水平的评价是基于项目的全过程，包含了智能化、工业化、信息化、集成化与可持续化五个部分。从项目特点、项目建造水平状况、评价目的等影响因素出发，建立了一套科学而合理的智慧建造水平评价体系。并对综合预制梁场智慧建造水平评价结果，作进一步分析与总结。得出智慧程度的评价应不仅仅立足于采用的技术手段，还需考量智慧建造的评价对象与评价效益。智慧建造旨在提高各个参建方及整个项目的效益，其提倡标准化设计、工厂化生产、装配化施工、信息化协同管理。各单位基于全产业链条紧密联系、相互依赖、高效运行,成为利益共同体,为智慧建造全过程管理的顺利实施提供有效保障。智慧建造的评价体系应该充分考虑智慧行为的效益,以效益来驱使相关方落实智慧行为。

尽管对预制梁场的智慧建造模式及智慧建造水平评价方法做了细致研究,但仍然存在不足之处,具体如下:

(1)对国家推广的智慧建造相关政策理解深度欠佳,故在论文中的阐述有可能不太精准;其次是收集资料方面的欠缺性,从而导致对资料分析的不透彻;最后理论联系实际比较薄弱,理论性较多。

(2)所建立的预制梁场智慧建造全过程管理模式包罗万象,所涉及的相关理论和关键技术多为跨学科内容,因此,难以对于每一理论和技术进行详尽论述。尽管提出了预制梁场智慧建造架构体系,部分研究成果在实际项目中得到了验证,但是仍然存在差距。

(3)基于某实际项目建立的预制梁场智慧建造水平评价体系,尽管能够总体反映该项目的智慧化程度,但是评价分析中所考虑的影响因素不够全面,且评价数据来源也不够充分。

10.2 展望

结合的研究成果和不足之处,作如下展望:

1. 推进智慧建造,科技研发工作必须先行

智慧建造是传统建造技术与现代化技术高度融合的建造方法,其综合性和创新性极强,不能一蹴而就,必须科研工作先行,持续加大科研投入,持续进行科技攻关,方能取得实质性效果。随着计算机技术的不断更新发展及计算机的普及使用,工程建造领域逐渐形成了以BIM为核心的面向全产业链的一体化软件,贯穿于项目建造各个阶段,支持建造项目全寿命周期的业务达到自动化与科学化决策。当前,我国的工程软件存在整体实力较弱、核心技术缺失等诸多问题,国外软件大量占据市场,面对国外软件带来的巨大冲击,研发具有自主知识产权的国产软件任重道远。

2. 研发"工程建造+",将新型技术融入传统建造技术

智慧建造推进更应关注针对施工过程的工艺、工序特点,环境感知要求,融合"大智云物移"等现代化信息技术,形成"质量安全+""幕墙工程+""钢筋工程+"等融合技术,以便实现施工的高效化、工艺的精细化和工程的品质化。

3. 智能化工程机械的发展

智能化工程机械是在传统工程机械基础上,融合了多信息感知、故障诊断、高精度定位导航等技术的新型机械,通过不断自主学习与修正、预测故障来达到性能最优化,解决传统工程机械作业效率低下、能源消耗严重、人工操作存在安全隐患等问题。然而,我国在智能化机械研发上有一定的突破,但仍落后于国际先进水平。我国工程机械整体呈现"大而不强,多而不精"的局面,发展空间广阔。加速研制和推广应用人工智能设施,如智能监测设施、功能各异的机器人设施等,特别应围绕工程建造的点多、面广、量大和劳动强度高、作业条件差的工艺工序,构建BIM管控平台与工艺技术联动联控的机器人作业环境,进行机器人研制。

4. 创建利于工程项目推进智慧建造的体制机制

进一步明确政府、行业、企业在推进智慧建造过程中的作用和职责,快速形成协同推进之大势,对于促进智慧建造至关重要。工程的智慧建造发展是一项系统性、战略性、长期性的任务。发展智慧建造关键领域技术受到政策环境、市场环境、研发部署等诸多因素的影响,涉及多个行业、多个建设主体;需对工程供应链不同环节、生产体系与组织方式、企业与产业间合作等进行全方位赋能。

参考文献

[1] 毛超，彭窑胭. 智能建造的理论框架与核心逻辑构建[J]. 工程管理报，2020，34（05）：1-6.

[2] Štefani M，Stankovski V. A review of technologies and applications for smart construction[C]. Proceedings of the Institution of Civil Engineers-Civil Engineering. Thomas Telford Ltd，2018.

[3] U.S.Department of Defense.Vision：Transform the DoD through artificial intelligence [EB/OL]. [2020-04-20].

[4] European Commission.Communication artificial intelligence for Europe[EB/OL]. [2020-04-25].

[5] BIM Wi Ki.Digital built britain[EB/OL]. [2020-03-19]. http：//digital-builtbritain.com/.

[6] BILAL M，OYEDELE L O，QADIR J，et al. Big data in the construction industry：a review of present status，opportunities，and future trends[J]. Advanced Engineering Informatics，2016，30（3）：500-521.

[7] Balfour Beatty Innovation 2050-a digital future for the infrastructure industryAvailable at：http：//58.194.172.13：80/rwt/CNKI/https/P75YPLUCMFXGM55WPJSGKZLVPS6T6Z5 QNF/2050.

[8] Woodhead R，Stephenson P，Morrey D. Digital construction：From point solutions to IoT ecosystem[J]. Automation in Construction，2018，93：35-46.

[9] 谭尧升，樊启祥，汪志林，等. 白鹤滩特高拱坝智能建造技术与应用实践[J]. 清华大学学报（自然科学版），2021，61（07）：694-704.

[10] 刘有志,张国新,谭尧升,等. 仿真大坝建设关键技术与实践应用[J]. 清华大学学报（自然科学版）, 2021, 61（07）: 714-723.

[11] 刘占省,史国梁,孙佳佳. 数字孪生技术及其在智能建造中的应用[J]. 工业建筑, 2021, V.51; No.578（03）: 184-192.

[12] 樊启祥,陆佑楣,李果,等. 金沙江下游大型水电工程智能建造管理创新与实践[J]. 管理世界, 2021, 37（11）: 206-226+13.

[13] 姚仰平,丛易敏行,罗汀,等. 山区高填方机场的智能建造与安全运营[J]. 科技导报, 2018, V.36; No.551（17）: 106-110.

[14] 甄志禄. 复杂建设工程项目协同管理机制与方法研究[D]. 天津大学, 2010: 30-94.

[15] East Japan Railway Company.The Mid-to-Long-termVision for Technological Innovation[EB/OL].

[16] 张永厚. 三种板式无砟轨道关键施工工艺技术比较和应用趋势[J]. 铁道建筑, 2016（07）: 127-131.

[17] 贾梦雪. 桥上CRTSⅡ型板式无砟轨道纵向力影响因素分析[D]. 西南交通大学, 2010: 48-50.

[18] 德国博格公司. 博格板式无碴轨道设计培训资料[R]. 德国: 博格公司, 2005.

[19] 刘占省,韩泽斌,张禹,等. 基于BIM技术的预制装配式风电塔架数值模拟[J]. 建筑技术, 2017, 48（11）: 1131-1134.

[20] Zhang L, Wen M, Ashuri B.BIM Log Mining: Measuring Design Productivity[J]. Journal of Computing in Civil Engineering, 2017, 32（1）: 1-13.

[21] Hamledari H, Azar E R, Mccabe B.IFC-Based Development of As-Built and As-Is BIMs Using Construction and Facility Inspection Data: Site-to-BIM Data Transfer Automation[J]. Journal of Computing in Civil Engineering, 2018, 32（2）, 20-25.

[22] Knut Jetlund, Erling Onstein, Lizhen Huang.IFC Schemas in ISO/TC 211 Compliant UML for Improved Interoperability between BIM and GIS[J]. ISPRS International Journal of Geo-Information, 2020, 9 (4): 278-232.

[23] Wu W D, Ren C X, Wang Y H, et al.DEA-Based Performance Evaluation System for Construction Enterprises Based on BIM Technology[J]. Journal of Computing in Civil Engineering, 2018, 32 (2): 101-106.

[24] Kropp C, Koch C, König M.Interior construction state recognition with 4D BIM registered image sequences[J]. Automation in Construction, 2018, 86: 11-32.

[25] Porter S, Tan T, Tan T, et al.Breaking into BIM: Performing static and dynamic security analysis with the aid of BIM[J]. Automation in Construction, 2014, 40 (4): 84-95.

[26] Park J, Cai H, Perissin D.Bringing Information to the Field: Automated Photo Registration and 4D BIM[J]. Journal of Computing in Civil Engineering, 2018, 32 (2): 84-99.

[27] 白列湖. 协同论与管理协同理论[J]. 甘肃社会科学, 2007 (05): 228-230.

[28] 汪继征. 基于 IDEF 的通信产品并行开发过程建模及应用[D]. 上海交通大学, 2012.

[29] 吕玉泉. 浅谈铁路客运专线预制梁场选址和规划布局[J]. 中小企业管理与科技（上旬刊）, 2012 (05): 76-77.

[30] 王铮. 大型建设项目预制梁场的选址和生产优化研究[D]. 西南交通大学, 2012.

[31] 张阿龙. 大型预制梁场台座规模及梁场布局优化研究[D]. 兰州交通大学, 2018.

[32] 赵茜. 高速铁路预制梁场选址问题研究[D]. 西南交通大学，2014.

[33] 杨元元. 基于BIM的大型预制梁场智慧建造过程研究[D]. 兰州交通大学，2023.DOI：10.27205/d.cnki.gltec.2022.000157.

[34] 王玉龙. 基于仿真技术的高铁梁场生产系统优化研究[D]. 石家庄铁道大学，2023.DOI：10.27334/d.cnki.gstdy.2022.000310.

[35] 袁大卫. 梁场BIM信息化管理平台设计与实现[D]. 长安大学，2021.DOI：10.26976/d.cnki.gchau.2020.000464.

[36] 李泽晖. 高速铁路梁场智能化建设实践与研究[J]. 江西建材，2023（02）：241-242+249.

[37] 祝兵，张云鹤，赵雨佳，张家玮，刘彦明. 基于BIM技术的桥梁工程参数化智能建模技术[J]. 桥梁建设，2022，52（02）：18-23.

[38] 王庆贺，刘瑞鑫，孙立晔，杨永琛.BIM与云、物联网技术在桥梁全生命周期中的研究及应用[J/OL]. 铁道标准设计：1-7[2022-05-07]. DOI：10.13238/j.issn.1004-2954.202110090003.

[39] 黄玉兰. 物联网技术导论与应用[M]. 北京：人民邮电出版社，2020.

[40] 甘早斌. 物联网识别技术及应用[M]. 北京：清华大学出版社，2020.

[41] 李学龙，龚海刚. 大数据系统综述[J]. 中国科学：信息科学，2015，45（1）：1-44.

[42] 付雯. 大数据导论[M]. 北京：清华大学出版社，2018.

[43] 李瑞阳，耿振云，王帅.AR技术将强化BIM优势[N]. 北京：中国计算机报，2016（004）.

[44] 徐兆吉，马君，何仲，刘晓宇. 虚拟现实：开启现实与梦想之门[M]. 北京：人民邮电出版社，2016.

[45] 李朋昊，李朱锋，益田正，喜冠南. 建筑机器人应用与发展[J]. 机械设计与研究，2018，34（06）：25-29.

[46] 袁烽，门格斯. 建筑机器人：技术、工艺与方法[M]. 北京：中国建筑工业出版社，2020.

[47] 刘强. 智能制造理论体系架构研究[J]. 中国机械工程, 2020, 31 (01): 24-36.

[48] 刘强, 丁德宇. 智能制造之路——专家智慧 实践路线[M]. 北京: 机械工业出版社, 2018.

[49] 刘飞, 雷琦, 宋豫川. 网络化制造的内涵及研究发展趋势[J]. 机械工程学报, 2003, 39 (08): 1-6.

[50] 马智亮. 装配式建筑智慧建造的现状及发展趋势[J]. 中国勘察设计, 2019 (09): 57-59.

[51] 贺月年. 桥梁梁体预制时需注意的几个问题[J]. 山西建筑, 2007, (15): 308-309.

[52] 解冰, 黄海宾. 箱形预应力预制梁的设计与施工[J]. 水运工程, 2004, (06): 57-59. DOI: 10.16233/j.cnki.issn1002-4972.2004.06.020.

[53] 赵成贵. 沪宁铁路嘉定区安亭制梁场实施性施工组织设计. 铁道建设, 2004 (6).

[54] 毛超, 刘贵文. 智慧建造概论[M]. 重庆: 重庆大学出版社, 2021.

[55] 姜曦, 王君峰. BIM 导论[M]. 北京: 清华大学出版社, 2017.

[56] 毛志兵. 智慧建造决定建筑业的未来[J]. 建筑, 2019 (16): 22-24.

[57] 马智亮. 装配式建筑智慧建造的现状及发展趋势[J]. 中国勘察设计, 2019 (09): 57-59.

[58] 毛超, 刘贵文. 智慧建造概论[M]. 重庆: 重庆大学出版社, 2021.

[59] 曾艳. 工程项目智慧建造水平评价研究[D]. 青岛科技大学, 2021.

[60] 李全书, 何亚伯. 土木工程施工[M]. 上海: 同济大学出版社, 2004.

[61] 姜立贵. 邓国才. 预制梁场的规划和筹建[J]. 隧道建设, 2005, 25 (2): 76-80.

[62] 吴九祥. 铁路预制箱梁真空辅助压浆施工技术[J]. 经营管理者, 2011 (13).

[63] 张吉春. 客运专线箱梁预制场地规划与设计[J]. 国防交通工程与技术, 2010（06）.

[64] 梁毅. 铁路客运专线箱梁预制场规划设计原则与方法[J]. 铁道建筑技术, 2006,（02）.

[65] 马骏. 石武客运专线驿城制梁场整体规划与设计及经济性研究. 铁道标准设计, 2010（9）.

[66] 曹铁伟. 铁路客运专线制梁场方案布置探讨[J]. 山西建筑, 2007, 33（18）: 281-282.

[67] 沈阳云. 东海大桥预制箱梁滑移运输施工技术[J]. 公路, 2004（5）.

[68] 贺帮锋. 桥梁施工现场预制梁场选址原则及影响因素研究[J]. 科技信息, 2010,（2）.

[69] 徐守坤, 王雅如, 顾玉宛, 等. 基于改进 Faster RCNN 的安全帽佩戴检测研究[J]. 计算机应用研究, 2020, 37（03）: 901-905.

[70] 刘长卿. BIM 技术在高速铁路梁场信息化管理中的应用[J]. 市政技术, 2019, 37（06）: 263-265.